古代歷史文化 研究輯刊

二一編

王明蓀 主編

第 2 冊

中古大軍制度緣起演變史論（中）

雷家驥 著

國家圖書館出版品預行編目資料

中古大軍制度緣起演變史論（中）／雷家驥 著 —— 初版 —— 新
北市：花木蘭文化事業有限公司，2019〔民108〕
目 4+216 面；19×26 公分
（古代歷史文化研究輯刊 二一編：第 2 冊）
ISBN 978-986-485-720-3（精裝）
1. 軍制 2. 軍事史 3. 中國
618   108001495

ISBN-978-986-485-720-3

古代歷史文化研究輯刊
二一編　第二冊　　　　　　ISBN：978-986-485-720-3

中古大軍制度緣起演變史論（中）

作　　者　雷家驥
主　　編　王明蓀
總 編 輯　杜潔祥
副總編輯　楊嘉樂
編　　輯　許郁翎、王筑　美術編輯　陳逸婷
出　　版　花木蘭文化事業有限公司
發 行 人　高小娟
聯絡地址　235 新北市中和區中安街七二號十三樓
　　　　　電話：02-2923-1455／傳真：02-2923-1452
網　　址　http://www.huamulan.tw 信箱 hml810518@gmail.com
印　　刷　普羅文化出版廣告事業
初　　版　2019 年 3 月
全書字數　538647 字
定　　價　二一編 49 冊（精裝）台幣 122,000 元

中古大軍制度緣起演變史論（中）

雷家驥 著

隋唐十二衛淵源：
北朝後期侍衛體制的演變與定型

一、前　言

　　本篇是接續前篇——〈北魏至北齊禁衛制度的緣起演變〉——之作，蓋因二文結合則篇幅太長，不利於閱讀，因而將之分開並改寫。前篇之所以以「禁衛」爲稱，是因此階段之宮、禁二衛雖開始釐分，但尚未截然分明，需至本文所論述的北周軍制改革階段，宮衛屬天官大冢宰府，禁衛屬夏官大司馬府，然後始判別分明。但此二系卻又不旋踵合而爲侍官——侍衛軍，由諸衛官分統侍衛軍，宮衛則保持相對獨立，並隸於天子，於是終成隋唐十二衛之制。爲此，是以本篇乃稱「侍衛制度」以凸顯之。

　　西魏北周是制度改革大而劇的階段，軍制尤然。隋唐有《宮衛令》與《軍防令》，皆以侍衛軍爲實行主體。論其「軍」的淵源，本書〈試論西魏大統軍制的胡漢淵源〉篇已論之；「防」的淵源，則嚴耕望先生之論北朝軍鎮甚詳，毋庸區區添足。因此本篇集中於探討宇文泰以至周武帝對宮衛與禁衛二體制的改革發展，尤對其間之淵源變化耙而疏之，庶幾可使隋唐十二衛制之由來瞭解得更清楚。

　　因此，本篇承前篇未及詳論的餘緒，從孝文帝之軍隊漢制化改革開始，論其領軍府下轄左右二衛府，以及二衛府別領特殊近衛系統的形成。接著論孝文崩後，宮衛體制爲何以及如何形成。由於國家分裂之故，其間的創制變化，東魏北齊與西魏北周顯然有所異同，是以需將此兩類型作一分析比較，根究其究竟。最後，欲就周武帝爲何要對甫行不久的六官制大事改革，改成何種軍制，如何對隋朝發生影響等問題逐一析論，庶使自北魏孝文帝以至隋文帝的宮衛體制發展脈絡與變化特色，可以一覽無遺。至於西魏北周的府兵建制，則請參本書之〈試論西魏大統軍制的胡漢淵源〉篇，於此不復贅。

二、二衛府所統近衛「五直屬官」在魏齊的變化發展

　　孝文帝漢化改制後，左、右二衛府統率羽林、虎賁二軍，上隸於領軍府，成爲中央軍兼禁衛軍的主體武力，此爲精簡及整併晉宋漢式禁衛軍以及原先胡式禁衛軍的結果。然而，二衛府另統之「五直屬官」，〔註1〕即《隋書·百官中》左、右衛府條所載的「其御仗屬官，有御仗正副都督、御仗五職、

〔註1〕魏制並無「五直屬官」之稱，筆者爲求其與一般禁衛的羽林、虎賁有別而稱之，使軍事系統分得更爲清楚而已。

御仗等員。其直盪屬官，有直盪正副都督、直入正副都督、勳武前鋒正副都督、勳武前鋒五藏（職？）等員。直衛屬官，有直衛正副都督、翊衛正副都督、前鋒正副都督等員。直突屬官，有直突都督、勳武前鋒散都督等員。直閣屬官，有朱衣直閣、直閣將軍、直寢、直齋、直後之屬」是也，筆者疑其與改制前的內三郎、內小、雅樂眞、斛洛眞等天子胡系侍官或許有某些關連，其詳究竟如何？於此頗欲略予析述，以見其發展演變的梗概。

先論御仗。

「御仗」之名，南朝有之，史載宋末「太宗初即位，……時普天同逆，……內外憂危，咸欲奔散。（殷）孝祖忽至，眾力不少，並僱楚壯士，人情於是大安。……御仗先有諸葛亮筩袖鎧帽，二十五石弩射之不能入，上悉以賜孝祖」，蓋此「御仗」猶指御用兵仗而言。〔註2〕至於《南齊書・蕭諶列傳》載云：

> 世祖在東宮，諶領宿衛。……世祖即位，……除步兵校尉，領射陽令，轉帶南濮陽太守，領御仗主。……世祖齋內兵仗悉付之，心膂密事，皆使參掌。……世祖臥疾延昌殿，敕諶在左右宿直。上崩，遺敕諶領殿內事如舊。

則此土掌齋內兵仗、宿直左右而領殿內事的御仗主，即已是官名或職稱。及至「梁武受禪于齊，侍衛多循其制。正殿、便殿、閣及諸門上下，各以直閣將軍等直領。又置刀鈒、御刀、御楯之屬，直御左右。兼有御仗、鋋矟、赤氅、角抵、勇士、青氅、衛仗、長刀、刀劍、細仗、羽林等左右二百七十六人，以分直諸門」，〔註3〕顯示齊梁之間，宿直左右的御仗主應有所屬官兵，或許直御左右的刀鈒、御刀、御楯之屬殆即齋內兵，其性質近於天子之內衛；而直閣將軍兼有的御仗、長刀、刀劍等，職責既是分直殿閣及諸門，則其性質殆為天子之近衛。史料闕如，其制不可詳而已。

北魏「御仗」此近衛武官之名，蓋仿自南朝，然將「御仗左右」視作一官之官名者，殆誤。蓋太和十九年（齊建武二年，495）所謂「初置直齋、御仗左右武官」，是指初置直齋、御仗兩類左右武官也；「左右」在當時殆無單

〔註2〕 見《宋書・殷孝祖列傳》，卷八十六，頁 2190。《南齊書・晉安王子懋列傳》載世祖勅以邊略曰：「……汝所啟仗，此悉是吾左右御仗也，云何得用之。品格不可乖，吾自當優量覓送。」（卷四十，頁 710）例亦同。

〔註3〕 參《隋書・禮儀七・鹵簿》，卷十二，頁 279～280。

獨逤直名官之例，而是泛指天子身邊側近之人官。〔註4〕假如孝文帝仿自宋齊而置御仗此類近衛武官，而此官又與殿閣禁衛之事有關，則北魏御仗屬官，顯然是殿中尚書原來部屬——即前篇所述「帶仗人爲胡洛眞」者是也——漢制化後的官名，並隨其改隸而將其原所掌的殿內兵馬倉庫一部分職權也移歸二衛府也。孝文之孫孝明帝神龜二年，領軍將軍元乂構陷兼中書舍人楊昱，「乃遣左右御仗五百人，夜圍昱宅而收之」，〔註5〕由此可見御仗編制當不致於太少。又，據《梁書‧陳慶之列傳》記載，大通初魏北海王元顥以本朝大亂，自拔來降，求立爲魏主。梁武帝納之，以慶之率兵送元顥還北。「魏左僕射楊昱、西阿王元慶、撫軍將軍元顯恭率御仗、羽林、宗子、庶子眾凡七萬，據滎陽拒顥。兵既精強，城又險固，慶之攻未能拔」，〔註6〕是則御仗編制不僅不少，且是魏帝精銳近衛部隊之一。改革前殿中尚書所掌爲殿內兵馬倉庫事，則其直轄部屬原就有侍官性質，故御仗雖移隸於左右衛府，但仍是「侍官」之一，〔註7〕與一般禁衛的羽林、虎賁有別，因此爲二衛將軍所別統的軍事系統，只是順著魏末全軍野戰編制化的發展，而採用御仗正副都督以及御仗都將、御仗別將、御仗統軍、御仗軍主、御仗幢主——此即作戰部隊五職——乃至御仗之戰時編制而已。御仗正都督與其他「直」衛正都督皆位從四品上階，而最低的御仗則爲九品。

次論直盪與直突。

關於直盪，南朝無此官名，《魏書》、《北齊書》亦未見「直盪」人官的例證，其爲孝文崩後的新置侍官殆可無疑。直突一名除了《隋書》僅一見外，其他南北諸史亦均未見載，情況殆同於直盪。察此兩官之命名，疑皆與戰鬥

〔註4〕「御仗左右」在《魏書》、《北史》皆各僅一見。《魏書》所見即太和十九年「初置直齋、御仗左右武官」之條。《北史》則於卷十八〈任城王雲列傳‧子澄附傳〉謂「恒州刺史穆泰在州謀反，授澄節，銅武、竹使符，御仗左右，仍行恒州事。……至即禽泰」。然而，《魏書》澄傳史文則標點爲：「遂授節，銅虎、竹使符，御仗，左右，仍行恒州事。」按：此事因穆泰反對遷都而反，孝文帝特授元澄以節、銅虎符、竹使符，以及天子左右等御仗武官，增加其聲勢耳，故文本的標點，應以《魏書》澄傳爲誤。又，〈長孫瑱墓誌〉（收入趙超著，《漢魏南北朝墓誌彙編》，天津：天津古籍出版社，1992.6，頁74～75）繫其銜爲「左軍領御仗左右西川子」，文內則謂其「統御左右，明燭天墀」，可爲佐證。

〔註5〕參《魏書‧楊播列傳‧昱附傳》，卷五十八，頁1292。

〔註6〕戰事詳《梁書‧陳慶之列傳》，卷三十二，頁459～462。

〔註7〕北齊天子行射禮，官員依品秩各規定要射若干十發，而「侍官御仗已上十發」，見《隋書‧禮儀三》，卷八，頁165。

行為有關，直盪蓋取直前盪敵，直突蓋取直前突入之意。如《宋書‧孔覬列傳》載劉亮「每戰以刀楯直盪，往輒陷決，張永嫌其過銳，不令居前。賊連柵周亘，塘道迫狹，將士力不得展，亮乃負楯而進，直入重柵，眾軍因之，即皆摧破」，〔註8〕即是其戰例也。直盪用以名官始於後趙的石虎，〔註9〕因此可能是北族系軍隊戰鬥編制之一。

魏末戰爭頻繁，大將的軍府多置有帳內以為個人侍衛，帳內兵數百千人不等，亦常置有直盪此類名目的戰鬥編制，如侯莫陳崇「從魏孝武入關，為太祖（宇文泰）直盪都督。大統二年，遷尚藥典御」；王勇「少雄健，有膽決，便弓馬，膂力過人。魏永安中，万俟醜奴等寇亂關隴，勇占募隨軍討之，以功……拜別將。及太祖為丞相，引為帳內直盪都督」；楊紹「少慷慨有志略，屢從征伐，力戰有功。魏永安中，授廣武將軍、屯騎校尉、直盪別將」，〔註10〕皆是其例。王勇、楊紹既然於北魏永安中為直盪都督、直盪別將，即知魏末軍府帳內應已置有此類組織，而採用都督、別將的戰時編制。竊疑因魏末洛陽常為兵凶戰地，以故天子將其侍衛改編以備戰鬥，遂用以作為近衛官名。

又，西魏宇文泰所置之帳內直盪都督等職，是其霸府侍衛之職，而西魏二衛府有否此建置則不詳。或許是東魏高氏父子，承魏末天子為與尒朱氏戰鬥，而將禁衛軍野戰化改編的餘緒（詳下），進一步於禁衛軍中置此編制，以至北齊遂成定制。因此，東魏北齊禁衛軍置有直盪與直突屬官，而西魏北周則未之嘗見。推論若是，則禁衛軍之有直盪與直突兩系統，是在魏末戰亂下，天子近衛新置之野戰化編制，直接與孝文改制前的內阿干、內三郎、內小、內細射等侍衛體系似乎關係不大；反之，卻可以說，是軍府帳內編制，援入已野戰化之禁衛體制的結果，其時間概約與高歡置京畿大都督而創京畿府同時。

再次論直衛。

晉宋以來，「直衛」一詞均作入直宿衛的動詞用，或指入直宿衛之士而言，而未以名官。如西晉八王之亂時，楚王司馬瑋以衛將軍領北軍中候，屯

〔註8〕 詳《宋書‧孔覬列傳》，卷八十四，頁 2159～2160。

〔註9〕 石虎在晉咸康二年，「改直盪為龍騰，冠以絳幘」，見《晉書‧石季龍載記上》，卷一百六，頁 2657。

〔註10〕 侯莫陳崇、王勇、楊紹均見《周書》各本傳（分見卷四十二，頁 270；卷二十九，頁 490～491；卷二十九，頁 500），楊紹即隋朝觀王楊雄之父。

司馬門，遂勒本軍，復矯詔召三十六軍，手令告諸軍曰：「天禍晉室，凶亂相仍。……吾今受詔都督中外諸軍。諸在直衛者皆嚴加警備，其在外營，便相率領，徑詣行府。」〔註11〕又如宋裴松之，「年二十，拜殿中將軍。此官直衛左右，晉孝武太元中革選名家以參顧問，始用琅邪王茂之、會稽謝輶，皆南北之望」，〔註12〕即是其例。

北魏用法同之，不悉何時用以名官，而列隸於二衛府爲其屬官？不過關於「直衛」之事，北魏有兩條史料值得注意，此即涉及孝文帝崩後其弟咸陽王元禧謀反被擒事件。據《魏書·獻文六王上·咸陽王禧列傳》載云：

> 及高祖崩，禧受遺輔政。雖爲宰輔之首，而從容推委，無所是非，而潛受賄賂，陰爲威惠者，禧特甚焉。……世宗頗惡之。景明二年春，禧等爲將祫祭入齋，世宗詔領軍于烈，率左右召禧等入於光極殿。詔曰：「……父等歸遜殷勤，今便親攝百揆，且還府司，當別處分。」……世宗既覽政，禧意不安。……遂與其妃兄兼給事黃門侍郎李伯尚謀反。時世宗幸小平津，禧在城西小宅。初欲勒兵直入金墉，眾懷沮異，禧心因緩。……俄而禧被擒獲，送華林都亭。世宗親問事源，著千斤鎖格龍虎，羽林掌衛之。

是則元禧先被領軍將軍于烈率左右召入，世宗宣武帝詔令其遜位，而造成元禧因不安而謀反，於是遂被擒獲。于烈所率之左右以及擒元禧之兵不知是何兵，只知被擒後守衛他的是羽林兵。然而《魏書·于栗磾列傳·于烈附傳》則詳載云：

> 太和初，……（烈）轉左衛將軍，……遷殿中尚書，……加散騎常侍，……詔除領軍將軍。……世宗即位，寵任如前。咸陽王禧爲宰輔，權重當時，曾遣家僮傳言於烈曰：「須舊羽林虎賁執仗出入，領軍可爲差遣。」烈曰：「天子諒闇，事歸宰輔，領軍但知典掌宿衛，有詔不敢違，理無私給。」……禧惡烈剛直，遂議出之，乃授使持節、散騎常侍、征北將軍、恒州刺史。……
>
> 世宗以禧等專擅，潛謀廢之。會二年正月祫祭，三公並致齋於廟，世宗夜召烈子忠謂曰：「卿父忠允貞固，社稷之臣。明可早入，當有處分。」忠奉詔而出。質明，烈至，世宗詔曰：「諸父慢怠，漸

〔註11〕 參《晉書·楚隱王瑋列傳》，卷五十七，頁1596。

〔註12〕 參《宋書·裴松之列傳》，卷六十四，頁1698。

不可任，今欲使卿以兵召之，卿其行乎？」烈……乃將直閤已下六
十餘人，宣旨召咸陽王禧、彭城王勰、北海王詳，衛送至于帝前。
諸公各稽首歸政。以烈爲散騎常侍、車騎大將軍、領軍，……自是
長直禁中，機密大事，皆所參焉。

太尉、咸陽王禧謀反也，武興王楊集始馳於北邙以告。時世宗
從禽於野，左右分散，直衛無幾，倉卒之際，莫知計之所出。……
詔烈遣直閤叔孫侯將虎賁三百人追執之。

兩相對照，知于烈所率之左右即是直閤，也就是直閤及其所領部屬。直閤自
孝文改革以來，入內侍直即是天子左右的「直閤武衛中臣」，本書前篇〈北魏
至北齊侍衛制度的緣起演變〉（以下簡稱前拙文）已論之，以故此時得領兵宣
旨。又，當元禧謀反時，值世宗從禽於野，「左右分散，直衛無幾」，此直衛
恐是指當直衛士而言，非官名。倉卒之際，世宗乃詔領軍將軍于烈，「遣直閤
叔孫侯將虎賁三百人追執之」，是知領兵追執之官是「直閤」而非「直衛」，
所領之兵則是「虎賁」三百人。

關於此事件，南齊人亦有所知聞，而《南齊書‧魏虜列傳》遂作如此記
載云：

偽咸陽王禧以（世宗元）恪年少，與氐楊集始、楊靈祐、乞佛
馬居及虜大將支虎、李伯尚等十餘人，請會鴻池陂，因恪出北芒獵，
襲殺之。禧猶豫不能發，欲更剋日。馬居說禧曰：「殿下若不至北芒，
便可回師據洛城，閉四門。天子聞之，必走向河北（走）桑乾，仍
斷河橋，爲河南天子。隔河而治，此時不可失也。」禧又不從。靈
祐疑禧反己，即馳告恪。禧聞事敗，欲走渡河，而天雨暗迷道，至
孝義驛，恪已得洛城。……遣直衛三郎兵討禧，執殺之。

《南齊書》所記參與謀反諸人及其計畫建議，上引《魏書》兩條史料均無載，
〈禧傳〉只載禧與其妃兄兼給事黃門侍郎李伯尚謀反，而李伯尚亦非「虜大
將」，是則《南齊書》所記恐怕多出於傳聞。因此，《南齊書》所謂「直衛三
郎兵」，恐怕亦是傳聞之辭，蓋經孝文帝改革後，此時北魏殆已無三郎、內
三郎或內行內三郎之名，而此次執行任務的是直閤而非直衛。假若《南齊書》
撰者蕭子顯撰寫時將直閤叔孫侯所將之虎賁三百人，依「虜」舊制作敘述，
是則「直衛三郎兵」究是指此時當直的「直閤」抑或當直的「虎賁」，甚或
「直閤」就是北魏胡式舊制的「三郎」？

　　按：太和二十年十月孝文帝已「以代遷之士皆爲羽林、虎賁」，此爲中央禁衛軍可以無異，以故羽林、虎賁皆需輪直宿衛。此二軍在軍令系統上已歸屬領軍府統率，而分別直隸於領軍府下轄的左右二衛府，以故咸陽王元禧雖貴爲親王宰輔，權重當時，仍需向領軍將軍于烈私索「羽林虎賁執仗出入，領軍可爲差遣」；而于烈則報以「天子諒闇，事歸宰輔，領軍但知典掌宿衛，有詔不敢違，理無私給」，表示行政與軍令兩系統互不干預，不能奉令。此時入直宿衛的「虎賁」是兵，即是直衛兵，因執行追捕任務而配屬「直閣」叔孫侯指揮，是則「直衛三郎兵」恐怕是指當直的直閣叔孫侯——即直衛三郎——所領之兵，而非謂直衛叔孫侯所領的虎賁就是「三郎兵」。蓋據前拙文分析，三郎、內三郎及內行內三郎三名皆是北魏前期胡制近侍武衛之官，其前若加「內行」二字則殆是近侍武衛中之內衛武官，在〈南巡碑〉中與羽林、虎賁明顯有別。因此，《南齊書》所謂「直衛三郎兵」即使無訛，殆應不是謂「三郎兵」即是「虎賁」，而是說「直衛三郎」——入直宿衛的直閣——及其所領的當直虎賁兵。蓋直閣爲新置侍官之一，員額不多，平時有官無兵，入直時始配以虎賁兵或羽林兵歸其統領，大約直閣叔孫侯此時恰巧當值，故奉詔率虎賁三百人追執元禧也。

　　鄙說若成立，則此時當值的三郎——直衛三郎——叔孫侯應即是內三郎，或許就是內行內三郎，而舊制三郎系統理應就是新制直閣系統的前身，此處殆與新制的「直衛」屬官無涉。也就是說，孝文帝將胡制二部幢將撤銷，並將其所部整編入二衛府，而原有的內阿干、內行內三郎、內行內小等武衛內侍官亦一併整編入二衛府而爲五直屬官。其中二衛府的直閣屬官，應即就是舊制三郎系統整編後的漢式官名，而直衛則爲另置的五直屬官之一，只是史料少而不能詳論而已。二衛府統率羽林與虎賁，別統「五直屬官」系統，而羽林、虎賁入宿時則配屬於五直屬官，由此反叛及追捕事件的發展過程，概可得明。〔註13〕因此，孝文帝改制後陸續新置的五直屬官中，起碼「直閣」屬官應即是先前的三郎官系，而仍是近衛侍官之一，以故蕭子顯依北魏胡式舊制而迻書「直衛三郎兵」，或以訛傳訛而誤聽爲是「直衛」。

〔註13〕張金龍《魏晉南北朝禁衛武官制度研究》（北京：中華書局，2004.11）對羽林、虎賁的平時統率系統，以及宿衛時與諸「直」屬官的配屬關係，瞭解似乎不甚清楚；又將三郎或內三郎比附漢朝郎署制度的中郎、郎中、外郎，以爲羽林軍系「應屬『內三郎』系列」云，蓋語多猜測，今不取。參其書頁674～685。

最後論直閤。

此系官屬人物見載於南、北諸史較多，顯示天子左右「武衛中臣」內，以此官最具重要性。例如宋末蕭道成專權，順帝昇明元年（477，魏孝文帝太和元年），司徒袁粲等密謀內外合應舉兵反之，史載此事云：

> 時齊王（蕭道成）輔政，四海屬心，（尚書令劉）秉知鼎命有在，密懷異圖。袁粲鎮石頭，不識天命，沈攸之舉兵反，齊王入屯朝堂，粲潛與秉及諸大將黃回等謀欲作亂。本期夜會石頭，旦乃舉兵。……（秉）從弟中領軍韞，直在省內，與直閤將軍卜伯興謀，其夜共攻齊王。會秉去事覺，齊王夜使驍騎將軍王敬則收韞。韞已戒嚴，敬則率壯士直前，韞左右皆披靡，因殺之，伯興亦伏誅。〔註14〕

省內即禁內，也就是禁中，兩漢以來非侍御之臣不得妄入。據《宋書·順帝本紀》昇明元年十二月壬申條，謂「是日，司徒袁粲據石頭反，……中領軍劉韞、直閤將軍卜伯興在殿內同謀。錄公齊王誅韞等於省內」。是則作為禁衛軍統帥的中領軍劉韞雖直在省內，但卻至殿中與直閤將軍卜伯興在殿內同謀，因而事洩，遂為驍騎將軍王敬則奉令所攻，皆被收殺於禁中也。按：直閤將軍是殿內宿直武衛官，王敬則亦曾任直閤，當時已遷驍騎將軍「知殿內宿衛兵事」，是以能輕易「開關掩襲，皆殺之，殿內竊發盡平」。〔註15〕

南朝不僅置直閤將軍與直閤為殿內近衛驅使之官，抑且也置朱衣直閤、朱衣直閤將軍，亦皆為直宿殿省之官。《陳書·韋載列傳》載梁陳之制云：

> 載族弟翽。……（陳武帝）永定元年，授貞毅將軍、步兵校尉。遷驍騎將軍，領朱衣直閤。驍騎之職，舊領營兵，兼統宿衛。自梁代已來，其任踰重，出則羽儀清道，入則與二衛通直，臨軒則升殿俠侍。

按：漢朝驍騎將軍原是雜號將軍，至晉將之改為禁衛軍號，為領軍將軍所領六軍之一，〔註16〕自後任遇日重；然而北齊制驍騎將軍降隸於二衛府，朱衣直閤則為直閤屬官之長官，而升殿俠侍殆為領左右府之職，或許皆源於北魏末年之制度，顯見南、北之制有所差異。

〔註14〕《宋書·長沙景王道憐列傳·劉秉附傳》，卷五十八，頁 1468～1469。

〔註15〕見《宋書·王敬則列傳》，卷二十六，頁 481。按：宮中的省內、殿內或禁中、殿中，漢晉概以黃闥禁門為分，北齊侍從宿衛則以朱華閤分內外。

〔註16〕參《晉書·職官志》驍騎將軍條，卷二十四，頁 740。

　　蓋孝文帝改革，似先援南朝之制而置直閤將軍一官，《太和前職令》列於從三品下，而朱衣直閤則不見於太和兩令，人物事跡亦僅有三條，蓋為後置之官。直閤將軍之外，諸直屬官殆皆為比視官，亦置於孝文帝或以後宣武帝繼續改革之時，以故宣武崩後而孝明帝嗣立，靈太后臨朝，乃準尚書令‧任城王澄之奏請，將直閤、直後、直齋等「禁直上下，有宿衛之勤」的「先朝」舊制作了適當的調整，〔註17〕顯示出初置時之未備也。

　　直閤將軍於諸直長官中品位最高，而直閤屬官也於諸直屬官中最重要，以故任之者事跡較多見於史傳。前述元禧謀反時，宣武帝之所以倉皇失措，即與當時直閤的政治態度有密切關係。如曾累任侍御中散、直寢，身在禁密，久侍文明太后左右的楊津，於孝文帝末已由直閤將軍遷長水校尉。當元禧謀反事件發生時，史載：

> 　　景明中，世宗遊於北邙，津時陪從，太尉、咸陽王禧謀反，世宗馳入華林。時直閤中有同禧謀，皆在從限。及禧平，帝顧謂朝臣曰：「直閤半為逆黨，非至忠者安能不預此謀？」因拜津左中郎將。遷驃騎將軍，仍直閤。〔註18〕

從行「直閤半為逆黨」，是造成宣武帝倉皇失措的主因，蓋直閤系統此時於諸直中最為天子近衛之故也。據前分析，直閤當是先前胡制三郎系統之官，直閤叔孫侯殆比於先前的內三郎或內行內三郎，而楊津既然先後任直閤將軍、長水校尉、左中郎將以及驃騎將軍等官而均仍直閤，長期「身在禁密」，則恐怕是最密近的內行內三郎矣。

　　降至北齊，直閤屬官有朱衣直閤、直閤將軍、直寢、直齋、直後之屬，而朱衣直閤與直閤將軍俱為從四品，仍較諸直的正都督為高，直寢、直齋則是從五品。北魏直以「直閤」為名的官雖僅是比視官，但任遇並不輕，從孝文帝〈弔比干墓文〉所列的九員「直閤武衛中臣」的排名，以及于烈率「直閤已下六十餘人宣旨召咸陽王禧」，宣武帝「詔烈遣直閤叔孫侯將虎賁三百人追執」元禧，以及楊津之不管轉遷禁衛何官仍直閤等事，即可為證。

　　根據前面分析，直閤很可能就是由先前的三郎系統轉變而來，入宿近衛時即是內三郎，甚至是內行內三郎──孝文時未置領左右之宮衛。又從直閤、直寢、直齋、直後等名，顧名思義，當是天子於禁內不同居止行處的定點近

―――――――――――――――
〔註17〕見《魏書‧刑罰志七》，卷一百一十一，頁2885～2886。
〔註18〕詳《魏書‧楊播列傳‧楊津附傳》，卷五十八，頁1296。

衛武備，而且應是帶刀侍衛，至爲重要，〔註19〕難怪人物事跡記載較多。此類分隸二衛府的五直屬官，平時有官無兵，只是宿衛執勤時由領軍分派羽林、虎賁以配屬之，而其亦隸屬於二衛將軍所領。因此，後來孝武帝（即入關依靠宇文泰的出帝）與高歡交惡，侍中・兼領軍將軍斛斯椿遂建議擴充直閣等員額，依戰時整編，以與高歡對抗，本傳載其事云：

> （椿）勸出帝置閣内都督部曲，又增武直人數，自直閣已下員別數百，皆選天下輕剽者以充之。又説帝數出遊幸，號令部曲，別爲行陳，椿自約勒，指麾其間。從此以後，軍謀朝政，一決於椿。又勸帝徵兵，詭稱南討，將以伐齊獻武王（高歡），帝從之。遂陳兵城西，北接邙山，南至洛水，帝詰旦戎服與椿臨閱焉。
>
> 獻武王以椿亂政，欲誅之。椿譖説既行，因此遂相恐動。出帝勒兵河橋，令椿爲前軍，營於邙山北。尋遣椿率步騎數千鎮虎牢。椿弟豫州刺史元壽與都督賈顯智守滑臺，獻武王令相州刺史竇泰擊破之。椿懼己不免，復啓出帝，假説遊聲以劫脅。帝信之，遂入關，椿亦西走長安。

是爲魏齊近衛武官採取都督等野戰編制之始以及原因。此野戰編制之職稱除斛斯椿之外，此時尚見有宇文神舉授任冠軍將軍・閣内都督，尋遷朱衣直閣・閣內大都督；侯莫陳順加散騎常侍・千牛備身・衛將軍・閣內大都督；宇文虯任員外直閣將軍・閣內都督，皆以侍衛本官編入作戰序列，並於戰敗後均從孝武帝入關。〔註20〕至於前引北齊制直閣屬官有朱衣直閣、直閣將軍、直寢、直齋、直後之屬，與他「直」長期野戰化的官名不同，蓋與其原爲五「直」中最密近天子之故，是以在政局穩定後優先恢復常制歟？

據此可再強調，孝文帝改制，於直閣系統置直閣將軍及直閣等屬官，蓋是從原先的三郎系統並仿效南朝制度改制而來，而〈弔比干墓文〉所列的九員「直閣武衛中臣」既稱「中臣」，其義也就是殿中或禁中侍衛之臣，應是隨行宿直的內三郎或內行內三郎改制後的官名。難怪直閣將軍一官於《太和前

〔註19〕《魏書・藝術・王顯列傳》載王顯以侍奉醫藥得幸於世宗，出入禁中，恃勢使威，爲時所疾。及至肅宗孝明帝踐祚，「朝宰託以侍療無效，執之禁中，詔削爵位。臨執呼冤，直閣以刀鐶撞其腋下，傷中吐血，至右衛府一宿死」，可證直閣執勤時帶刀。見卷九十一，頁1969。

〔註20〕三人分見《周書》卷四十（頁713～714）、十九（307～308）及二十九（492）各本傳。

職令》位爲從三品下，品位相當高，而直寢，直齋即使至北齊也仍是品位與諸「直」副長官的副都督相當。就上面分析而論，御仗與直閤皆是南朝既有的禁衛武官，孝文帝及宣武帝應是模仿其制，將原先胡式的近侍武衛予以改編，以故此二官是新制近侍武官應可無疑。

直閤屬官若是改自原先的三郎系統，則直盪、直衛、直突等屬官應爲原先何官則未確，或許與前拙文所揭〈南巡碑〉中之內小、斛落眞、雅樂眞等系統有關，或許無關，而是完全新置的侍衛之官。要之，此新制的直盪、直衛、直突諸官，與舊制的內小、斛落眞、雅樂眞等，在領左右府尙未成爲純宮衛機關之前，起碼皆是北魏天子的近衛武官，甚至是內衛武官，而與二衛府所統的羽林、虎賁二禁衛軍不同。至於內阿干，因其地位較高，以故應非二衛府所統諸「直」長官所可能比擬，於此暫不考索其爲改制後的何官，史料闕如，考之亦無謂也。

三、魏末宮衛：「領左右」的創置、統屬與職權

前拙文論及北魏自道武帝開國以來，內侍官系即隱然有內官（內衛）與侍官（近衛）之別，蓋與分直於禁門內、外的差別有關；但因皆侍直天子左右，以故均爲侍官。上述諸「直」皆是北朝天子的近衛官署，分隸於左、右衛府，故其屬均爲侍官，但密近天子的程度則不如「領左右局」及「領左右府」此一文一武兩個官署。此兩個官署所屬皆爲內官，是天子之側近左右，故其長官逕以「領左右」來命名，而部分屬官亦以「左右」名官。事實上，孝文帝生前尙未創置此二官署，至於直以「領左右」作爲長官之名，或殆與文武左右尙未分途而皆統屬於一個長官的情況有關。

「領左右」作爲官職之名始見於蕭宗孝明帝朝，張金龍謂此官職是權臣元又爲控制孝明帝以便專權而置，其淵源可能就是孝文帝、宣武帝時期的領刀劍左右一類職務。〔註 21〕是否如此，似宜先從與「領左右」相關的官職，以及當時政局的變化入手作分析，始易確論。

按：南齊世祖武皇帝朝已置有御仗主一職，由蕭諶以南濮陽太守領之，「世祖齋內兵仗悉付之」，使參掌密事，在左右宿直。及至「梁武受禪于齊，侍衛多循其制。正殿、便殿、閤及諸門上下，各以直閤將軍等直領。又置刀鈖、御刀、御楯之屬，直御左右。兼有御仗、鋌矟、赤氅、角抵、勇士、青

〔註21〕詳張金龍前揭書，頁 800～807。

氅、衛仗、長刀、刀劍、細仗、羽林等左右二百七十六人，以分直諸門」，前已言之。顯示南齊以來，侍衛隊伍中除刀釤、御刀、御楯之屬直御左右，而殆為內衛之外；其御仗、長刀、刀劍等編制，則分隸於諸門主帥直閤將軍之麾下作為近衛，而諸直閤將軍的上司是否為御仗主則不詳。北魏孝文帝與宣武帝仿此，亦置有御仗、直閤諸官，以分隸於左、右二衛府；不過，北魏無置御仗主一職，「供御兵仗」則是較後設置之領左右的職掌。

孝文帝崩於太和二十三年（南齊永元元年，499），子世宗宣武帝嗣立，時年十七歲，由其叔咸陽王禧等人輔政。景明二年（501）正月，宣武帝收權親政，五月遂發生元禧謀反，被《南齊書》所謂「直衛三郎兵」追執，然後賜死的事件。此時北魏軍隊，除地方刺史、鎮將所領之地方兵外，作為中央軍亦是禁衛軍的羽林、虎賁，亦皆分隸於左、右二衛府，而統於領軍府。軍隊建制體系雖然整然分明，但是將領間兼職，甚至文武雙授的情況依然，是為所以出現權臣的制度性因素。可能為此，故宣武帝雖已頒行《太和後職令》以為永制，但仍於正始元年（梁天監元年，504）十二月詔群臣議定律令，應是在《太和後職令》的基礎上進行再修改，表示官制持續改革，將有新的官職以及人事行政制度變化的情況出現。此時梁武帝亦進行修定律令，南、北官制自此差異益顯。

對於魏室來說，建國太祖道武帝死於其子拓跋（元）紹的兵變，事情明載於《魏書》，謂「紹乃夜與帳下及宦者數人，踰宮犯禁。左右侍御呼曰：『賊至！』太祖驚起，求弓刀不獲，遂暴崩」云，〔註22〕因而此事始終為魏室的夢魘。其實北魏帝室多家庭之變，頗由母后、皇子所造成，〔註23〕或許應由道武之死甚至部落聯盟舊俗中索求其根源。此事件以後，魏帝已有嚴勒禁衛，命侍臣帶刀劍貼身自防的措施，如《魏書・來大千列傳》載云：

> 大千驍果，善騎射，為騎都尉。永興初，襲爵，還中散。至於朝賀之日，大千常著御鎧，盤馬殿前，朝臣莫不嗟歎。遷內幢將，典宿衛禁旅。大千用法嚴明，上下齊肅。嘗從太宗（明元帝）校獵，見虎在高巖上，大千持矟直前刺之，應手而死。太宗嘉其勇壯，又為殿中給事。世祖（太武帝）踐祚，與襄城公盧魯元等七人俱為常侍，持仗侍衛，晝夜不離左右。

〔註22〕 見《魏書・道武七王・清河王紹列傳》，卷十六，頁389。
〔註23〕 參趙翼，《廿二史箚記・後魏多家庭之變》條（臺北：世界書局，60.5 六版），卷十五，頁196。

明元帝之子世祖太武帝，亦曾命奚斤「親侍左右，隨從征討，常持御劍」。〔註 24〕其後，太武帝之暴崩與閹官宗愛有關，宗愛稍後又發動兵變，擁立南安王余而復又弒之，乃有陸麗、劉尼等人反兵變，擁立太武之孫高宗文成帝之舉。史載文成帝曾責備左右之把弓刀侍衛者，說他們的忠誠比不上把筆匡助的著作郎高允，〔註 25〕可見自道武帝死後，繼嗣諸帝已建立了刀劍自衛的制度，只是北魏侍衛制度中，初次出現直以刀劍及左右命名的「刀劍左右」，則要至宣武帝任用侯剛時始見。

侯剛最初任為內小，本書前篇論內小之官時已引其墓誌述之，但本傳不載。據《魏書‧恩倖‧侯剛列傳》載云：

> 侯剛，字乾之，河南洛陽人，其先代人也。本出寒微，少以善於鼎俎，進饍出入。久之，拜中散，累遷冗從僕射、嘗食典御。世宗以其質直，賜名剛焉。稍遷奉車都尉、右中郎將、領刀劍左右，加游擊將軍、城門校尉。遷武衛將軍，仍領典御，又加通直散騎常侍。詔曰：「太和之季，蟻寇侵疆，先皇於不豫之中，……朕屬當監國，弗獲隨侍，而左右服事，唯藉忠勤。剛於違和之中，辛勤行饍。追遠錄誠，宜先推敘。其以剛為右衛將軍。」後領太子中庶子。

> 世宗崩，剛與侍中崔光迎肅宗於東宮。

按：此傳後文謂「剛自太和進食，遂為典御，歷兩都（指平城與洛陽）、三帝（指孝文、宣武與孝明）、二太后（指文明太后與靈太后），將三十年，至此始解」。所謂「至此」，是指侯剛因迎立之功而漸驕橫，於肅宗孝明帝即位之熙平（516～517）初，由右衛將軍遷左衛將軍後，因掠殺試射羽林之罪而被彈，廷尉處以大辟之刑，而靈太后特赦其死，僅削封三百戶，並解嘗食典御之任而言也。是則侯剛以右中郎將領刀劍左右時仍領嘗食典御之職，宣武帝可能懲於元禧事件，因剛有「給侍之勞」而又質直，是以授其為「領刀劍

〔註 24〕見《魏書‧奚斤列傳‧從孫兜附傳》，卷二十九，頁 702。

〔註 25〕《魏書‧高允列傳》載：或有上事陳得失者，高宗省而謂羣臣曰：「君父一也，父有是非，子何為不作書於人中諫之，使人知惡，而於家內隱處也。豈不以父親，恐惡彰於外也。今國家善惡，不能面陳而上表顯諫，此豈不彰君之短，明己之美？至如高允者，真忠臣矣！朕有是非，常正言面論，至朕所不樂聞者，皆侃侃言說，無所避就。朕聞其過，而天下不知其諫，豈不忠乎！汝等在左右，曾不聞一正言，但伺朕喜時求官乞職。汝等把弓刀侍朕左右，徒立勞耳，皆至公王；此人把筆匡我國家，不過作郎。汝等不自愧乎？」於是拜允中書令，著作如故。見卷四十八，頁 1075。

左右」，用以防身。北魏「領刀劍左右」僅此一見，又可得與文職內官嘗食典御相兼，因此蓋是臨時的內衛武職。

侯剛臨時領刀劍侍衛天子左右，其事略與三四年前于忠被宣武帝賜以所御劍杖之事相彷彿。

于忠即前文述及派遣直閤叔孫侯將虎賁三百人追執咸陽王禧的散騎常侍・領軍將軍于烈之子，元禧謀反時任左中郎將・領直寢。宣武帝因變起倉卒，未知所之，于忠因護衛宣武之功，以故事平後宣武帝曰：「先帝賜卿名登，誠為美稱，朕嘉卿忠款，今改卿名忠。既表貞固之誠，亦所以名實相副也。」其事正與侯剛因質直而被宣武賜名「剛」類似。于忠後因權臣高肇所忌，故被排出為定州刺史。其實于氏與高氏俱是外戚，是以《魏書・于栗磾列傳・忠附傳》尋載云：

> 世宗既而悔之，復授衛尉卿，領左衛將軍、恒州大中正。密遣中使詔曰：「自比股肱褫落，心膂無寄。方任雖重，比此為輕。故報茲外任，委以內務。當勤夙無怠，稱朕所寄也。」延昌（512～515）初，除都官尚書，加平南將軍，領左衛、中正如故。又加散騎常侍。嘗因侍宴，賜之劍杖，舉酒屬忠曰：「卿世秉貞節，故恒以禁衛相委。昔以卿行忠，賜名曰忠。今以卿才堪禦侮，以所御劍杖相賜。循名取義，意在不輕。其出入周旋，恒以自防也。」忠頓首陳謝。遷侍中、領軍將軍，忠面陳讓云：「臣無學識，不堪兼文武之任。」世宗曰：「當今學識有文者不少，但心直不如卿。欲使卿劬勞於下，我當憂無（無憂？）於上。」

顧名思義，「刀劍左右」應是天子貼身的帶刀侍衛，于忠雖無此名，但卻有被賜以御劍杖，並有被叮囑「出入周旋，恒以自防」之實，由此可知，天子以及天子左右所帶的刀劍，決非為了儀式之用，而是用於警防以備萬一。〔註26〕也

〔註26〕「刀劍左右」帶何種刀劍不詳，于忠被賜之御劍杖，既被叮囑用以「出入周旋，恒以自防」，可知決非為了儀式之用，而是用於警防備身，而「千牛備身」之命名亦是取此意思，所以後來領左右奚康生為保護靈太后與孝明帝入殿時，近衛競相排擠，使閤門不得閉。康生乃奪其子千牛備身奚難之千牛刀斫直後元思輔，情況乃定（詳後文），是則可知此類刀劍並非儀式用物。李錦繡考千牛刀為儀刀，儀刀又名細刀、御刀，為羽儀所執云，恐有疑問。因為其將千牛刀與儀刀、細刀、御刀用等號等同起來，但所引證據卻不足以支持其說（其文見其所著《唐代制度史略論稿》，北京：中國政法大學出版社，1998.9，頁65）。據于忠、奚康生之例，竊意千牛刀應不可能等同於儀刀，兩者不宜混為一談。

由此可知，從于忠之被賜以御劍杖以至侯剛之領刀劍左右，以及稍後奚康生與侯剛之先後充「領左右」，發展淵源可謂其來有自，而順著議定律令之際，漸漸置之爲正式的侍衛武官，職掌則是負責天子「委以內務」的內衛任務。

　　筆者無意遽謂「領左右」是直接由「領刀劍左右」改編而成，因爲約與此同時，另有亦僅見於史傳一次而官名爲「領扈左右」者，或許與「領左右」的創置也有關係。此名見載於《魏書·恩倖列傳·趙脩傳》：

> 　　脩本給事東宮，爲白衣左右，頗有膂力。世宗踐阼，仍充禁侍，愛遇日隆。然天性闇塞，不閑書疏，是故不參文墨。世宗親政，旬月之間，頻有轉授，歷員外通直散騎常侍、鎭東將軍、光祿卿。……每適郊廟，脩常驂陪。出入華林，恒乘馬至于禁內。咸陽王禧誅，其家財貨多賜高肇及脩。

> 　　脩起自賤伍，暴致富貴，奢傲無禮，物情所疾。……高肇、甄琛等構成其罪，乃密以聞。……遂乃詔曰：「……散騎常侍、鎭東將軍、領扈左右趙脩，昔在東朝，選充臺皁，幼所經見，長難遺之。故纂業之初，仍引西禁。雖地微器陋，非所宜採；然識早念生，遂陞名級。自蒙洗濯，兇昏日甚，……不軌不物，日月滋甚。朕猶恐其宿隸，每加覆護，而擅威弄勢，侏張不已。……脩雖小人，承侍在昔，極辟之奏，欲加未忍。可鞭之一百，徙敦煌爲兵。……。」

> 　　是日脩詣領軍于勁第與之樗蒲，籌未及畢，而羽林數人相續而至，稱詔呼之。脩驚起隨出，路中執引脩馬詣領軍府。……鞭訖，即召驛馬，促之令發。……行八十里乃死。

按：宣武帝生于太和七年（483），十五歲爲皇太子，十七歲嗣孝文帝而登位。趙脩本是其「幼所經見，長難遺之」的東朝臺皁，故是太子的白衣左右。趙脩的身世特點是地微器陋，不參文墨，約與侯剛相當，但侯剛善於鼎俎，能掌握天子胃口，因此而爲嘗食典御將三十年，累官至二衛將軍；而趙脩則因頗有膂力，故由東宮引至西禁後，遂仍充禁侍，並于元禧事件之後，愛遇日隆，旬月之間頻有轉授，累至散騎常侍·鎭東將軍，成爲一直在禁內的左右扈從頭子，是宣武帝諸近倖中最得恩寵之人。然其充任領扈左右及獲罪解職的時間均不詳，要之應在景明二年元禧謀反事件之後。

　　於此不禁要問，「領扈左右」的職掌爲何，其與「領刀劍左右」何者地位較高，何者先設置？

　　按：據脩傳，趙脩初充領扈左右時不悉本官為何，但獲罪解職前內職已至散騎常侍，本官已至征鎮將軍，並得驂陪出入華林，恒乘馬至于禁內；而侯剛則僅是以右中郎將充領刀劍左右並領嘗食典御，即使降至宣武崩前內職亦不過僅是通直散騎常侍而已，是則「領扈左右」當較「領刀劍左右」為高。又，趙脩之以白衣左右而為東宮臺皂，實則殆為東宮白衣衛士部曲之流，故宣武踐阼後仍充禁侍——也就是天子內衛，因此被執時是送詣領軍府。依北齊制，天子內衛統屬於領左右府，領左右府統屬於領軍府，以故「領扈左右」應是內衛軍官，領左右府制度的淵源應從此線索中尋求；不過，「領扈左右」是否僅領內衛武官而不領嘗食典御等文職左右則不詳。

　　尤有進者，由趙脩與宣武帝的關係以及其任官履歷看，「領扈左右」雖有可能與「領刀劍左右」同時並置，但「領扈左右」也有可能設置較早；並且，「領扈左右」原本相當可能兼統扈侍天子的文武左右，稍後才將武職扈侍析出而別為「領刀劍左右」，致使天子左右漸漸出現文武分途的趨勢，前者發展為門下省之領左右局，後者則發展為領軍府之領左右府。是否如此，尚待更多史料出現始能確，所以筆者無意遽斷「領左右」是直接由「領刀劍左右」改編而成也。

　　至此，遂有必要根究「領左右」何時而置，職權為何，於政軍局勢有何功能及影響？

　　根據前篇〈北魏至北齊侍衛制度的緣起演變〉之文，曾論及鮮卑拓跋氏尚未遠離母系社會，母后干政之事時有發生，致使部落聯盟幾度政衰分裂。及至道武建國，遂因之立有「子貴母死」之制，使此禍暫息，政權得以穩定並開拓壯大。降至孝文帝即位，文明太后臨朝，母后干政之事重啟兆端，但問題之嚴重不如孝文崩後，蓋與「子貴母死」之制為孝文所廢頗有關係。此下局面，常與后妃爭貴，倚用外戚；外戚與輔政宗王並貴，掀起臺（尚書）、省（門下）鬥爭，而宦官、恩倖則插足其中，儼然如兩漢內、外朝鬥爭之重演，最後勝利遂取決於軍隊武力。觀孝文崩後以至於亡國，五十年之間皆是此鬥爭循環的局面，北齊高氏以及北周宇文氏，究其實際亦皆是掌握武力之外戚也。在此期間，魏帝之所以欲振而乏力者，厥以軍隊操之在人，甚至連貼身武力——領左右系統——也由其掌控，太阿已倒持之故也。是以可由領左右系統的創置、發展以及扭曲，窺見晚魏的政潮與興亡。

　　按：筆者上文論及孝文之子宣武帝設置「領扈左右」與「領刀劍左右」，

蓋與懲於輔政宗王元禧聯結半數直閣近衛謀反之事有關，因而此二職之設置，應皆出於其自奉及自衛的考量。是故後來「領左右」內衛之創置，按理亦應不能自外於此考量；若是反過來變爲監控天子的工具，則殆是此制的扭曲。

此二職在宣武朝一見之外，即不復見於史傳，恐怕是政局穩定之後已回歸常制。因此，欲論「領左右」之創置，則必須先瞭解孝明帝嗣立時所發生的事變。孝明帝之父宣武帝，於三十三歲的延昌四年（515）崩，在世則僅有六歲的元詡——即肅宗孝明帝——一子。元詡爲胡充華（即靈太后）所生，而非皇后高氏所生，此爲事變問題之所由起。

據《魏書・皇后列傳》所載，宣武帝先以于勁之女爲后，其後于后暴崩，「而世議歸咎于高夫人」。高夫人是孝文帝高皇后——文昭皇后，宣武帝生母——姪，繼于后而爲宣武帝之皇后，然性「悍忌，夫人嬪御有至帝崩不蒙侍接者。由是在洛二世，二十餘年，皇子全育者，惟肅宗而已」云。在此環境情況之下，胡充華與高后的關係頗爲緊張。及至宣武帝崩，《魏書・于栗磾列傳・于忠附傳》載此緊張情況云：

> 初，世宗崩後，高太后將害靈太后。劉騰以告侯剛。剛以告忠。忠請計於崔光，光曰：「宜置胡嬪於別所，嚴加守衛，理必萬全，計之上者。」忠等從之，具以此意啓靈太后，太后意乃安。故太后深德騰等四人，並有寵授。

大長秋卿劉騰是閹官頭子，所以能探得高后消息；侯剛時以右衛將軍・中庶子・領嘗食典御，以禁衛軍統帥兼東宮官；曾被宣武帝賜以劍杖、爲侯剛頂頭上司的于忠時任侍中・領軍將軍；崔光是太子之師傅，時任侍中・中書監・太子少傅，四人皆屬內官，均得出入禁中，是以能得消息後密議，遷胡充華於別所而又派兵嚴加守衛，保護周全。

至於四人之所以如此緊張，當與高后個性及其本家專權跋扈的行事有關。按：高氏殆爲高麗人，宣武爲帝，提拔舅氏，三舅高肇至尚書左僕射・領吏部，尚宣武之姑高平公主而遷尚書令，至延昌初遷爲司徒；肇姪猛則尚宣武同母妹長樂公主，拜駙馬都尉，歷位中書令；而高后之其他從兄弟亦頗授以大官。高氏專權跋扈者主要是高肇，史謂宣武「以咸陽王禧無事構逆，由是遂委信肇。肇既無親族，頗結朋黨，附之者旬月超昇，背之者陷以大罪。……肇既當衡軸，每事任己，本無學識，動違禮度，好改先朝舊制，出

情妄作，減削封秩，抑黜勳人。由是怨聲盈路矣」。尤其宣武崩時，高肇正以司徒為大將軍・平蜀大都督，統步騎十萬西伐巴蜀，在外手握重兵，[註27]是以胡充華以及四臣焉敢不緊張防備。

及至孝明帝被于忠等迎立後，尊高后為皇太后，胡充華為皇太妃，臺省尋即爆發擁胡、擁高的鬥爭。在領軍將軍于忠及皇太妃互相支持下，擁胡派掌控了全局。《魏書・肅宗孝明帝紀》延昌四年正月至九月條扼載此事云：

> 春正月丁巳夜，即皇帝位。…庚申，詔太保、高陽王雍入居西栢堂決庶政，又詔任城王澄為尚書令，百官總己以聽於二王。……二月庚辰，尊皇后高氏為皇太后。辛巳，司徒高肇至京師，以罪賜死。…己亥，尊胡充華為皇太妃。……八月乙亥，領軍于忠矯詔殺左僕射郭祚、尚書裴植，免太傅、領太尉、高陽王雍官，以王還第。丙子，尊皇太妃為皇太后。……己丑，司徒、清河王懌進位太傅，領太尉；司空、廣平王懷為太保，領司徒；驃騎大將軍、任城王澄為司空。庚寅，車騎大將軍于忠為尚書令，特進崔光為車騎大將軍，並儀同三司。……羣臣奏請皇太后臨朝稱制。九月乙巳，皇太后親覽萬機

此記載僅扼述了孝明嗣立事變的一部份，其餘頗見載於于忠及高陽王雍等傳，由於事關「領左右」創置之背景與時間，茲據此二傳進一步引述，以究明一些問題。〈于忠附傳〉載云：

> 及世宗崩，夜中與侍中崔光遣右衛將軍侯剛迎肅宗於東宮而即位。忠與門下議，以肅宗幼年，未親機政；太尉、高陽王雍屬尊望重，宜入居西柏堂，省決庶政；任城王澄明德茂親，可為尚書令，總攝百揆。奏中宮，請即敕授。御史中尉王顯欲逞姦計，與中常侍、給事中孫伏連等屬色不聽，寢門下之奏。……密欲矯太后令，以高肇錄尚書事，顯與高猛為侍中。忠即於殿中收顯殺之。忠既居門下，又總禁衛，遂秉朝政，權傾一時。……王公已下，畏之累跡。又欲殺高陽王雍，侍中崔光固執，乃止，遂免雍太尉，以王還第。自此之後，詔命生殺，皆出於忠。既尊靈太后為皇太后，居崇訓宮，忠為儀同三司、尚書令、領崇訓衛尉，侍中、領軍如故。靈太后臨朝，

[註27] 高肇家族事蹟參《魏書・外戚列傳・高肇傳》（卷八十三下，頁 1829～1832）及同書〈世宗宣武帝紀〉延昌三年十一月條。

> 解忠侍中、領軍、崇訓衛尉，止爲儀同、尚書令，加侍中。忠爲令
> 旬餘，靈太后引門下侍官于崇訓宮，問曰：「忠在端右，聲聽何如？」
> 咸曰：「不稱厥位。」乃出忠……征北大將軍、冀州刺史。太傅清
> 河王等奏曰：「……忠專權之後，擅殺樞納，輒廢宰輔，令朝野駭
> 心。……請悉追奪。」靈太后從之。……
>
> 　　神龜元年（518）三月，……忠薨，年五十七。……忠性多猜
> 忌，不交勝己，唯與直閤將軍章初瓌、千牛備身楊保元爲斷金之
> 交。

按：于忠從決定輔政宗王的人選時即已專擅，故先後清除高氏勢力以及排斥
內、外朝大臣，自居門下省指揮禁軍並控制外朝，尋以侍中‧儀同三司‧尚
書令‧領軍將軍‧領崇訓衛尉專政。及至靈太后臨朝，出忠爲冀州刺史後，
被排的高陽王雍才敢上表，自述有六罪，云及「臣初入栢堂，見詔旨之行，
一由門下，而臣出君行，不以悛意」，欲禁制之，「反爲忠廢」；「陛下踐阼，
年未半周，殺僕射、尚書，如夭一草」；「忠秉權門下，且居宰執，又總禁旅，
爲崇訓衛尉，身兼內外，橫干宮掖」，「限以內外，朝謁簡絕。皇居寢食，所
在不知」；尤其第四罪特別指出「先帝昇遐，儲宮纂統，斯乃君父之恒謨，臣
子之永則，……迎陛下於東宮，臣下之恒事，如其不爾，更欲何爲？而忠意
氣凌雲，坐要封爵。爾日抑之，交恐爲禍」云云，〔註28〕可見于忠之攬權專
橫，且已有夾持小皇帝使不與外朝相見之嫌。

　　于忠專權大半年，至靈太后臨朝後即被解職外放，稍後復廢居於家而
卒，蓋與靈太后感其保護之勳而不問罪有關。值得注意的是，于忠雖以侍中‧
儀同三司‧尚書令‧領軍將軍‧領崇訓衛尉專權，但並未如後來權臣尒朱榮
等兼帶「領左右」，表示此時此官尚未建置；另外，于忠斷金之交的楊保元
既任千牛備身，此官後來隸屬於領左右府，根據〈楊泰（即保元）墓志〉，
其人於宣武帝景明三年（502）「補伏波將軍、千牛備身」，〔註29〕表示最晚
此官在元禧謀反的次年已置。從當初「世宗從禽於野，左右分散，直衛無幾，
倉卒之際，莫知計之所出」的倉皇經驗，以及後來賜于忠劍杖時警惕之言觀
察，顯示元禧事件之後，宣武帝的確有意加強貼身內衛，並將之置爲定令。

〔註28〕詳《魏書‧獻文六王列傳‧高陽王雍傳》，卷二十一上，頁555～556。
〔註29〕見杜葆仁、夏振英之〈華陰潼關出土的北魏楊氏墓志考證〉，《考古與文物》，
　　　　1984年第5期，頁21。

《魏書・恩倖・寇猛列傳》似亦可旁窺此意：

> 寇猛，……猛少以姿幹充虎賁，稍遷羽林中郎。從高祖征南陽，
> 以擊賊不進免官。世宗踐位，復用，愛其膂力，置之左右，爲千牛
> 備身，歷轉遂至武衛將軍。出入禁中，無所拘忌。

寇猛卒於宣武帝正始三年（506），蓋與楊泰同時期任千牛備身。〔註30〕由此
可知，宣武帝欲從禁衛軍中選拔人才以置之左右，帶千牛刀爲貼身侍衛，目
的即在加強自身防備。而宣武、孝明之朝爲千牛備身者，尚有下文之奚難，
其人正是帶千牛刀侍衛天子之人。是則宣武帝爲侍衛取名「千牛備身」，是令
其帶千牛刀侍側，〔註31〕用以作爲貼身內衛也，可以無疑。因此，千牛備身
的創置，的確是宣武帝懲於元禧密結直閤之叛亂事件，爲了加強以後的備身
自防，而著手創置之官，並早於領左右而創置。不過，上文提及宣武恩倖的
侯剛，因進飪出入而以右中郎將領刀劍左右，趙脩則更是因頗有膂力而以鎮
東將軍領扈左右，顯示此二職實應在領左右之前創置，與千牛備身等內衛武
官之設置背景相當，恐其間或有一定的關係，說不好是統屬的關係，或「刀
劍左右」改編爲「刀劍備身」。

于忠等人之所以能輕易清除高肇，就個人而言，與肇專權恣擅，予奪任
己，排斥及構殺宗王，而流言亦謂宣武帝于后及其子元昌之死與之有關，早
已怨聲盈路，但本身卻無親族朋黨有關；就制度而言，則與肇雖貴爲司徒，
握重兵於外，但卻不帶領軍將軍以掌握中央禁衛軍，所以領軍將軍于忠等潛
備直寢十餘人，待其入宮奔喪時乃輕易搤而殺之。高后頓失所倚，因此在被
尊爲皇太后不久尋即爲尼，於孝明帝神龜元年暴崩，流言則歸咎於靈太后。
于忠爲于后的從兄弟，或許基於此私怨而報復高氏，不過于氏雖自曾祖四世
貴盛，一皇后，四贈三公，領軍，尚書令，三開國公，但畢竟不是靈太后本
家外戚，故其所以能專權大半年，則與靈太后感念其保護之勳有關。至於靈
太后的本家，雖系出安定胡氏，但先世官宦不高，父親胡國珍少好讀書，敬
信佛法，雅尚清儉，雖於靈太后臨朝時加侍中，出入禁中，參諮大務，而卻

〔註30〕寇猛卒年見其墓誌銘，前揭趙超《漢魏南北朝墓誌彙編》，頁49。

〔註31〕《通鑑》（台北：宏業書局，民國62.4再版）梁武帝普通二年（即魏孝明帝正
　　　光二年，521）正月條胡注云：「御左右有千牛刀，謂之防身刀。千牛刀者，
　　　利刃也，取庖丁解數千牛而芒刃不頓爲義。千牛備身，執千牛刀以侍左右者
　　　也。」甚是。其説較《通典・職官十・左右千牛衛》之文及其本注扼要明瞭。
　　　又請參見註26。

權力慾不大。國珍子祥是輔政宗王清河王元懌的女婿，但在國珍嬌縱下生性好戲，時被靈太后威訓，不是可以倚賴之人。不過，臨朝太后畢竟需要有人在內廷協助，且神龜元年國珍臨死與太后訣別時，殷勤再三叮囑：「母子善治天下，以萬人之心，勿視大臣面也！」表示國珍深知宮廷政治的險惡，以故乃有此叮囑。〔註32〕這也就是靈太后起用妹夫元叉的原因。

據本傳所載，靈太后的人格特色是聰悟多才藝，擅射而好色之人，自臨朝稱制以後，大權在手，遂「親覽萬機，手筆斷決」，流於任性，因而導致元叉集團的政變。本傳載云：

> 時太后得志，逼幸清河王懌，淫亂肆情，爲天下所惡。領軍元叉、長秋卿劉騰等奉肅宗於顯陽殿，幽太后於北宮，於禁中殺懌。其後太后從子都統僧敬與備身左右張車渠等數十人，謀殺叉，復奉太后臨朝，事不克，僧敬坐徙邊，車渠等死，胡氏多免黜。

清河王元懌是孝明帝叔父，是太后弟胡祥的岳父，其人敏惠而美姿貌，又博涉經史，兼綜羣言，有文才，善談理，寬仁而容裕。當時以侍中・太傅・領太尉裁門下事。靈太后逼幸之，其事可信。〔註33〕政變的直接起因，厥與元懌竭力匡輔，以天下爲己任，而領軍將軍元叉恃寵驕盈，「懌裁之以法，每抑黜之，爲叉所疾」之事有關。於是元叉遣黨人告懌謀反，禁懌於門下，幸得朝貴分明而獲雪釋。一事之不果，元叉遂於正光元年（520）七月乾脆與閹官劉騰幽閉靈太后於後宮，囚懌於門下省，誣其罪狀而害之。

元叉之所以如此大膽妄爲，當與身爲太后妹婿，蒙受倚信，又是當朝顯赫而極被太后禮遇的京兆王元繼之子有關。當時元叉已遷侍中・領軍將軍，既在門下，兼總禁兵，深爲靈太后所信委，以故「執殺生之柄，威福自己，門生故吏遍於省闈」〔註34〕《魏書・道武七王・京兆王黎列傳・元叉附傳》

〔註32〕于忠爲于烈之子、于勁之侄，三人相繼爲領軍將軍。于忠父子附於《魏書・于栗磾列傳》，高肇、于勁、胡國珍三外戚俱見《魏書・外戚列傳下》，高、于、胡三后則俱見於《魏書・皇后列傳》，不贅引。

〔註33〕靈太后好色，先後曾有過多個情人，元懌只是被「逼幸」而已。本傳載其後太后復辟，謂「鄭儼汙亂宮掖，勢傾海內；李神軌、徐紇並見親侍。一二年中，位總禁要，手握王爵，輕重在心，宣淫於朝，爲四方之所厭穢。文武解體，所在亂逆，土崩魚爛，由於此矣。僧敬又因聚集親族，遂涕泣諫曰：『陛下母儀海內，豈宜輕脫如此！』后大怒，自是不召僧敬」云。按：胡僧敬爲太后之侄，曾出死力救護太后（見正文下文），故其所謂「輕脫」之言可信。

〔註34〕元繼體出道武帝，襲封江陽王，孝文帝時屢爲六鎮都大將，其後入爲左衛將

載元懌獲雪釋後至政變發生之情況云：

> 懌雖得免，猶以兵衛守於宮西別館。久之，又恐懌終爲己害，乃與侍中劉騰密謀。靈太后時在嘉福，未御前殿，騰詐取主食中黃門胡玄度、胡定列誣懌，云許度等金帛，令以毒藥置御食中以害帝，自望爲帝，許度兄弟以富貴。騰以具奏，肅宗聞而信之，乃御顯陽殿。騰閉永巷門，靈太后不得出。

> 懌入，遇叉於含章殿後，……又命宗士及直齋等三十人執懌衣袂，將入含章東省，使數十人防守之。騰稱詔召集公卿，議以大逆論，咸畏懌叉，無敢異者。……叉、騰持公卿議入奏，俄而事可，夜中殺懌。於是假爲靈太后辭遜之詔。叉遂與太師高陽王雍等輔政，常直禁中，肅宗呼爲姨父。自後專綜機要，巨細決之，威振於內外，百僚重跡。

事發之後，內外曾有起事之兵。在外爲相州刺史‧中山王元熙抗表起兵討叉，不果見誅；〔註35〕在內爲太后之侄千牛備身胡虔（字僧敬）與備身張車渠等謀殺叉，事發，叉殺車渠等，虔坐遠徙。〔註36〕

元叉以侍中‧領軍將軍發動政變，與其直屬左、右二衛將軍侯剛及奚康生的參與有關，而政變之後，首見任「領左右」之人即是奚康生。按：奚康生先世是代人，世爲部落大人。祖父直，累至柔玄鎮將，入爲內外三都大官；父普憐，不仕而卒。康生是當世知名勇將，初由軍主遷爲宗子隊主，也曾假直閣將軍，宣武崩前累功至撫軍將軍‧相州刺史，尋徵拜爲光祿卿，領右衛將軍。《魏書‧奚康生列傳》載其參與政變之事云：

> 與元叉同謀廢靈太后。遷撫軍大將軍、河南尹，仍右衛，領左右。與子難娶左衛將軍侯剛女，即元叉妹夫也。叉以其通姻，深相委託，三人率多俱宿禁內，時或迭出。叉以康生子難爲千牛備身。

軍，兼侍中，又兼中領軍，鎮攝舊都。及靈太后臨朝，因子元叉先納太后妹，尋除侍中‧領軍將軍，自是不斷晉遷，累至使持節、侍中、太師、大將軍、錄尚書事、大都督，節度西道諸軍。靈太后數與肅宗幸其宅，置酒高會，且每至母子遊幸於外，時令扶入，居守禁內。事詳《魏書‧道武七王‧京兆王黎列傳‧元繼附傳》，卷十六，頁401～403。

〔註35〕元熙兄弟並爲清河王懌所昵，故聞變起兵，甫十日即爲其長吏率諸城人所執，元叉遣盧同斬之於鄴街。事詳《魏書‧景穆十二王‧南安王楨列傳‧元熙附傳》，卷十九下，頁503～505。

〔註36〕事詳《魏書‧外戚‧胡國珍列傳‧胡虔附傳》卷八十三下，頁1836。

康生性粗武，言氣高下，乂稍憚之，見于顏色，康生亦微懼不安。

注意：奚康生本與元乂並無軍事歷史淵源，故其之參與政變，殆一方面是因元乂是其現任頂頭上司，一方面是因與元乂妹夫左衛將軍侯剛結爲兒女姻親，更重要的是可能元乂只向其訴說清河王元懌謀反而欲平亂，以故個性粗武而言氣高下的奚康生遂誤信之，〔註37〕由是參與政變。其後或因逐漸瞭解眞相，以故遂欲反正誅乂。本傳所載此事可用以推敲「領左右」之職責：

> 正光二年（521）三月，肅宗朝靈太后于西林園，文武侍坐，酒酣迭舞。次至康生，康生乃爲力士舞，及於折旋，每顧視太后，舉手、蹈足、瞋目、頷首爲殺縛之勢。太后解其意而不敢言。日暮，太后欲攜肅宗宿宣光殿。侯剛曰：「至尊已朝訖，嬪御在南，何勞留宿？」康生曰：「至尊，陛下兒，隨陛下將東西，更復訪問誰？」羣臣莫敢應。
>
> 靈太后自起援肅宗臂下堂而去。康生大呼唱萬歲於後，近侍皆唱萬歲。肅宗引前入閣，左右競相排，閣不得閉。康生奪其子難千牛刀，斫直後元思輔，乃得定。肅宗既上殿，康生時有酒勢，將出處分，遂爲乂所執鎖於門下。……處康生斬刑，難處絞刑。乂與剛並在內矯詔決之。康生如奏，難恕死從流。……嘗食典御奚混與康生同執刀入內，亦就市絞刑。

按：康生所爲力士之舞，折旋之勢，是表示將欲殺元乂也，因而太后解其意而不敢言。及至日暮，太后欲攜孝明帝留宿宣光殿，而侯剛不許，太后不管，逕自起身援孝明之臂下堂而去。將入閣門，左右競相排，閣不得閉。康生遂奪其子千牛備身奚難之千牛刀，斫直後元思輔，然後乃得穩定而讓孝明能夠上殿。此表示當時相排的直後等五直系統近衛，恐怕就是左衛將軍侯剛所指揮的人馬，所以才競相排擠，使閣門不得而閉。直後等近衛是直閣屬官，由直閣將軍統領以守閣門等地，雖於五直屬官中較密近天子，但仍不得如千牛備身、嘗食典御等內官，執刀貼身侍衛天子以進入宣光殿內宮，〔註38〕因此

〔註37〕康生其後欲反正誅乂，不果，被乂處以斬刑。臨刑時慷慨，了不悲泣，語其子奚難云：「我不反死，汝何爲哭也！」顯示康生當初可能不是有意協助元乂反逆政變，而是欲參與平定元懌之謀反。事詳《魏書・奚康生列傳》，卷七十三，頁1632。

〔註38〕按：〈肅宗紀〉載胡充華生孝明帝於宣光殿東北，〈清河王懌傳〉載「正光元年七月，乂與劉騰逼肅宗於顯陽殿，閉靈太后於後宮」，〈靈太后傳〉謂「領

只能在閣外擾漾，是以康生遂因出門處分而大意被擒。

筆者的解釋是否成立，應從別的史傳尋找印證始能確。

關於此次行動，原先奉于忠與崔光之命迎立孝明帝的右衛將軍侯剛也是當事者。其人之身世專長，前已引其本傳敘述之。本傳續云：

> 剛與侍中崔光迎肅宗於東宮。尋除衛尉卿，……俄爲侍中、撫軍將軍、恒州大中正。……熙平初，除左衛將軍，餘官如故。……後剛坐掠殺試射羽林，爲御史中尉元匡所彈，廷尉處剛大辟。尚書令、任城王澄爲之言於靈太后，……於是令曰「……可削封三百戶，解嘗食典御。」剛於是頗爲失意。……未幾，加散騎常侍。御史中尉元匡之廢也，太后訪代匡者，剛爲太傅、清河王懌所舉，遂除車騎將軍，領御史中尉，常侍、衛尉如故。
>
> 及領軍元乂執政擅權，樹結親黨，剛長子，乂之妹夫，乃引剛爲侍中、左衛將軍，還領尚食典御，以爲枝援。俄加車騎大將軍、領左右，復前削之封。尋加儀同，復領御史中尉。

由此可知，侯剛與元乂朋黨，參與政變，共同對付有赦死之恩的太后以及推薦之恩的元懌，雖說與解典御而失意之故有關，但卻是不折不扣的忘恩負義之徒，難怪後來被貶時，本傳載詔書嚴厲批評其「因緣時會，恩隆自久，擢於凡品，越昇顯爵。往以微勤，賞同利建，寵靈之極，超絕夷等。曾無犬馬識主之誠，方懷梟鏡返噬之志。與權臣元乂婚姻朋黨，虧違典制，長直禁中，一出一入，迭爲姦防。又與劉騰共爲心膂，間隔二宮，逼脅內外。……不忠不道，深暴民聽；附下罔上，事彰幽顯。莫大之罪，難從宥原」矣。也由此可知，在政變之後，他是以左衛將軍負責間隔二宮，防備太后之人，所以才不許孝明帝留宿宣光殿。至於其之俄加領左右，應是接替奚康生的遺缺，使能更方便執行任務罷了。〔註39〕此次行動中，侯剛之所以沒有公然與奚康生

軍元乂、長秋卿劉騰等奉肅宗於顯陽殿，幽太后於北宮」，〈侯剛傳〉則載「太后欲攜肅宗宿宣光殿」，而侯剛則謂「至尊已朝訖，嬪御在南，何勞留宿？」賈粲更「扶肅宗於東序，前御顯陽，還閉太后於宣光殿」。可見宣光殿乃靈太后居住並被幽禁之殿，爲後宮重地，又稱北宮；而孝明帝與其嬪御則在南，居顯陽殿，爲南宮。太后與皇帝分居北、南二宮，各置衛尉，實仿自兩漢之制。因靈太后所居北宮名曰「崇訓」，故置崇訓衛尉、崇訓太僕、崇訓丞等官，分由元乂、劉騰、賈粲等人充任而已。

〔註39〕〈侯剛墓誌〉（趙超前揭書，頁188～190）不提其曾加領左右，且語多諛墓之詞，蓋不足採信。本傳謂「剛長子，乂之妹夫」，與前文謂侯剛是乂妹夫異，

硬對，應是因康生當時以領左右統領千牛備身等內官，貼身內衛天子之故。當然，這也與崇訓丞賈粲能迅速帶走孝明帝之舉有關。《魏書·閹官·賈粲列傳》載此舉云：

> 太和中，（賈粲）坐事腐刑。頗涉書記。世宗末，漸被知識，得充內侍。自崇訓丞爲長兼中給事中、中嘗藥典御，轉長兼中常侍。遷光祿少卿、光祿大夫。靈太后之廢，粲與元叉、劉騰等伺帝動靜。右衛奚康生之謀殺叉也，靈太后、肅宗同升於宣光殿，左右侍臣俱立西階下。康生既被囚執，粲紿太后曰：「侍官懷恐不安，陛下宜親安慰。」太后信之，適下殿，粲便扶肅宗於東序，前御顯陽，還閉太后於宣光殿。

可見賈粲是以內衛首領奚康生出外被執而直閣近衛懷恐不安爲詞，騙得太后剛下殿欲行宣慰時，立即帶走孝明帝，而還閉太后於宣光殿。

至此，遂必須進一步確定在此變局中，始見的「領左右」之官，職責是保衛太后或天子，抑或監視太后或天子？

按：劉騰幼時坐事受刑，補小黃門，轉中黃門。曾因向孝文帝密告皇后馮氏（孝文幽皇后）有通姦之事，由是進冗從僕射，仍中黃門，後爲大長秋卿、太府卿。及至宣武帝崩，他也是首先將高皇后將害胡充華的秘密告訴侯剛，使于忠等人別置胡充華於別所嚴加守衛之人，由是靈太后深德騰等四人，除騰爲崇訓太僕，加中侍中。靈太后臨朝後，劉騰特蒙進寵，多所干託，常爲清河王懌所抑而不與，因而爲恨。據《魏書·閹官·劉騰列傳》載其參與政變之事云：

> 騰以爲恨，遂與領軍元叉害懌。廢靈太后於宣光殿，宮門晝夜長閉，內外斷絕。騰自執管鑰，肅宗亦不得見，裁聽傳食而已。太后服膳俱廢，不免飢寒。又使中常侍賈粲假言侍肅宗書，密令防察。
>
> 叉以騰爲司空公，表裏擅權，共相樹置。叉爲外禦，騰爲內防，迭直禁闈，共裁刑賞。……四年之中，生殺之威，決於叉、騰之手。……公私屬請，唯在財貨。舟車之利，水陸無遺；山澤之饒，所在固護；剝削六鎮，交通互市。歲入利息以巨萬計。……天下咸患苦之。

是則侍中·領軍將軍又兼崇訓衛尉的元叉，一方面指揮侍中·左衛將軍·領

《北史》同於《魏書》。按：應以侯剛是元叉妹夫爲是，墓誌對此未提及。

尚食典御侯剛率領近衛隔絕二宮，防範太后；另一方面復與中侍中・崇訓太僕劉騰嚴格幽禁太后於宣光殿也。至於右衛將軍・領左右奚康生，似乎僅是統領內衛以侍護天子而已，甚至連「防察」天子的任務也不假其手，而由賈粲等閹官爲之，前引粲傳所謂「靈太后之廢，粲與元叉、劉騰等伺帝動靜」是也。無論如何，據騰傳載其喪時，「中官爲義息衰経者四十餘人」，是則即以其義子之數看，實行伺帝動靜、禁閉太后的任務，已足足有餘。

正光元年七月元叉、劉騰夾持孝明於前殿而幽閉太后於後宮，使內外斷絕。至翌年三月右衛將軍・領左右奚康生乘侍衛天子往朝太后之際，欲於禁內殺元叉而失敗，同月遂以儀同三司劉騰爲司空。自後叉爲外禦，騰爲內防，迭直禁闥，表裏擅權，如此狀況直至正光四年（523）三月劉騰卒爲止。此四年之間，由於母子關係仍甚良好，故但許孝明往後宮朝母，而不許母赴前殿視子。如此的隔絕情況，因騰死而又寬怠，由是防範漸鬆，而此時之領左右則爲侯剛所充領。正因元叉寬怠而侯剛疏忽，母子遂有機會接見大臣，共同圖叉。〈元叉附傳〉詳記其事云：

> 從劉騰死後，防衛微緩，叉頗亦自寬，時宿於外，每日出遊，留連他邑。靈太后微察知之。叉積習生常，無復虞慮。其所親諫叉，叉又不納。正光五年秋，靈太后對肅宗謂羣臣曰：「隔絕我母子，不聽我往來兒間，復何用我爲？放我出家，我當永絕人間，……」欲自下髮。肅宗與羣臣大懼，叩頭泣涕，殷勤苦請。靈太后聲色甚屬，意殊不回。肅宗乃宿於嘉福殿，積數日，遂與太后密謀圖叉。

> 肅宗內雖圖之，外形彌密，靈太后瞋忿之言，欲得往來顯陽之意，皆以告叉。叉對叉流涕，敘太后欲出家，憂怖之心。如此密言，日有數四。叉殊不爲疑，乃勸肅宗從太后意。於是太后數御顯陽，二宮無復禁礙。……

> 丞相、高陽王雍，雖位重於叉，而甚畏憚，欲進言於肅宗，而事無因。會太后與肅宗南遊洛水，雍邀請，車駕遂幸雍第。日晏，肅宗及太后至雍內室，從者莫得而入，遂定圖叉之計。後雍從肅宗朝太后，乃進言曰：「臣不慮天下諸賊，唯慮元叉。何者？叉總握禁旅，兵皆屬之；父率百萬之眾，虎視京西；弟爲都督，總三齊之眾。元叉無心則已，若其有心，聖朝將何以抗？叉雖曰不反，誰見其心？而不可不懼。」太后曰：「然。元郎若忠於朝廷而無反心，何故不去

此領軍，以餘官輔政？」又聞之，甚懼，免冠求解。乃以又爲驃騎
大將軍、儀同三司、尚書令、侍中、領左右。

> 又雖去兵權，然總任內外，殊不慮有黜廢之理也。後又出宿，
> 遂解其侍中。旦欲入宮，門者不納。尋除名爲民。

按：元又解除領軍將軍即是去禁軍兵權，但仍保留尚書令、侍中即是總任內
外，再加上加授領左右，所以殊不慮有黜廢之理。蓋元又之所以被加授領左
右，實爲與侯剛官職對調，是孝明母子欲暫安其心，以便日後各個誅除而已。
剛傳載其事云：

> 孝昌元年（525），除領軍，餘官如故。初元又之解領軍也，靈
> 太后以又腹心尚多，恐難卒制，故權以剛代之，示安其意。尋出爲
> 散騎常侍、冀州刺史、將軍、儀同三司。

事實上，太后於孝昌元年四月辛卯復臨朝攝政後，同日即下詔追論元又、劉
騰等罪，元又除名爲民，尋賜死於家；劉騰則被追削爵位；而侯剛亦於赴冀
州途中被詔問罪削黜，後終于家。

「領左右」之官因奚康生、侯剛、元又之相繼充任，蓋已成爲定制，不
是宣武帝議定律令的結果，所以此後常見史傳記載充任之人。這些人物大多
無相關事蹟可以析論，但有一人例外，此即可能是繼元又而充任的谷紹。史
載靈太后恢復臨朝後相當任性自恣，尤其是男女關係。據靈太后本傳載云：

> 太后自以行不修，懼宗室所嫌，於是內爲朋黨，防蔽耳目，肅
> 宗所親幸者，太后多以事害焉。有蜜多道人，能胡語，肅宗置於左
> 右。太后慮其傳致消息，三月三日於城南大巷中殺之。方懸賞募賊，
> 又於禁中殺領左右、鴻臚少卿谷會、紹達，並帝所親也（按：《北史》
> 靈后傳同）。母子之間，嫌隙屢起。

> 鄭儼慮禍，乃與太后計，因潘充華生女，太后詐以爲男，便大
> 赦改年。肅宗之崩，事出倉卒，時論咸言鄭儼、徐紇之計。於是朝
> 野憤歎。太后乃奉潘嬪女言太子即位。經數日，見人心已安，始言
> 潘嬪本實生女，今宜更擇嗣君。遂立臨洮王子釗爲主，年始三歲，
> 天下愕然。

按：孝明帝六歲即位，正光元年十一歲時元又集團政變，便被其所夾持，及
至孝昌元年太后恢復臨朝時已十六歲。其年元又除名爲民，太后以妹壻之故，

猶未忍便決。羣臣認為「元叉之罪，具騰遐邇，豈容復停，以惑視聽」，固執不已，「肅宗又以爲言，太后乃從之」，〔註40〕終於將其賜死於家。此事可證孝明帝已長大，自有主見。亦可見太后因行為不修，不僅需懼宗室所嫌，使元叉政變之事可能重演，抑且更懼讓孝明帝知悉。靈太后之所以內為朋黨，防蔽耳目，肅宗所親幸者，太后多以事害焉，即為此故。領左右為內衛統領，親近天子，更能將其不修之事傳致孝明，以故遂為所殺。不過所謂「領左右、鴻臚少卿谷會、紹達」，似乎是二人，甚至是二人並任，然而究其實則僅是同一人。據《魏書‧谷渾列傳‧谷士恢附傳》載云：

> 士恢，字紹達。少好琴書。初為世宗挽郎，除奉朝請。正光中，入侍，甚為肅宗寵待。元叉之出，靈太后反政，紹達預有力焉。遷諫議大夫，俄轉通直散騎常侍、直閣將軍、鴻臚少卿，……太后嬖幸鄭儼，懼紹達間構於帝，每因言次，導紹達為州。紹達耽寵，不願出外。太后誣其罪而殺之。

《北史‧谷渾列傳》所載相同，可見「谷會、紹達」即是谷紹達，而《通鑑》梁武皇帝大通二年（即孝明帝孝昌四年）二月條則直稱為谷士恢。由此可知谷紹達，因入侍而甚為孝明帝所寵待，參與反元叉之事，遂由直閣將軍、鴻臚少卿遷為領左右，於禁中知悉太后與鄭儼之關係，太后懼其間構於帝，欲將其外放又不願出，遂被太后誣罪而殺之。此事是孝明母子嫌隙屢起原因之一，亦與孝明帝之暴崩有關，尒朱榮尋即為此興兵向闕，致有河陰之變，盡屠太后、幼主以及朝貴百官一千餘人，而促成北魏之崩亡。

　　根據此事，可知領左右及其宮衛官兵因屬軍令系統，所以長官僅置一人，並且是禁中內衛的統領，以侍衛皇帝為職責，雖太后臨朝稱制、自稱曰朕，也非其侍衛職責的範圍。也由此可以確知，昔日元叉雖解領軍將軍，但仍為侍中‧尚書令‧領左右，遂自以為猶是總任內外，不慮會被黜廢。其實元叉不僅出宿時被解除侍中，抑且連領左右也被一併解除，〔註41〕以故明早不能入宮也。

　　至此，似有回過來最後一探當初領左右創置之動機。是則需要根據以上分析，覆考清河王元懌第一次被誣而獲雪釋後，前揭《魏書‧道武七王‧京

<hr>

〔註40〕見《魏書‧道武七王‧京兆王黎列傳‧元叉附傳》，卷十六，頁407～408。
〔註41〕叉傳不提領左右也被一併解除之事，但〈元叉墓誌〉（趙超前揭書，頁181～184）雖語多諛墓，卻明載「有詔解公（元叉）侍中領左右」云，其詞蓋可信，否則甚難解釋叉何以不能入宮也。

兆王黎列傳‧元叉附傳》所載的文辭，始能有確。按：該文載謂：

> 懌雖得免，猶以兵衛守於宮西別館。久之，叉恐懌終爲己害，乃與侍中劉騰密謀。靈太后時在嘉福，未御前殿，騰詐取主食中黃門胡玄度、胡定列誣懌，云許度等金帛，令以毒藥置御食中以害帝，自望爲帝，許度兄弟以富貴。騰以具奏，肅宗聞而信之，乃御顯陽殿。騰閉永巷門，靈太后不得出。

> 懌入，遇叉於含章殿後，……叉命宗士及直齋等三十人執懌衣袂，將入含章東省，使數十人防守之。騰稱詔召集公卿，議以大逆論，咸畏憚叉，無敢異者。……叉、騰持公卿議入奏，俄而事可，夜中殺懌。於是假爲靈太后辭遜之詔。

於此，可以確定的是，政變後始見以右衛將軍兼充領左右的奚康生，其所領的領左右並非靈太后遜位被幽禁前所置；而領左右之創置，應與政變事件有關。據文，元叉等人兩次誣陷及扣押宗王首輔元懌，是必欲置之於死地，意志甚決，思靈太后必會維護此首輔情人，是以亦必須一併將太后解決。元叉之所以如此堅決，與結怨已深，「恐懌終爲己害」的恐懼心理有關。元叉既然排除了仰仗靈太后以成事的可能，是則只能利用年幼的孝明帝，於是向其誣告元懌收買內官，詐言其「令以毒藥置御食中以害帝，自望爲帝」云云，使小皇帝「聞而信之」，配合其行動，以禁閉太后，並「可」叉、騰強逼公卿通過之奏議，遂殺害元懌，僞造靈太后辭遜之詔而宣布之。

筆者以爲，由孝明帝相信元懌計畫毒殺自己而自爲皇帝，以致配合敉平「大逆」的行動看，此時孝明帝的心理亦不免充滿恐懼感，於是在事後創置「領左右」之官用以自衛。此與其父宣武帝當年敉平首輔咸陽王元禧之謀反後，尋即創置「領扈左右」及「領刀劍左右」，用以自奉及自衛，可謂同出一轍，歷史重演。只是元禧之反爲眞，元懌之逆爲假；宣武帝創置「領扈左右」、「領刀劍左右」出於自我防衛的主動，而十一歲的孝明小皇帝則可能出於主動被動之間，如此而已。

筆者之所以謂孝明帝可能出於主動被動之間，蓋因元懌被殺後，當朝已無能裁抑元叉之人，〈肅宗紀〉所謂叉「幽皇太后於北宮，殺太傅、領太尉、清河王懌，總勒禁旅，決事殿中」是也。此與當年于烈以領軍將軍協助宣武平亂後，卻未總勒禁旅以干政的情況不同。因此，「領左右」之創置，應與元叉誣告、孝明裁可的處理程序有關。此時在外有相州刺史‧中山王熙舉兵討

逆，在內尋有千牛備身胡虔起事以謀反正，元叉昔日既能騙得孝明相信有危，則此時亦必能說服孝明相信有亂，所以需創置「領左右」以自衛。筆者謂孝明帝創置「領左右」可能出於主動被動之間，即因此故。

尚有進者，個性粗武驍勇、壯氣有聞的右衛將軍奚康生，原是忠於朝廷之人，極可能也是受頂頭上司元叉之騙而參與政變。本傳謂其「與元叉同謀廢靈太后。遷撫軍大將軍、河南尹，仍右衛，領左右」，則應是繼續受騙以為孝明有危險，需其坐鎮京府、擔任內衛以保衛天子也。元叉之所以重用康生，一者因其是當世名將，另者是與〈叉附傳〉所謂「初，叉之專政，矯情自飾，勞謙待士，時事得失，頗以關懷」的虛矯姿勢有關，由是重用康生以安撫朝廷內外之心。及至康生發現情況並非如同所想，於是「言氣高下，叉稍憚之，見于顏色，康生亦微懼不安」，遂於政變發生八個月之後的正光二年三月，乘陪侍孝明往朝太后于西林園，酒酣起舞之際，暗示太后欲殺縛元叉。事雖不果而反為元叉所殺，但太后已解其意而不言。及至「太后反政，贈都督冀瀛滄三州諸軍事、驃騎大將軍、司空公、冀州刺史，又追封壽張縣開國侯，食邑一千戶」，與追咎元叉、劉騰、侯剛等人之罪大不相同。同理，孝明漸成長，亦漸悉元叉所為，於是始有趁母子相會之際密謀圖叉之舉，其情可以明矣。

至此可以確定的是：

其一，「領左右」之創置時間，厥在孝明帝正光元年七月元叉集團政變之後，首任由右衛將軍奚康生所領，為統領天子左右帶刀侍衛，以保衛天子之官。此與論者所言，領左右之初創是元叉為控制孝明帝以便專權而置的說法並不相符。試想，任何皇帝皆應不可能會同意設立一個機構來控制自己；反之，控制天子的方法很多，但任何權臣亦皆不可能會笨到公然設置一個機構來控制皇帝。揆諸此時的歷史，縱使康生被殺後此官雖由元叉姻黨侯剛以左衛將軍所充領，但也未見其有控制天子的事跡，否則追咎其罪時，斷不會僅貶為征虜將軍而餘官悉削黜，最後仍能善終于家。而元叉被解除領軍將軍之官，軍職與侯剛對調，更未見其充任領左右時便能控制孝明帝，否則就不會被輕易除名為民。元叉勢力被剪除後，谷紹達為孝明所寵待，以鴻臚少卿領左右，靈太后正是因此而害怕其將私情間構於帝，乃將其殺害，是則「領左右」創置之原本職責在貼身內衛天子，可以無疑。

其次，「領左右」於孝明朝初創時，雖因其職為統領內衛，所以隸屬於領軍將軍，但未規定一定由武官充領，也未必一定由達官貴胄或其子弟充任，

而卻多以胡人充任，奚康生、侯剛、元叉、谷紹達即可為例，此與後來的隋唐制度頗不同。

其三，因「領左右」之職權比較特別，是以常為天子或權臣之親信，甚至由權臣親自領之，其後專政的尒朱榮、高歡即可為例（請詳下節）。然而當權臣親領，或由權臣親信充領時，通常此官於法定貼身侍衛天子之餘，尚兼有監視及控制天子的特別任務，是為此制的扭曲。

其四，「領左右」上隸領軍將軍，但其下則統屬不詳。從奚康生陪侍孝明帝往朝靈太后，太后不理侯剛之制止，逕行挽孝明留宿宣光殿，而閤門為近衛相排不能閉時，康生奪其隨行之子千牛備身奚難的千牛刀斫直後元思輔，而嘗食典御奚混則與康生同執刀入內，情勢乃得穩定的情況看，領左右當時或許也兼統其他內官，如嘗食典御等，〔註42〕但起碼應統領千牛備身以及備身。此二職是宣武帝所創置，為天子的帶刀侍衛，因此領左右初創時蓋已撥屬之。由是，領左右上隸領軍將軍，下統千牛備身及備身，正為隋唐制度之所本。

行文至此，領左右的設置問題大體已備，但筆者以為仍有可宜補充，或可補充而不敢遽確，需待來者見有更多史料始能定奪者，茲一併略陳如下。

第一，關於備身系統諸官，此時最基本之職員應是「備身」。千牛備身、備身應是在領左右創置後移屬之，為領左右的直屬系統。

按：千牛備身此官始見於宣武帝即位後的第三年——景明三年（502），前面已確定是宣武帝懲於元禧叛亂事件，為加強自防而置，自後「領刀劍左右」即不復見於史文。或許「刀劍左右」後來改編為「刀劍備身」。〔註43〕所疑若是，則領左右創置後，其所屬遂應有「千牛備身」、「備身」、「刀劍備身」三個屬官系統，而以「備身」品秩最低。此三系屬官極可能皆先於領左右而

〔註42〕嘗食典御在北齊為門下省文職內官，但此時奚混既與康生同執刀入內，恐怕此官之性質尚未定，而由新置的領左右所領。繼康生任領左右的侯剛，在孝文帝朝被「文明太后調為內小」，後「以軍功轉虎威將軍冗從僕射嘗食典御」（見〈侯剛墓誌〉，趙超前揭書，頁188～190）。按：內小為武職侍官，有幢將的編制，本書前篇論幢將時已論之，要之內小與嘗食典御在北魏時或與武事有關，均為天子之左右內官，以故很可能統屬於領左右，但不敢遽確。

〔註43〕「領刀劍左右」不復見於北齊及東、西魏史文，但北齊制領左右府卻見有「刀劍備身」屬官之職，二者雖不能確悉有何關係，但以當時政情看，「刀劍左右」改編為「刀劍備身」，以強化備身體制的可能性甚大，要之仍待日後資料多時再確考。

置，蓋經宣武朝議定律令後成爲貼身侍衛的新職，取代了原先的「領刀劍左右」及「領扈左右」。

關於「備身」，始見於孝明帝中期，《魏書》、《北史》各僅一見，而文本全同。按：前引《魏書・皇后・宣武靈皇后胡氏列傳》記載元叉政變，太后被幽於北宮後，太后從子「都統僧敬與備身左右張車渠等數十人」謀殺叉，復奉太后臨朝，事不克，僧敬坐徙邊，車渠等死，胡氏多免黜云。然而，《魏書・外戚・胡國珍列傳・胡虔附傳》所載則略不同。此傳云：

> 虔，字僧敬。元叉之廢靈太后，虔時爲千牛備身，與備身張車渠等謀殺叉。事發，又殺車渠等，虔坐遠徙。

是則一書兩異也。究竟張車渠是「備身」抑「備身左右」，胡虔是「千牛備身」或「都統」？按：「備身」之官，多循後魏官制的北齊有之，《隋書・百官中》所載領左右府組織可以爲證。至於「備身左右」的官名，則爲北齊所無；齊制領左右府另有「左右備身」系統，不知是否爲「備身左右」後來之改名？爲此，先宜確定張車渠所任的正式官名。

筆者以爲，觀奚康生欲誅元叉之時，「奪其子難千牛刀，斫直後元思輔」，而「嘗食典御奚混與康生同執刀入內」，可見千牛備身僅是天子左右帶刀貼身侍衛之一而已，當時另有直後、嘗食典御等天子近侍之官亦帶刀隨扈左右，以故「都統僧敬與備身左右張車渠等數十人」，似宜標點爲「都統僧敬與備身、左右張車渠等數十人」，蓋此「左右」是指天子左右侍官如嘗食典御、直後，甚至白衣左右等人官也。是則張車渠的正式官名應爲「備身」，證諸〈胡虔附傳〉及北齊制度，更可無疑。

論者或引《洛陽伽藍記・城北・禪虛寺》條，謂洛京城北有「虎賁張車渠」其人，因而遽斷「備身左右屬虎賁系統，與北魏前期之虎賁郎衛系統恐有承襲關係」云云，〔註44〕殆爲張冠李戴以及想當然耳之辭罷了。因爲經查《洛陽伽藍記》該條，〔註45〕此人實爲「虎賁張車」而非「虎賁張車渠」，更非「備身張車渠」；三者之間若未經分析論證，又無更古更善的版本援以校勘，

〔註44〕張金龍前揭書，頁 806。按：《洛陽伽藍記》有多個校本，張金龍所據爲中華書局周祖謨校釋本。

〔註45〕筆者所據《洛陽伽藍記》爲中華書局據吳刻《四部備要》之校勘本（臺北：中華書局，民國 58.4 臺二版），以及華正書局之《洛陽伽藍記校注》本（台北：民國 69.4）。此兩種校本皆以如隱堂本作爲底本，而旁參其他校本，蓋因如隱堂本歷來被公認爲最古最善的版本。

則不宜錯把馮京作馬涼。﹝註 46﹞蓋張車之所以被記載，是因禪虛寺前有閱武場，為「歲終農隙甲士習戰」之地，虎賁張車曾於此有過擲刀出樓一丈的紀錄，以故乃被楊衒之記載下來。

　　至於謂「備身左右屬虎賁系統，與北魏前期之虎賁郎衛系統恐有承襲關係」，其誤尤甚。因為張車渠蓋為「備身」之官而非「備身左右」，當時也無「備身左右」之官，而備身之官決不屬於虎賁系統。筆者於本書前篇以及本文前面，考論孝文帝推動漢化改制時，謂其將「代遷之士」改編為羽林、虎賁二軍，隸屬於左、右二衛府統率，原有的胡制內都幢將等亦整編入二衛府；至於原有的胡制近衛，則主要改編為二衛府統領的五直屬官——尤其是直閤屬官，以故齊制「直閤屬官，有朱衣直閤、直閤將軍、直寢、直齋、直後之屬」，皆仍為天子的近衛乃至內衛。不過，「千牛備身」及「備身」均為孝文帝崩後始置的後起之官，是天子之內衛，不屬於五直系統，更不屬於虎賁系統。宣武帝推行考陟法時，規定「武人本挽上格者為羽林，次格者為虎賁，下格者為直從」，﹝註47﹞可見虎賁是隸屬於二衛府的一般禁衛軍士，直從殆也非直閤屬官，與直隸於領軍府的領左右府備身系統不同，軍中地位自不能與備身相比，是故備身決不可能「屬虎賁系統」（參見圖一）。而且，「備身」是孝文帝崩後始置之官，故所謂「與北魏前期之虎賁郎衛系統恐有承襲關係」也者云乎哉？蓋孝文漢化改革以前，北魏的確有虎賁之兵，但另外也有胡制的「郎衛」，本書前篇引〈南巡碑〉已論之。若要說備身系統與北魏前期「郎衛」系統有關係，則或許僅是間接師法先前胡制郎衛系統置有內行官之遺意

﹝註46﹞《洛陽伽藍記》原有子注，陳寅恪先生謂之合本子注，而吳刻《四部備要》校勘本則採用綱目體，要之本文與子注、綱文與目文已然混亂，以故《洛陽伽藍記校注》為了閱讀方便而作了大調整，可能去原貌益遠。不過無論如何，如隱堂本、吳若準《洛陽伽藍記集證》、吳刻《四部備要》校勘本皆作「張車」而非「張車渠」，只因〈靈太后列傳〉載有「張車渠」其人，故其他校本以及華正書局之《洛陽伽藍記校注》皆在「張車」之下補一「渠」字，而《洛陽伽藍記校注》則為表示嚴謹慎重而特加一個校勘符號而已，是知「虎賁張車」之下原無「渠」字。張金龍對此失察，復對「虎賁張車」、「虎賁張車渠」、「備身張車渠」三者之關係未做說明，更未證明此三者就是同一人，殊為可惜。又，即使此三者就是同一人，但彼「虎賁張車」或「虎賁張車渠」不詳擲刀於何時，而此之「備身張車渠」則已在正光二年二月為元叉所殺（見《通鑑》梁武帝普通二年二月條），更不悉其生前曾否當過虎賁。由是知論者之說大有可疑，不便許其成立也。
﹝註47﹞宣武帝行考陟法，高陽王雍上表論之，引文即表中之詞。參《魏書‧獻文六王‧高陽王雍列傳》，卷二十一上，553～554。

而已，而非與郎衛系統有直接的承襲關係也。因此，備身之不屬虎賁系統，
猶如直閣叔孫侯率虎賁追執元禧之不能就說直閣屬虎賁系統也。

　　「千牛備身」既然始見於宣武帝景明三年（502），表示此官最晚在元禧
謀反的次年已置。其後，千牛備身楊保元與領軍將軍于忠為斷金之交，而于
忠則於宣武崩後迎立孝明，及至同年九月靈太后臨朝後尋被解職，至神龜元
年三月以儀同三司・尚書右僕射身份薨，其間未聞千牛備身之職因于忠失勢
而罷廢。所以筆者懷疑「備身」與「千牛備身」一般，恐怕是在咸陽王禧叛
亂事件後同時而置，而且後職地位高於前職，或因此故，所以備身參與高層
行動的機會不大，人物事蹟遂少見於史傳。要之，降至神龜三年（即正光元
年，520）靈太后被元叉幽禁後，二職遂皆撥屬於新創的「領左右」之官。揆
諸前引〈侯剛列傳〉，謂剛於宣武朝以右中郎將領刀劍左右，其後屢遷至右衛
將軍・領太子中庶子，而皆仍領嘗食典御，卻未見其仍領「領刀劍左右」，且
亦未見有其他「領刀劍左右」的人物載於史傳，是則筆者懷疑「備身」與「千
牛備身」設置之同時，「刀劍左右」亦已改編為「刀劍備身」矣。

　　所疑若成立，則宣武帝朝之「千牛備身」、「刀劍備身」、「備身」三系屬
官，皆應是後來孝明帝朝構成「領左右府」的成員；而非如論者所言，謂千
牛備身「亦可能與北魏初年所設『領殿內之兵直王宮』之都統長有一定淵源
關係」也。〔註48〕蓋都統長與幢將均同時創置於太祖道武帝之登國元年
（386），都統長「領殿內之兵，直王宮，幢將員六人，主三郎衛士直宿禁中
者；自侍中已下，中散已上，皆統之」，權位甚重，後為殿中尚書所取代，而
非千牛備身之權位可以匹比，本書前篇已論之矣，於此不復贅。

　　又，筆者前謂可補充而不敢遽確，需待來者述論的第二點，乃指靈太后
之侄胡虔，其官究是「千牛備身」抑或「都統」？若是後者，則其制度之背
後是否蘊含了某些意義？

　　論者曾據此異載，遽謂「都統與千牛備身本為同一職務」云，〔註49〕可
謂是攏統之詞。

　　按：〈胡國珍列傳〉謂胡虔為千牛備身，張車渠為備身，而〈靈太后列傳〉
則載謂「太后從子都統僧敬與備身左右張車渠等數十人，謀殺叉」。筆者據前
面考訂張車渠正式官名應是備身，而當時並無「備身左右」之官，是以此處

〔註48〕見張金龍前揭書，頁 806。
〔註49〕見同上註。

之「都統僧敬與備身左右張車渠等數十人」，應標點爲「都統僧敬與備身、左右張車渠等數十人」。蓋此次行動計畫是以千牛備身胡虔作爲統領主帥，聯繫備身、左右——包括張車渠等——數十人以舉事也。觀奚康生擁衛帝后入閣時，其子千牛備身奚難與嘗食典御奚混皆帶刀從之，隱然表示領左右初創時，所轄未必就僅有千牛備身、備身等屬官而已。是則千牛備身胡虔，似乎是聯繫包括「備身」以及其他「左右」等數十人圖事，以保持機密，只因消息仍然走漏，以致反政變之事不果。或許領左右正是爲懲於此事件所蘊含的內衛統率事權不一而創置。本書前篇論「都統長」時，曾謂「都統」有總統總領之意，胡虔既是行動計劃的統領，依照當時野戰軍編置統、統軍或都統以爲總兵官的戰時編制看，〔註50〕則泛稱此次主持行動之胡虔爲「都統」，實不足爲奇。

　　至於當時南朝所無的「領左右」之官，既然最早見載者是奚康生。〔註51〕康生在政變前官至光祿卿・領右衛將軍，「與元叉同謀廢靈太后，遷撫軍大將軍、河南尹，仍右衛，領左右」。《通鑑》失載康生原爲右衛將軍，僅謂「又以康生爲撫軍大將軍、河南尹，仍使之領左右」，似是意謂先前已置領左右之職，若是，則恐誤也；而胡注《通鑑》，則解釋此條之「領左右」是「領仗身左右」，又謂「千牛備身，執千牛刀以侍左右者也」云云。〔註52〕

　　筆者以爲，胡注謂「千牛備身，執千牛刀以侍左右者也」，則可謂正確的解釋；若將胡注「領仗身左右」解釋爲純領天子帶武器的左右侍衛，則恐怕尚可進一步商榷。蓋因「領左右」此時殆未分置爲「領左右府」與「領左右局」，而其職若純粹統領帶刀侍衛，則應是北齊之制。若將胡注解釋爲「領仗身、左右」，如前述都統胡虔聯繫「備身、左右」之例，則意指所領不止於備

〔註50〕　按：魏齊野戰軍的都統、統軍地位，一般在中級以上，至齊、隋則降爲禁衛軍五職之一，爲基層軍官，地位不高，與唐朝都統之作爲大帥大不相同。又，「都統」、「將統」、「統將」之名魏齊史書屢見，多爲將軍、統軍之統稱，多指位任不高的野戰將校；不過，「都統」有時也泛指總兵官或指統兵的行爲，地位可以甚高，如齊初高岳以使持節・太保・驃騎大將軍・開府儀同三司・宗師・司州牧，奉詔「爲西南道大行臺，都統司徒潘相樂等救江陵」之例是也，見《北齊書・清河王岳列傳》，卷十三，頁175。

〔註51〕　或謂宣武帝時，倖臣趙邕從給事中「轉長兼散騎侍郎、領左右、直長，出入禁中」爲最早見（參《魏書・恩倖・趙邕列傳》，卷九十三，頁2003），但當時已有後來屬於門下省領左右局的左右直長之職，故標點應以「轉長兼散騎侍郎、領左右直長」爲是，蓋左右直長與直閣將軍乃至領左右等官般，慣例上常爲他官所領之故也。

〔註52〕　參《通鑑》梁武帝普通二年二月條，卷一四九，頁4664。

身系統的帶刀侍衛，而禁中某些內侍之官，如諸典御等，也在其統領之內。
揆諸領左右官署之發展，鄙說或有可能成立。因為孝文帝改制以前，殿中尚
書位高權重而主掌殿內兵馬倉庫，為內廷大總管；但改制以後，職權大削，
本書前篇已論之。蓋殿中尚書原所掌，改革後主要分散於領軍府以及門下省，
北齊領軍府組職暫不論，於此先觀察門下省之職權。據《隋書‧百官中》所
述門下省之組職如下：

> 門下省，掌獻納諫正，及司進御之職。侍中、給事黃門侍郎各
> 六人，……統局六。領左右局，領左右各二人，掌知朱華閣內諸事。宣
> 傳已下，白衣齋子已上，皆主之。左右直長四人。尚食局，典御二人，總
> 知御膳事。丞、監各四人。尚藥局，典御及丞各二人，總知御藥事。侍
> 御師、尚藥監各四人。主衣局，都統、子統各二人。掌御衣服玩弄事。
> 齋帥局，齋帥四人。掌鋪設酒掃事。殿中局，殿中監四人。掌駕前奏引
> 行事，制請修補。東耕則進末耜。

此六局皆與殿庶務及倉庫諸事有關，是則已明顯瓜分了原先殿中尚書的職
權，尤其領左右局主官更是直接保留以「領左右」為名。是則孝明朝以來的
「領左右」，是否僅領備身系統職員，竊可疑也。又，北魏天子左右俱為天子
耳目爪牙之官，故孝明朝「領左右」所領的左右，未必僅拘限於備身系統，
而使天子耳目為之窄化，前述靈太后懼領左右谷紹達間構於帝，欲將其外放
而不果，遂乾脆誣而殺之，乃是一強證。茲再舉楊椿兄弟在文明太后與孝文
帝時充任內官之例，以說明禁內的複雜情況。

按：孝文帝未親政前，與文明太后各置左右，楊椿三兄弟因母親是文明
太后之外姑，遂因此而得分侍於皇帝與太后的左右，但情況卻很尷尬危險。
因為當時大哥楊播累任中散、給事、領中起部曹、北部給事中、員外常侍而
侍於皇帝左右。播弟椿累任中散、典御庶曹、內給事；椿弟津則累任侍御中
散、領監曹奏事令、直寢，亦皆「久侍左右」，指的是文明太后左右。根據楊
椿歸老後教誡子孫之言，即可窺知此時的尷尬危險。其言云：

> 北都時（指未遷都洛陽前），朝法嚴急。太和初，吾兄弟三人
> 並居內職，兄在高祖左右，吾與津在文明太后左右。于時口敕，責
> 諸內官，十日仰密得一事，不列便大瞋嫌。諸人多有依敕密列者，
> 亦有太后、高祖（孝文帝）中間傳言構間者。吾兄弟自相誡曰：「今
> 忝二聖近臣，母子間甚難，宜深慎之。又列人事，亦何容易，縱被

瞋責，慎勿輕言。」十餘年中，不嘗言一人罪過，當時大被嫌責。
答曰：「臣等非不聞人言，正恐不審，仰誤聖聽，是以不敢言。」於
後終以不言蒙賞。及二聖間言語，終不敢輒爾傳通。

　　太和二十一年，吾從濟州來朝，在清徽堂豫讌。高祖謂諸王、
諸貴曰：「北京之日，太后嚴明，吾每得杖，左右因此有是非言語。
和朕母子者唯楊椿兄弟。」遂舉賜四兄及我酒。汝等脫若萬一蒙時
主知遇，宜深慎言語，不可輕論人惡也。〔註53〕

由此可知，禁中置有各種皆屬內官的左右近臣，〔註54〕若無一主管官署以統
轄之，則彼此之間隨時可能讒言間語四起；假若出現帝、后權威二元的情況，
則更是問題叢生，尷尬危險。

　　孝文漢化改制之前，內侍文武諸官多由殿中尚書所管轄，但已有楊椿所
說的情況發生；至於改制之間，殿中尚書職權遭到削弱，而內侍文武諸官則
多分屬未定，因此乃有必要設置一官署以管理之。不幸推動改制的孝文、宣
武二帝皆早崩，所以纔有中宮胡氏以太后臨朝之事情發生，帝、后權威二元
的局面復現。及至靈太后被幽廢後，遂見康生以撫軍大將軍・河南尹・右衛
將軍爲「領左右」，甚至以康生之子奚難爲千牛備身，俾父子兩人俱爲侍衛內
官，而此時的「領左右」或有可能兼領嘗食典御等左右內官。蓋當時殿中尚
書職權已遭分削，而內官分屬多未定，且文武左右尚未見有分途而統屬於「領
左右局」及「領左右府」此二機構的情況也。鄙論若成立，則知初創期「領
左右」的職權特殊而重要，難怪後來北魏及東魏之權臣，如尒朱氏、高氏，
不是親領之，則是由其子弟親信所領矣。表一所列此時期之人物，概可作爲
鄙論的例證；但在史料稀闕之下，是以筆者仍不敢遽確耳。

四、東魏北齊宮衛體制的變化

　　正光六年（即孝昌元年，525）靈太后復臨朝攝政，鏟除元叉集團勢力之
前一年，沃野鎮民破六韓拔陵首先聚眾反叛，揭開北鎮造反之端，北魏自此
兵鋒四起，天下大亂；不過復辟攝政的太后對此反亂最初不甚重視，反而因
權力以及私人因素，與其子孝明帝產生了嫌隙。前引《魏書・皇后・宣武靈

〔註53〕楊氏兄弟均見於《魏書・楊播列傳》，此言見卷五十八，頁 1289～1290。
〔註54〕鄭欽仁對祕書、中散等近侍官之職權統屬頗有詳論，可參其《北魏官僚機構
　　　　研究》（臺北：牧童出版社，民國 65.2），不贅。

皇后列傳》謂其自以行爲不修，懼爲宗室所嫌，於是內爲朋黨，防蔽耳目，孝明所親幸者，如蜜多道人、領左右谷紹達等，太后多以事害焉，因而母子之間嫌隙屢起是也。據此記載，靈太后復辟後，與孝明帝似乎各有自己的親信左右，一如昔日文明太后與孝文帝之時。而且，自領左右谷紹達被太后殺害後，至孝昌四年（528）二月孝明帝以十九歲青年暴崩，此期間繼任領左右者多乏可論的事跡，極可能靈太后已掌握了領左右及其屬官，以故孝明暴崩不保。孝明之暴崩，人或稱爲靈太后所鴆，於是遂有尒朱榮興兵向闕，問罪侍臣之舉。《通鑑》於梁武皇帝大通二年（即孝昌四年，是年正月改元武泰）二月條綜述此事云：

> 魏肅宗亦惡（鄭）儼、（徐）紇等，逼於太后，不能去，密詔（尒朱）榮舉兵內向，欲以脅太后。榮以高歡爲前鋒，行至上黨，帝復以私詔止之。儼、紇恐禍及己，陰與太后謀酖帝，癸丑，帝暴殂。甲寅，太后立皇女爲帝，大赦。既而下詔稱：「潘充華本實生女。故臨洮王寶暉世子釗，體自高祖，宜膺大寶。百官文武加二階，宿衛加三階。」乙卯，釗即位。釗始生三歲，太后欲久專政，故貪其幼而立之。

> 爾朱榮聞之，大怒，謂元天穆曰：「主上晏駕，春秋十九，海內猶謂之幼君；況今奉未言之兒以臨天下，欲求治安，其可得乎！吾欲帥鐵騎赴哀山陵，翦除姦佞，更立長君，何如？」天穆曰：「此伊、霍復見於今矣。」乃抗表稱：「大行皇帝背棄萬方，海內咸稱酖毒致禍。豈有天子不豫，初不召醫，貴戚大臣皆不侍側，安得不使遠近怪愕！又以皇女爲儲兩，虛行赦宥，上欺天地，下惑朝野。已乃選君於孩提之中，實使姦豎專朝，驟亂綱紀，此何異掩目捕雀，塞耳盜鍾。今群盜沸騰，鄰敵窺窬，而欲以未言之兒鎮安天下，不亦難乎！願聽臣赴闕，參預大議，問侍臣帝崩之由，訪侍衛不知之狀，以徐、鄭之徒付之司敗，雪同天之恥，謝遠近之怨，然後更擇宗親以承寶祚。」

按：據《魏書・尒朱榮列傳》，尒朱氏居於尒朱川，世爲契胡部落酋長，祖父代勤爲世祖太武帝皇后之舅，故也是北魏之外戚。至榮襲爵後除直寢，正光中因功遷直閣將軍，也就是曾任天子近衛。其後復以戰功累遷武衛將軍、右衛將軍，本官且至車騎將軍・儀同三司，是則尒朱榮對孝明母子之關係以及

宮禁之情況絕不可能一無所知，何況其弟尒朱世隆於孝明帝末累轉直齋、直寢、兼直閤（見表一），也是近衛人員。六鎮之亂時，尒朱榮正嚴勒部曲，廣召義勇，北捍馬邑，東塞井陘。而此時孝明帝卻曾密詔其「舉兵內向，欲以脅太后」，由此可知孝明此時在宮中可能勢單力弱甚至孤立，然後始會有此類似「召董卓入京」的意圖。雖然其後孝明復以私詔止之，但是尒朱榮不致懜然到不能意會宮中恐有大事，所以本傳才謂「尋屬肅宗崩，事出倉卒，榮聞之大怒」。

值得注意的是，靈太后酖孝明而立其女，翌日又改立三歲的宗親元釗，朝廷內外不驚愕才怪。立皇女為帝同日，太后下詔「百官文武加二階，宿衛加三階」，蓋是欲安慰內外之不安也。不過所謂「宿衛加三階」，據原詔實是「其禁衛武官，直閤以下直從以上及主帥，可軍功三階」，〔註55〕似乎只賞近衛而不及領左右等內衛，事甚可疑，或許太后利用近衛壓住了內衛，此由天子不豫而初不召醫——宮中置有尚藥局等內官而不召之——之事略可窺知。又，尒朱榮所抗的原表，正是強烈質問「二十五日聖體康念，至於二十六日奄忽昇遐。……天子寢疾，侍臣不離左右，親貴名醫，瞻仰患狀，面奉音旨，親承顧託。豈容不豫初不召醫，崩棄曾無親奉，欲使天下不為怪愕，四海不為喪氣，豈可得乎？」因而主張「聽臣赴闕，預參大議，問侍臣帝崩之由，訪禁旅不知之狀」。〔註56〕按：領左右與直閤屬官皆屬侍臣禁旅，孝明生男生女以及暴崩之情不容不知，是則尒朱榮實是懷疑彼等與太后密切勾結也。所以尒朱榮軍至河內立即擁立孝莊帝，而孝莊帝乃拜榮為使持節·侍中·都督中外諸軍事·大將軍·開府·兼尚書令·領軍將軍·領左右·太原王。尒朱榮遂於四月十三日，縱兵屠殺王公卿士，並沉太后與幼主於河，是為「河陰之變」。由於尒朱榮有上述的懷疑，以故以都督中外諸軍事為領軍將軍·領左右，統領天子禁衛而又親領天子內衛，為領左右創置以來所未曾有的格局，自是領左右一職至東、西魏，遂被用以監控天子，成為常態。

其後尒朱榮北返坐鎮晉陽，也時常征戰，至被孝莊帝刺殺前，最後官爵為使持節·侍中·都督河北諸軍事·天柱大將軍·大丞相·太師·領左右·兼錄尚書·北道大行臺·太原王。尒朱榮雖已卸下領軍將軍，但仍兼充領左右，蓋洛京禁衛之事已假手其義兄元天穆與其親弟尒朱世隆先後掌控掌握，

〔註55〕原詔見《魏書·肅宗紀》武泰元年二月條。
〔註56〕原表見《魏書·尒朱榮列傳》，卷七十四，頁1646～1647。

是以天穆先除侍中・兼領軍將軍・京畿大都督，及其統兵出征後，乃以世隆爲侍中・領軍將軍・左衛將軍・領左右。〔註57〕殆即尒朱榮在晉陽遙領內衛，而天穆、世隆等則在洛京實領禁衛，故能「身雖居外，恒遙制朝廷，廣布親戚，列爲左右，伺察動靜，小大必知」，由是可知領左右一職之重要。只是監控天子雖嚴，但尒朱榮仍不免被孝莊所殺，主因是他過於自信，不聽天子左右——包括世隆——所通報的消息，掌握情況不足，而又入覲時從人不過數十，且皆不持兵仗，以故「帝伏兵於明光殿東廊，引榮及榮長子菩提、天穆等俱入。坐定，光祿少卿魯安、典御李侃晞等抽刀而至，榮窘迫，起投御坐。帝先橫刀膝下，遂手刃之」。顯示文職內官並非全皆附從尒朱榮，而孝莊帝正是在不動用領左右所轄備身武官、不走漏消息之下將榮刺殺，情況與後來周武帝刺殺宇文護類似。然而尒朱榮被殺後，其族子宗人爾朱世隆、爾朱兆、爾朱弼等群起興兵向闕，也仍相繼以重官親領領左右，由是天子之廢立由己。是則此官之重要，可不喻而明也。

尒朱家族之例對高歡父子似乎警惕啓發甚大。高歡是尒朱榮親信部將，故榮奉密詔舉兵內向脅靈太后時，即以高歡爲前鋒。其後高歡屢屢升遷，但卻轉助魏朝，擁立元朗爲帝（後廢帝），討擊諸尒朱兵團。後廢帝拜歡爲侍中・丞相・都督中外諸軍事・大將軍・錄尙書事・大行臺。高歡尋於擊滅諸尒朱勢力後，晉拜大丞相・柱國大將軍・太師，遂廢後廢帝而改立孝武帝（出帝），然後返鎮晉陽相府以遙控洛京。其後孝武不堪受制，侍中・兼領軍將軍斛斯椿又構間其間，〔註58〕勸孝武整募軍眾，改編近衛，與高歡決戰。是則孝武至此，不得不決心以弱勢的近衛武力，孤注一擲，以對決優勢的軍閥武力也。茲再引《魏書・斛斯椿列傳》以見此事：

> 椿自以數爲反覆，……遂密構間，勸出帝置閣內都督部曲，又增武直人數，自直閣已下員別數百，皆選天下輕剽者以充之。又說帝數出遊幸，號令部曲，別爲行陳，椿自約勒，指麾其間。從此以後，軍謀朝政，一決於椿。又勸帝徵兵，詭稱南討，將以伐齊獻武

〔註57〕〈元天穆傳〉（附於《魏書・高涼王孤列傳》，卷十四，頁355～356）不載其爲兼領軍將軍・京畿大都督，此職見〈元天穆墓誌〉（見趙超前揭書，頁276～278）；尒朱世隆時任領軍將軍・左衛將軍・領左右則見表一。

〔註58〕據《北齊書・神武紀下》天平元年二月條，此時「領軍婁昭辭疾歸晉陽。魏帝於是以斛斯椿兼領軍，分置督將及河南、關西諸刺史」，是則高歡之腹心婁昭爲正官，斛斯椿爲兼官。

王（高歡），帝從之。遂陳兵城西，北接邙山，南至洛水，帝詰旦戎服與椿臨閱焉。

　　獻武王以椿亂政，欲誅之。椿譖說既行，因此遂相恐動。出帝勒兵河橋，令椿爲前軍，營於邙山北。尋遣椿率步騎數千鎮虎牢。椿弟豫州刺史元壽與都督賈顯智守滑臺，獻武王令相州刺史竇泰擊破之。椿懼己不免，復啓出帝，假說遊聲以劫脅。帝信之，遂入關，椿亦西走長安。

此爲魏朝分裂爲東、西二魏之大事，也是天子近衛改採野戰軍戰時編制的重要轉機。事敗後，孝武率殘眾西走長安投靠宇文泰後，高歡另立孝靜帝，改元天平（534），此時仍爲大丞相・柱國大將軍・太師・都督中外諸軍事・錄尚書事・大行臺・渤海王，常在晉陽相府總理軍國政務，而不親領領軍將軍或領左右之職。蓋立孝靜帝前，領左右之職殆已先後由高歡從弟高岳及親弟高琛帶散騎常侍充領之（見表一）；之後，高歡於天平三年令世子高澄以侍中・尚書令・大行臺・開府儀同三司・并州刺史的名義入輔朝政，而孝靜帝則另加澄以領左右與京畿大都督二職，後又加大將軍等官，於是禁內及京畿的控制權切實落入高氏的掌控中，而高澄對孝靜帝之監控更遠甚於既往。

　　孝靜帝雖是「好文學，美容儀，力能挾石師子以踰牆，射無不中。……從容沉雅，有孝文風」之主，也是高歡之婿、高澄姊夫（高澄則是孝靜帝妹夫），但《魏書・孝靜帝紀》末載其被高澄配置於左右的監控陵辱情況云（《北齊書・文襄紀》略同）：

　　齊文襄王（即高澄）嗣事，甚忌焉，以大將軍中兵參軍崔季舒爲中書黃門侍郎，令監察動靜，小大皆令季舒知。文襄與季舒書曰：「癡人（指孝靜帝）復何似？癡勢小差未？」帝嘗與獵於鄴東，馳逐如飛。監衛都督烏那羅受工伐從後呼帝曰：「天子莫走馬，大將軍怒！」〔註59〕文襄嘗侍飲，大舉觴曰：「臣澄勸陛下酒。」帝不悅，曰：「自古無不亡之國，朕亦何用此活！」文襄怒曰：「朕！

〔註59〕魏無「中書黃門侍郎」之官，據《北齊書・崔季舒列傳》記載，「文襄輔政，轉大將軍中兵參軍，甚見親寵。以魏帝左右，須置腹心，擢拜中書侍郎。文襄爲中書監，移門下機事總歸中書，……轉黃門侍郎，領主衣都統。雖迹在魏朝，而心歸霸府，密謀大計，皆得預聞」云（卷三十九，頁511）。是則應標點爲「中書、黃門侍郎」。按齊制，黃門侍郎爲門下省副長官，主衣都統爲門下省所統六局之主衣局主官，皆爲文職內官。此時內衛與近衛已野戰編制化，故監衛都督應即是內衛或近衛官奉令監視孝靜帝者。

> 朕！狗腳朕！」文襄使季舒毆帝三拳，奮衣而出。……帝不堪憂辱，
> 詠謝靈運詩曰：「韓亡子房奮，秦帝魯連恥。本自江海人，忠義動
> 君子。」

> 常侍侍講荀濟知帝意，乃與革山王大器、元瑾密謀，於宮內
> 爲山，而作地道向北城。至千秋門，門者覺地下響動，以告文襄。
> 文襄勒兵入宮，曰：「陛下何意反邪！臣父子功存社稷，何負陛下
> 邪！」將殺諸妃嬪。帝正色曰：「王自欲反，何關於我。我尚不惜
> 身，何況妃嬪！」文襄下牀叩頭，大啼謝罪。於是酣飲，夜久乃出。
> 居三日，幽帝於含章堂，大器、瑾等皆見烹於市。

若謂先前元叉主要是用閹官及文職內官監視天子，則尒朱氏已兼用內官與內
衛爲之，至高澄仍之，竟直接名內外侍衛爲監衛都督，以視同作戰的方式實
行監控矣，可見對天子由監視而監控，日益嚴厲，東魏焉得不被篡奪。史載
高歡死後不久，高澄尋亦被降人刺殺，澄弟高洋（北齊文宣帝）嗣位，並立
刻篡祚，即使孝靜遜位時仍被監控，其嚴更甚於乃兄。同紀末續載云：

> 及將禪位於文宣，……帝乃下御座，步就東廊，口詠范蔚宗後
> 漢書贊云：「獻生不辰，身播國屯。終我四百，永作虞賓。」所司奏
> 請發，……直長趙德以故犢車一乘候於東上閤，帝上車，德超上車
> 持帝。帝肘之曰：「朕畏天順人，授位相國，何物奴，敢逼人！」趙
> 德尚不下。

是則孝靜帝空有「力能挾石師子以踰牆，射無不中」的本領，但是除了寄情
文學，誦范曄、曹植詩以自嘲自解之外，卻又能如何？

　　正因此故，又基於領左右職權之特別，以故建齊之後，齊帝漸漸著手改
革此制。前文竊疑「領左右」除了統領備身內衛之外似仍兼領一些文職左右，
殆至此時逐面臨改革：即置「領左右將軍」之官統領內衛武職左右，使之純
領陸續擴充的備身侍衛系統，以隸於領軍將軍；而文職左右的侍官，則改由
門下省諸局分領，尤其魏初內官主宣傳詔命之職掌更是集中撥屬於第一局的
「領左右局」。於是，原爲天子左右內官統領的領左右，逐由事權統一而分割
爲二，避免再有權臣借此以強力監控天子。鄙說若是，則此實爲領左右制度
的一大變革。

　　筆者此說，厥因《北齊書》對此變革載述闕如，是以於此不得不據前篇
〈北魏至北齊侍衛制度的緣起演變〉所論略作解釋，以俾能有概略瞭解。

　　蓋自拓跋聯盟以至北魏初期，由於沒有文字，政令尚滯於口傳之故，所以君主皆特別重視選取侍直禁中、宣傳詔命的近侍；另外所置的內侍長四人，則主顧問，拾遺應對，若晉宋之侍中、散騎常侍。此為初期的胡制。

　　及至北魏建立，道武帝雜用胡、漢之制，在胡制方面置都統長，又置幢將及外朝大人官。都統長及幢將員之職權前面已引述，至於外朝大人則無常員，主受詔命，外使，出入禁中。其後約至太武帝或以前，都統長一職消失，改由「殿中尚書知殿內兵馬倉庫」，是則殿內之兵以及衣食藥物等倉庫事務，均由殿中尚書所掌領。降至孝文帝參據晉宋南齊之制推行漢化改革，門下省已變為議決大政之機關，作為長官的侍中，職權不僅仍只是侍直左右，顧問應對而已，實際上已漸奪殿中尚書部分的宮禁事務管轄權，用前引北齊門下省之組職，再比較《隋書・百官中》殿中尚書之組職，即可知之。殿中尚書既不能「掌知朱華閣內諸事」，而「宣傳已下，白衣齋子已上」，亦皆不能主之，是知其職權已大削，變成外朝尚書省所屬六尚書之一。不僅此也，孝文帝將內都幢將及其所統近衛併入左、右二衛府，而上隸於領軍府，領軍將軍依《太和後職令》列為從二品，位在第三品列曹尚書之上，是知殿中尚書連殿內兵馬的禁衛軍統率權也被削移矣。

　　至於宣武帝所置的備身內衛以及孝明帝所置的領左右，均屬內官，故無權「掌知朱華閣內諸事」的殿中尚書更不能統領之。領左右自創置以來即統屬不明，頗與諸典御內官的行事有所相關，也頗常由左、右二衛將軍兼領，是知領左右以及備身內衛，應如晉宋領軍將軍全統禁衛軍之制般，隸屬於領軍府也。魏末戰亂，權臣當道，可用以保衛或監視天子之領左右，遂益被重視，因而獲得擴充以及野戰編制化的機會。《隋書・百官中》載有齊制領左右府的組織，筆者依其建制錄之如下：

　　　　領左右府，有領左右將軍，領千牛備身。

　　　　又有左右備身正副都督、左右備身五職、左右備身員。

　　　　又有刀劍備身正副都督、刀劍備身五職、刀劍備身員。

　　　　又有備身正副督、備身五職員。〔註60〕

按：領左右所領之內衛既已獲得擴充，因而「領左右」在建制上遂正式置「府」作為官署，長官則被提升至將軍級，官名為「領左右將軍」。領左右將軍不

〔註60〕首句原標點為「領左右府，有領左右將軍、領千牛備身，」恐與建制不符，
　　　　今改。

置僚佐，直領「千牛備身」以組成府本部；而另轄有「左右備身」、「刀劍備身」及「備身」三個備身系統，含本部的「千牛備身」則共轄領四個備身系統，此即爲後來隋煬帝將「領左右府」逕改名爲「備身府」的淵源。三個備身系統的正副主官皆名爲正、副都督或督，其下屬官皆節級爲都將、別將、統軍、軍主、幢主五職，正是魏末以來野戰軍編制移用於內衛及近衛之明證。

由此可知，殿中尚書轄領的大多數官署及職務，文的移屬於門下省，即使領左右若曾轄領一些文職左右亦移屬之，武的則移屬於領軍府，因而職權大削，以故降至隋朝之開皇體制，乾脆就將殿中尚書從尚書省廢罷，大業體制雖然再度從門下省分出部份職權以重建殿內省（隋因諱中字而改），不過此省的權勢已是江河日下，不復舊觀矣。也由此可知，「領左右」升格爲「領左右府」，長官升級爲將軍，所屬又獲擴編，遂變成純領備身內衛的軍事機構，構成了開皇體制十二衛之一；只是隋朝十二衛之淵源，源於北周體制大於北齊體制而已（請詳下節）。

或有疑《隋書・百官中》所載的北齊制度並非出於北齊武成帝河清三年之定令。事實上，「前王所是，疏而爲律；後王所是，著而爲令」，〔註61〕是中國傳統人治政治及制度的特色，而令文僅供參考、垂之後昆的作用大於依令設制行政的意義。蓋河清三年（周武帝保定四年，564）定令時，北齊去國亡（577）已不遠，觀其末期官制的紊亂，又有何定令的意義可言。〔註62〕要之，北齊前期備身系統見有左右都督、左右大都督、領左右大將軍等職稱官名，且屢見於史傳，墓誌更見有「直蕩備身都督」等職，〔註63〕皆不備載於《隋書・百官中》。《隋書・百官中》有關領左右府的記載，諸官均無加「大」者，又無「直蕩」之名，恐怕是因戰爭而權宜所置，後來修令時，希望領左右府以上文所載組織作爲標準，欲使備身名號整齊化與單純化而已。理想之作，何必執著於令文。下面試本《隋書・百官中》所載的北齊禁衛體制製一簡圖，並據以略論其間的一些變化，以俾論述西魏北周時能稍作比較。

〔註61〕 語見唐朝開元時討論喪禮之言，《舊唐書・禮儀七・喪服》，卷二十七，頁1024。

〔註62〕 《北齊書・幼主紀》末載其時的情況云：「庶姓封王者百數，不復可紀。開府千餘，儀同無數。領軍一時二十，連判文書，各作依字，不具姓名，莫知誰也。……馬及鷹犬乃有儀同、郡君之號，故有赤彪儀同、逍遙郡君、凌霄郡君，高思好書所謂駁龍逍遙者也。」見卷八，頁112～113。

〔註63〕 直蕩備身都督見〈乞伏保達墓誌〉，參趙超前揭書，頁450。按：保達由前鋒都督邊任此職於文宣帝天保年間，或是戰時權宜之置。

圖一：北齊禁衛體制統率系統

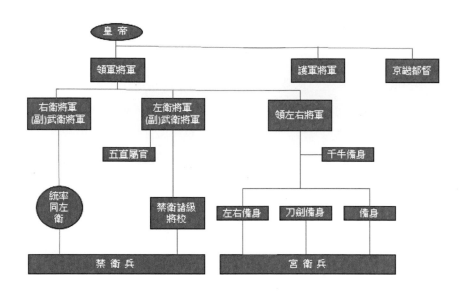

據此圖宜先作說明者：一、此圖所示乃是北齊禁衛軍之常制。蓋北魏孝文帝據晉宋制度改制，而晉宋領軍將軍所統的是內軍，護軍將軍所統的是外軍，合而爲禁衛軍；不過護軍將軍常或併入領軍將軍所統，或獨立領營兵，此慣例亦自孝文以後至北齊時被採行。至於京畿府則時或取代護軍府，或二者並置，所統主要是京城四面東、西、南、北四中郎將府的外軍。其實晚魏北齊京畿府的重要性大於護軍府，主帥官稱爲京畿大都督。

二、晉宋領軍將軍統率內軍諸軍，東晉以來不領直屬營兵，孝文帝則將內軍諸軍整編爲羽林與虎賁二軍，分隸於左、右二衛府。二衛府另置有特別部隊，即前文提及的「五直屬官」，此是天子之近衛。要之，二衛府所統概爲禁衛軍，故其體制爲禁衛體制，只是其中有些部分屬於近衛而已。

三、領左右府所統諸備身系統均爲天子之內衛，且已漸野戰編制化，前已言之。北魏前期宮禁本有內官、侍官之別，備身內衛爲宣武、孝明二帝師法前期內行官之遺意而創置，本是內官，故領左右府所統概爲宮衛軍，此體制實爲宮衛體制。然而，備身系統與五直系統事實上皆屬於天子近侍之官，只是宿衛時執勤位置以及任務不同而已。

四、依制領軍將軍爲禁衛軍常制統帥，但是當出現都督中外諸軍事一職時，則禁衛軍最高統帥即是此職。因爲此職是臨時之野戰編制，所督正是領

軍將軍所統的內軍，與及護軍將軍或京畿大都督所統的外軍也。

北齊的宮衛與禁衛體制已明，則宮、禁二系諸帥的遷除，常是由二衛府副長官之武衛將軍遷爲領左右將軍，領左右將軍遷爲二衛府正長官之左或右衛將軍，二衛府將軍遷爲領軍將軍（資淺者稱中領軍）；盡管其官名加「大」，地位也不能逾越上一級不加「大」的將軍。此高級禁衛長官的軍事人事行政慣例，蓋可稱爲「加大而不躐等」原則，〔註64〕正是北齊禁衛軍制的特色所在，與隋唐諸衛長官之可以互相平調遷轉不同。至於領左右將軍雖屬內衛系統，但其遷轉亦依此原則運作，只是領左右（大）將軍畢竟爲一府之長，以故地位介於武衛（大）將軍之上，而次於二衛（大）將軍而已。〔註65〕

關於魏齊之間禁衛軍──含宮衛軍──的變化細節，容可再作一些印證討論。

前舉高澄以侍中・大將軍・尚書令・大行臺・開府儀同三司・京畿大都督・領左右輔政時，監控孝靜帝的黃門侍郎崔季舒固是門下侍中高澄之副長官，而當孝靜遜位離宮時，上車持帝的直長趙德也應是門下省領左右局之左右直長，至於監衛都督烏那羅受工伐，則殆是已野戰編制化之領左右府備身系統都督，因而皆須接受其長官高澄的指揮。高澄以長官身分指揮所屬文、武內官在禁中嚴厲監控天子，則孝靜帝除了遜位之外尚能有何可爲。此其一也。

其次，關於備身內衛以及高級禁衛武官的遷除慣例。

按：領左右府的備身諸系官職，極罕見載於《北齊書》，金石史料也少見，〔註66〕今檢得《隋書》一條。《隋書・慕容三藏列傳》云

　　慕容三藏，燕人也。父紹宗，齊尚書左僕射，東南道大行臺。

〔註64〕此原則概指高階宮、禁武官即使加「大」也不能躐越上一等級的將軍。如武衛將軍已遷爲武衛大將軍，但位階不能超越領左右將軍；領左右將軍已遷爲領左右大將軍，位階也不能超越左右二衛將軍；左右二衛將軍已遷爲左右二衛大將軍，而位階亦不能超越中領軍或領軍將軍；只能在本號上加大以增強其軍中資望，而不能躐越上一等級的將軍也。

〔註65〕對於此原則，前揭張金龍書第十九章第三節已列舉相當多史料爲證，故於此不再贅引。

〔註66〕金石史料雖偶見之，亦多難據以詳細作解釋備身制度之用。如〈德陽公碑〉連父祖三代姓名均殘缺，但據殘文略知其人似在北齊文宣帝高洋時曾任庫眞直長，累任直閤，齊末曾「率所領備身」迎戰周師。本碑原是研究北齊近衛遷轉內衛的極佳史料，惜文字甚多殘缺，以致不能用也。碑見《全隋文補遺》，西安三秦出版社，2004.3，頁76～77。

> 三藏……仕齊，釋褐太尉府參軍事，尋遷備身都督。武平（後主，
> 570～575）初，襲爵燕郡公，……其年，敗周師於孝水，……轉
> 武衛將軍。又敗周師於河陽，授武衛大將軍。又轉右衛將軍……。
> 周師入鄴也，齊後主失守東遁，委三藏等留守鄴宮。……及齊
> 平，……（周）授開府儀同大將軍。

此條史料不僅可以證明北齊領左右府屬官部分採取戰時的都督編制，抑且也是北齊高階禁衛武官人事制度「加大而不躐等」原則之證。

其實北齊建國之初，領左右都督、領左右大都督、領左右大將軍等官名，已一再並見於北齊始君文宣帝高洋之朝矣（請參表一），其轉變概況略可見於諸將列傳，例如《北齊書‧元景安列傳》載：

> 高祖（高歡）平洛陽，領軍婁昭薦補京畿都都督（似衍一都
> 字），……隨武帝西入。天平（北魏孝靜帝，534～537）末，大軍西
> 討，景安臨陣自歸，高祖嘉之，即補都督。興和中，轉領親信都督。……
> 天保（文宣帝，550～559）初，加征西將軍，……賜姓高氏‧三年，
> 從破庫莫奚於代川，轉領左右大都督，餘官並如故。四年，從討契
> 丹於黃龍，領北平太守。後頻從駕再破茹茹，遷武衛大將軍，又轉
> 領左右大將軍，兼七兵尚書。……
>
> （武成帝大寧）二年，轉右衛將軍，尋轉右衛大將軍。天統初，
> 判并省尚書右僕射，尋出爲徐州刺史。……（武平）六年，徵拜領
> 軍大將軍。入周，以大將軍……率眾討稽胡，戰沒。

按：元景安以一般都督爲高歡親信，故能轉領親信都督，且自文宣帝之後長期遷轉於宮衛與禁衛軍職之間，以至齊亡。不過，依照上述「加大而不躐等」的原則，則其後所轉之「領左右大都督」理應低於「武衛大將軍」，然而卻又由「武衛大將軍」再轉「領左右大將軍」，甚不符合遷轉的慣例。筆者以爲，此「領左右大都督」應是領左右府四系統中之「左右備身都督」而加大。蓋因景安從天子征討，領左右府未必全府從征，故臨時由「領親信都督」之元景安轉領此府從征之「左右備身」，而加大爲都督，以故稱爲「領左右大都督」也。亦即此時之「領左右大都督」是戰時編制，統領從征的左右備身以侍衛天子。至於景安其後之遷轉由武衛大將軍－領左右大將軍－右衛將軍－右衛大將軍－領軍大將軍，則完全符合「加大而不躐等」的原則。

類似之例，又可證諸皮景和與綦連猛二人。《北齊書‧皮景和列傳》載

云：

> 景和少通敏，善騎射。初以親信事高祖，後補親信副都督。
> 武定二年（孝靜帝，544），征步落稽。……除庫直正都督。天保初，
> 授假節、通州刺史，……後從襲庫莫奚（按：文宣帝天保三年正月，552），
> 加左右大都督。又從度黃龍，征契丹，定稽胡。尋從討茹茹主菴羅
> 辰於陘北，又從平茹茹餘燼。……乾明元年，除武衛將軍，……大
> 寧元年，除儀同三司、散騎常侍、武衛大將軍，尋加開府。二年，
> 出為梁州刺史。三年，突厥圍逼晉陽，令景和馳驛赴京，……仍除
> 領左右大將軍，食齊郡幹，又除并省五兵尚書。天統元年，遷殿中
> 尚書。二年，除侍中。

據此，知皮景和也是由霸府親信都督轉遷為左右大都督，然後遷武衛將軍、
武衛大將軍，以至領左右大將軍，皆因屢立軍功之故。只是其後外調內遷，
皆不再充任宮、禁軍職而已。

至於綦連猛，初為高歡軍中都督，歡為都督中外諸軍事，乃轉為「中外
府帳內都督」，猶如中外府之內衛也。《北齊書·綦連猛列傳》續載云：

> 天保元年，除都督、東秦州刺史，……從顯祖（文宣帝）討
> 契丹，大獲戶口。……七年，除武衛將軍、儀同三司。九年，轉武
> 衛大將軍。……（孝昭帝皇建）二年，除領左右大將軍，從肅宗討
> 奚賊，大捷，……河清二年（武成帝，563），加開府。突厥侵逼晉
> 陽，……猛遙見之，即亦挺身獨出，……刺賊落馬，因即斬之。……
> 天統元年（後主，565），遷右衛大將軍，……恒令在嗣主左右，兼
> 知內外機要之事。三年，除中領軍。四年，轉領軍將軍，別封義寧
> 縣開國君。五年，除并省尚書左僕射，餘如故。除并省尚書令、領
> 軍大將軍，封山陽王。

值得注意的是，綦連猛因從征立功而順著宮、禁體制遷轉原則遷轉，不過其
中所任的領左右大將軍及右衛大將軍均是直接跳至加大，或許因為此故，所
以升至禁衛軍最高統帥時遂先為資淺的中領軍，然後再遷領軍將軍。北齊由
於置有鄴都與晉陽兩個政治中心，以故綦連猛之除并省尚書令·領軍大將軍，
應是任晉陽中心的領軍大將軍也。也就表示北齊於兩個政治中心，可能同時
並置兩套宮、禁體制。

至此，進有一疑事尚需討論者，即是當魏末尒朱、高歡二氏交戰之時，

高歡從弟高岳是否曾任「領左右衛」之職。

按：高歡甫崛起時，於韓陵之戰（後廢帝中興二年，532）擊潰尒朱氏四兵團後，乃將前、後二廢帝一併廢之，改立平陽王元修，是爲孝武帝，改元太昌。此時曾出現職令所無的「領左右衛」之職。《北齊書·清河王岳列傳》載云：

> 中興（後廢帝，531～532）初，除散騎常侍、鎮東將軍、金紫光祿大夫，領武衛將軍。高祖與四胡（按：指尒朱氏四兵團）戰于韓陵，……岳舉麾大呼，橫衝賊陣，……以功除衛將軍、右光祿大夫，仍領武衛。太昌（532）初，除車騎將軍、左光祿大夫，領左右衛，封清河郡公，……

> 天平二年（按：東魏孝靜帝第一個年號，即西魏文帝大統元年，535），除侍中、六州軍事都督，……尋都監典書，復爲侍學，除使持節、六州大都督、冀州大中正。俄拜京畿大都督，其六州事悉詣京畿。時高祖統務晉陽，岳與侍中孫騰等在京師輔政。元象二年，……除兼領軍將軍。興和初，世宗入總朝政，岳出爲使持節、都督、冀州刺史，侍中、驃騎、開府儀同如故。

此處「領左右衛」一名，《北史》本傳無載，北朝史亦僅此一見。按：此時高歡居晉陽，拜爲侍中·柱國大將軍·大丞相·太師·都督中外諸軍事·錄尚書事·大行臺，掌握政軍大權。留京的領軍將軍婁昭是北魏外戚，但卻是高歡腹心。據其本傳，婁昭知悉孝武帝將貳於高歡，遂「以疾辭還晉陽」，因此乃有孝武任侍中斛斯椿兼領軍將軍，而椿卻勸孝武整募軍眾，改編近衛，與高歡決戰之舉。在此期間，高岳則僅爲武衛將軍。及至婁昭從高歡攻入洛京，「後轉大司馬，仍領軍。遷司徒，出爲定州刺史」，不久卒於州。根據《北齊書·出帝（即孝武）紀》記載，孝武在永熙三年（534）五月部署軍隊備戰，七月出奔長安，而高歡入洛，故高岳於「太昌初，除車騎將軍、左光祿大夫，領左右衛」，時間應在永熙三年之前。

至於高岳之由武衛將軍躐等「領左右衛」，當與婁「昭好酒，晚得偏風，雖愈，猶不能處劇務」的情況有關。〔註67〕由此觀之，高岳是以車騎將軍·左光祿大夫之官，暫時充「領左右衛」之職，俾以減輕婁昭領軍將軍的劇務。是則「領左右衛」之文應標點爲「領左、右衛」，亦即以高岳暫領領軍將軍所

〔註67〕見《北齊書·婁昭列傳》，卷十五，頁196。

屬之左、右二衛，而決非此時特置「領左右衛」一職以處高岳，可以明矣。
婁昭不知仍任領軍將軍至何年，要之高岳與孫騰等留在新建的鄴都輔政，需
至天平三年（536）高澄以侍中・大將軍・尚書令・大行臺・開府儀同三司・
京畿大都督・領左右入鄴輔政後，高岳才卸下京畿大都督之職，可能仍領左、
右二衛，所以高澄未見任領軍將軍。兩年之後的元象二年（539），高岳始除
兼領軍將軍，尋而卻出爲冀州刺史。

　　由上述諸人的遷轉再觀察，他們大都是因從征有功，而從左右大都督累
遷至領左右大將軍，是則無異表示北齊內衛制度的特色爲：

　　一、常需侍從天子出征，而非僅止於禁內侍衛，因此平常即已野戰編制
　　　　化；

　　二、北齊鄴都與晉陽之并省各置領軍大將軍之職，而領左右府是其統屬
　　　　的單位，因此齊制可能分在鄴都與晉陽各置此職；

　　三、由於政軍中心在晉陽，重兵集中於此，故從征從行的左右都督、左
　　　　右大都督等，大多以并省擔任內衛者爲之；

　　四、左右都督、左右大都督以及領左右大將軍等官職，多由霸府親信或
　　　　帳內累轉而任之。

　　天子左右侍衛從征從行，本爲北魏以來的慣例，只是部分內衛及近衛依
野戰編制而改爲建制官名，是北齊承魏末的發展所形成的定制，不同於北周
之改爲宮伯制。至於北齊領軍府統轄二衛府及其所轄近衛，又別統領左右府
之內衛，使軍令統一，此與周隋唐之制更是大爲不同，固是其特色所在也。

五、西魏北周宮衛制度施行的情況

　　西魏北周史料較東魏北齊尤少，但從西魏時期亦置有禁衛系統的領軍將
軍、二衛將軍、武衛將軍，以及內衛系統的領左右、千牛備身、備身等職看，
可推知西魏必仍循魏末之舊，其後才漸改，降至據《周禮》之改制頒行而始
大變。此處所謂漸改，是指孝武帝之西入長安，無異是前門拒狼而後門進虎，
故西入之同年底遂暴崩，宇文泰尋即擁立文帝，自後西魏諸帝乃成泰之傀
儡，形式上奉以爲正朔，但卻漸改魏制，以成其一代奇異之周制。茲試析論
如下。

　　前文述及北魏孝文帝將十餘萬代遷之士改編爲羽林與虎賁，後來孝武帝
親率十餘萬軍隊與高歡對決，此主要爲中央軍，也是新編禁衛軍，亦即是「六

坊之眾」，可以無疑。羽林與虎賁此兩軍隸屬於兩個統率系統，一為領軍府所領之禁軍系統，即內軍；一為護軍府所領之衛軍系統，即外軍，合而成為禁衛軍。及至孝武帝西入，史載「是時六坊之眾，從武帝而西者，不能萬人，餘皆北徙」。所謂餘皆北徙，是指高歡將之隨著遷都而徙至鄴都也。降「及文宣受禪，多所創革。六坊之內徙者，更加簡練，每一人必當百人，任其臨陣必死，然後取之，謂之百保鮮卑」，即指此支軍隊之整編而言。〔註68〕按：宇文泰繼賀拔岳統領留駐關隴的西征軍之後，早已與其幕僚長于謹設計好引誘孝武入關，以遂行「挾天子而令諸侯」的創業指導原則，是則孝武帝帶領如此寡弱的兵力入關，對宇文泰而言真是天助我也；只是對於孝武帝而言，則形勢不得不如此，因為對決之前孝武已聽信于謹之言，接納逼於危機則西遷的建議，且又已作好「分置督將及河南、關西諸刺史」的準備，〔註69〕不虞有他之故。

孝武帝於永熙三年（即東魏孝靜帝天平元年，534）七月入關，自是「軍國之政，咸取決」於泰，乃在宇文泰原有之侍中・驃騎大將軍・開府儀同三司・關西大都督・略陽縣公官爵之上，再加授大將軍・雍州刺史・兼尚書令・關西大行臺，進封略陽郡公。翌月又進位丞相。是年底孝武帝暴崩，宇文泰擁立文帝。文帝改翌年為大統，並於正月，進泰為「督中外諸軍事」，於是宇文泰自此名正言順身兼政、軍最高長官。〔註70〕

宇文泰不論先任「督中外諸軍事」或後任「都督中外諸軍事」，要之均為中央軍以及禁衛軍的最高統帥，〔註71〕因此乃於大統八年（東魏興和二年，540）將原由關西大都督所領的西征軍改編為天子之六軍，〔註72〕又於大統十六年（東魏武定八年／北齊文宣帝天保元年，550）將之擴充為六柱國大將軍各領二大將軍、每一大將軍各領二驃騎大將軍、每一驃騎大將軍各領若干車騎大將軍，而各皆領大都督的野戰編制，學界咸認為是隋唐府兵制

〔註68〕詳參《隋書・食貨志》，卷二十四，頁675～676。

〔註69〕于謹的設計及引誘詳見《周書・于謹列傳》，卷十五，頁245～246；分置關西諸刺史見同註58。

〔註70〕宇文泰之授任詳見於《周書》卷一〈文帝上〉，周文帝即宇文泰。

〔註71〕宇文泰先任「督中外諸軍事」，後任「都督中外諸軍事」，為中央野戰軍也即是中央禁衛軍的統帥，其說詳拙著〈從督軍制、都督制的發展論西魏北周之統帥權〉，《中國中古史研究》8，2008.12。

〔註72〕《周書》不載此事，事見《北史・西魏文帝紀》（卷五，頁178）及《玉海》（東京：中文出版社，1986.10）卷一三七引《後魏書》。

的前身。〔註73〕此軍隊由西征軍擴編而成天子之六軍，以故《周書・侯莫陳崇列傳》末載云：

> 自大統十六年以前，任（柱國大將軍）者凡有八人。太祖（宇文泰）位總百揆，督中外軍。魏廣陵王欣，元氏懿戚，從容禁闈而已。此外六人，各督二大將軍，分掌禁旅，當爪牙禦侮之寄。……十二大將軍，又各統開府二人。每一開府領一軍兵，是為二十四軍。

顯示擴編後的二十四軍仍為禁衛軍，所謂禁旅是也，但也是中央戰略預備部隊，以故不僅出兵征伐賴之，即使領軍府之宿衛部隊來源亦主要賴之。值得注意的是，十二大將軍所分統的二十四軍，亦即開府軍，實為府兵組織的統率主體，尚未改編前早已直接受宇文泰的霸府統率指揮，故史官追記謂「自太祖為丞相，立左右十二軍，總屬相府」。〔註74〕也就是說，二十四軍雖是由天子六軍擴充而成，但其性質也是具有戰略預備的中央野戰軍，僅因開府主帥例加侍中銜，是以名義上隸屬於天子而已，其實自始即隸屬於霸府——丞相・督中外諸軍事府——的統率指揮。並且，因為孝武帶來的部隊甚少，須靠二十四軍軍士輪番入宿，但二十四軍卻是領軍府常制禁衛體制之外而統屬於霸府的軍隊，此情況殆與孝文帝改制後，羽林、虎賁常制直隸領軍府的禁衛體制不同。另外值注意的是，所謂「開府」，是指領兵的侍中・驃騎大將軍・大都督而言。據《周書・盧辯列傳》末載云：

> 周制：……授柱國、大將軍、開府、儀同者，並加使持節、大都督；其開府又加〔驃騎大將軍、侍中；其儀同又加〕車騎大將軍、散騎常侍。

是則西魏府兵此時的主體領兵官，任開府者，其全銜為「使持節・侍中・驃騎大將軍・開府儀同三司・大都督」，任儀同者，其全銜則「為使持節・散騎常侍・車騎大將軍・儀同三司・大都督」。前者位任二十四軍主帥，所統蓋為西魏的基本戰略單位；後者則是偏將，所統蓋為二十四軍之最高戰術單位，本書〈試論西魏大統軍制的胡漢淵源〉篇已作詳解。

筆者作此解釋，目的是欲說明此時府兵統率系統的領兵主體，實為「開

〔註73〕解釋西魏府兵制的成立與編組，厥以濱口重國〈西魏の二十四軍と儀同府〉（收入其《秦漢隋唐史の研究》，東京：東京大學出版會，1998.10），以及唐長孺〈魏周府兵制度辨疑〉（北京：三聯出版社，1955）之論說最具參考性，但本書〈試論西魏大統軍制的胡漢淵源〉篇亦另有更詳細的論述。

〔註74〕見《周書・晉蕩公護列傳》，卷十一，頁168。

府府」以及其下一級的「儀同府」，而前者主帥例加侍中銜，後者例加散騎常侍銜，皆具有天子法定侍從內官的性質，因而其所統領的軍隊亦不免帶有法定天子近衛乃至內衛的色彩，此為後來周武帝將軍士改為「侍官」的重要基礎。帶此色彩的西魏中央軍，平時分駐於長安的東、西兩面，此所以周武帝大會諸軍官兵時皆分在京東、西兩地進行，只有番上時始配屬於宮、禁系統指揮也。因此，後來周武帝於建德三年（574）十二月「丙申，改諸軍軍士並為侍官」之重要改革，﹝註75﹞無異就是在此基礎上順水推舟將全軍正式侍衛化，為將諸軍改為「以衛領軍」制，使衛府、軍府一體化而奠基（請詳後節）。

宇文泰所佔據的關隴地區，究其實際僅為魏晉建置常都督制以來最大的都督區而已，統治幅員遠不及高歡。就長安的地緣戰略形勢看，北有北山（今白于山），南有南山（今終南山），南北挾持，非敵軍來犯的方向。若突厥來侵，多以靈州道趨京西為主線；若高氏來犯則有二途，一是從太原南趨河東渡河，一是從河南西趨進攻潼關。是以二十四軍部署於京東西，不必像東魏鄴都般，必須設置衛戍首都的護軍府以及京畿府，而宇文泰則僅靠此支作為禁衛軍的中央軍，就足以衛戍首都安全以及監護皇帝。因此，此中央禁衛軍的整編成功，宇文泰「挾天子而令諸侯」的戰略構想即已達成大半；益有進者，則是宇文泰密切掌握侍衛將領的人事權，以故遂能促成此戰略構想的另一小半。

按：孝武帝西入後，宇文泰早已著手陸續收編或外調其從入的宮禁將領。此後禁衛系統的領軍將軍、二衛將軍、武衛將軍，以及宮衛系統的領左右，因其諸子年紀尚小，故皆分由其武川同鄉、宗親、姻親以及親信充任之。﹝註76﹞尤其禁衛系統中切實執行近衛魏帝的武衛將軍，宇文泰更不假手別人，而由其諸婿負責，即《周書‧李賢列傳》所載：

> 太祖扶危定傾，威權震主，及魏廢帝即位之後，猜隙彌深。時
> 太祖諸子，年皆幼冲，章武公導、中山公護（按：導、護兩兄弟皆泰姪）
> 復東西作鎮，唯託意諸婿，以為心膂。基（按：賢子）與義城公李暉
> （按：即柱國大將軍李弼之子輝）、常山公于翼（按：柱國大將軍于謹子）等

﹝註75﹞ 見《周書‧武帝上》，卷五，頁86。
﹝註76﹞ 關於宇文泰對孝武帝禁將的收編外調以及其對禁將人事的安排任用，可參毛漢光〈西魏府兵史論〉（收入其著《中國中古政治史論》，臺北：聯經出版公司，民國79.1）一文，與張金龍前揭書，頁922～941。

　　　　俱爲武衛將軍，分掌禁旅。帝深憚之。

是也。由於此故，即使宇文泰也如高氏般調動禁衛或宮衛部隊從征時，也不虞挾持魏帝有失，更不必親領「領左右」一職。

　　禁衛軍既是宿衛的中央軍，但亦具有中央戰略預備隊的性質，擁有國中最大的兵力，故自魏晉以來，調動禁衛將領及禁衛軍出征，已是常見的慣例，北齊更是如此。西魏兵力遠遜於東魏，因此此舉更是必然之事。例如大統三年（537）沙苑之戰，「太祖（宇文泰）東征，導（時以使持節·散騎常侍·車騎大將軍·左光祿大夫鎮原州）入宿衛，拜領軍將軍·大都督。齊神武（高歡）渡河侵馮翊，太祖自弘農引軍入關，導督左右禁旅會於沙苑，與齊神武戰，大破之」。〔註77〕按：北魏六鎮之亂以來全國各軍各州均已採取野戰編制，其特色是主官皆帶大都督或都督之銜，以至充當州大都督或都督，以實際督軍隨時指戰。此時宇文導以州長官調入宿衛，而拜領軍將軍·大都督，是命其統率留京禁衛軍以戒備也。沙苑之戰是東、西二魏最大的會戰，對宇文泰來說更是危急存亡之戰，故命宇文導督領左右禁旅會於沙苑以參戰。領軍將軍既出征矣，故其轄下之領左右王勵遂也從征，史載：

　　　　（王勵）爲千牛備身、直長、領左右，出入臥內，小心謹肅。
　　魏文帝嘗曰：「王勵可謂不二心之臣也！」沙苑之役，勵以都督領禁
　　兵從太祖。勵居左翼，與帳下數十人用短兵接戰，當其前者，死傷
　　甚眾。勵亦被傷重，遂卒於行間。〔註78〕

宇文導督左右禁旅宿衛，王勵出入天子臥內，據此皆是明確的記載。然而張金龍卻據宇文導等人此役參戰之例，遽謂宇文導以領軍將軍·大都督入宇文泰宿衛，並督左右禁旅，是承擔宇文泰宿衛之責外，還要協助宇文泰與東魏作戰；又謂領軍之職督率禁旅宿衛，主要是保衛當權者宇文泰而非名義上的君主西魏皇帝，隨侍宇文泰自是領軍將軍基本職責；又謂宇文泰有另一類武衛將軍，所統當爲宇文泰幕府親信兵，與朝廷禁衛武官無關；又謂宿衛宇文

〔註77〕沙苑之戰是該年宇文泰率十二將東伐。至潼關，高歡率眾十萬（或作二十萬）出壺口，趨蒲坂來截擊。泰均因眾寡不敵，引軍入關，伏擊於沙苑，大破之，前後虜其卒七萬，詳參《周書·文帝紀下》該年條。宇文導當時任官及參戰，則見《周書·邵惠公顥列傳·導附傳》，卷十，頁154～155。

〔註78〕王勵事附見於《魏書》其父司空王盟之傳（《魏書·王盟列傳》，卷二十，頁334），《北史》盟傳全同。按：西魏承北魏置有「左右直長」之職，是則原標點爲「千牛備身直長」殆非，應以「千牛備身、直長」爲確，蓋直長爲左右直長之簡稱，如領軍將軍之簡稱爲領軍耳。

泰霸府之帳內則是禁衛武官及禁衛兵一項經常任務云云，〔註 79〕蓋皆是未明北魏以來全軍制，尤其宮、禁二體制，而又想像力過於豐富之辭。

　　按：魏晉以來，統兵的軍府乃至公府已置有「帳內」或「帳下」，守衛大帳的帳內或帳下，就是主帥的侍衛親兵，略如其內衛與近衛，最著明之例為曹操的親將典韋，茲以為例。《三國志·典韋傳》載云：

　　　　典韋，陳留已吾人也·形貌魁梧，旅力過人，有志節任俠·⋯⋯
　　太祖（曹操）討呂布於濮陽·⋯⋯會布救兵至，三面掉戰·時布身
　　自搏戰，⋯⋯相持急·太祖募陷陳，韋先占，將應募者數十人，⋯⋯
　　韋手持十餘戟，大呼起，所抵無不應手倒者·布退·會日暮，太祖
　　乃得引去·

　　　　拜韋都尉，引置左右，將親兵數百人，常繞大帳·韋既壯武，
　　其所將皆選卒，每戰鬥，常先登陷陳·遷為校尉·性忠至謹重，常
　　晝立侍終日，夜宿帳左右，稀歸私寢·⋯⋯韋好持大雙戟與長刀等，
　　軍中為之語曰：「帳下壯士有典君，提一雙戟八十斤·

可證軍府之「帳內」或「帳下」，是宿衛大帳左右的親兵，北魏末年以來且有模仿天子備身內衛而置者。〔註 80〕其軍府「帳內」與「帳下」之別，或許類同於天子之內衛與外衛，但與宮、禁之侍衛系統無涉。稍後稱雄一時的人物，如高歡、賀拔岳、李弼等等，皆曾擔任過其統帥的「帳內」，而帳內軍主、帳內統軍、帳內別將、帳內都督、帳內大都督等職級稱號，更是屢見於史傳。此諸職均屬野戰編制，任之者率皆武勇之士，頗與典韋之例相同，只是領親兵時之職稱為曹魏時所無而已。宇文泰既以丞相·督中外諸軍事統兵，故其霸府亦置有各級帳內官職以領親兵，與高歡正同，王仲犖對此已有專條臚列，〔註 81〕可不待辯。甚至在西魏推行府兵制之下，帳內（或帳下）軍主、統軍、別將、都督、大都督等職級，胥視統帥官職的高下以及親兵編制的大小而定，只是儀同、開府、大將軍則因戎秩已高，故罕聞統領其統帥之親兵者。要之，

〔註 79〕 分詳其前揭書頁 923、924、927 及 929～930、940。
〔註 80〕 如鄭仲禮有膂力。高歡「嬖寵其姊，以親戚被昵，擢帳內都督。嘗執高祖（高歡）弓刀，出入隨從」（《北齊書·外戚·鄭仲禮列傳》，卷四十八，頁 667）。又如王勇少雄健，有膽決，便弓馬，膂力過人，為西征軍別將。宇文泰「為丞相，引為帳內直盪都督」（《周書·王勇列傳》，卷二十九，頁 490～491），蓋皆內衛也。
〔註 81〕 參王仲犖《北周六典》（台北：華世出版社，民國 71.9）大丞相項，頁 27～29。

各級帳內軍官及其帳內兵，在制度上並不是天子的禁衛官兵，二者不宜混淆。因為親兵的主子是皇帝或統帥，體制終究有別，一為禁衛體制，一屬野戰編制，而未聞禁衛將校所統為將軍幕府的親兵，〔註82〕或將軍帳內官兵與天子禁衛官兵有何法定的或實質的關係也。

至於沙苑之戰，則張氏之說更是莫名其妙。蓋此戰是高歡親統大軍來犯，故此役是關係西魏安危，或可說是關係北周建國最重要以及最著名的大戰。蓋當時宇文泰親自率軍東赴弘農征討東魏，不料高歡卻從蒲津渡河侵至馮翊，側背壓逼宇文泰的大本營華州（後改名同州，治馮翊，今陝西大荔），切斷西軍退路而又威脅長安，此誠危急存亡之際，因此宇文泰不得不自弘農引軍入關回守。宇文導是泰最親信最能幹之侄，在戰前從鎮守原州調「入宿衛，拜領軍將軍、大都督」，是泰欲因藉此安排而俾能安心赴戰也。〔註83〕是則宇文導之調入長安任領軍將軍‧大都督，所負責的「宿衛」是指宿衛京城以及魏帝而言。既然東軍已侵至馮翊，西軍主力遜於東軍，以故纔奉令督左右禁旅離開京城，會師於沙苑而參戰，可見保留禁衛軍作中央戰略預備隊之重要。是則安有所謂以領軍將軍‧大都督入宇文泰宿衛，是承擔宇文泰宿衛之責耶？又焉有所謂領軍之職督率禁旅宿衛，主要是保衛當權者宇文泰而非名義上的君主西魏皇帝，隨侍宇文泰自是領軍將軍基本職責的制度性設計？

復觀領左右的王勵，平時所出入的臥內，小心謹肅侍奉的人，明顯就西魏文帝，是以文帝才讚其為「不二心之臣也」；只因此時情勢危急，纔奉命統率禁旅前往參戰，並依戰時改編為都督。此戰，領軍將軍編為大都督，領左右編為都督，可見兩官在禁衛體制中的位差，正與魏末之制一脈相承。

從《周書》相關紀傳中，知悉宇文泰對陣用兵時，常部署軍隊為左、右兩翼，而自己居中指揮。都督王勵在此戰中居左翼，率領禁兵作戰，從其與

〔註82〕例如宇文神舉是宇文泰的族子，孝武帝藩邸之舊，善射，由冠軍將軍‧閤內都督累遷朱衣直閤、閤內大都督，從帝入關。「其後，（宇文泰）引為帳內大都督。俄出為持節、衛將軍、東夏州刺史」，應是宇文泰將其收編調任於身邊之例，而非以禁衛將校兼為泰之帳內大都督的常制也。見《周書‧宇文神舉列傳》，卷四十，頁713〜714。

〔註83〕據《周書‧邵惠公顥列傳‧導附傳》，謂沙苑之戰的「明年，魏文帝東征，留導為華州刺史。及趙青雀、于伏德、慕容思慶等作亂（於長安），導自華州率所部兵擊之，擒伏德，斬思慶。進屯渭橋，會太祖軍。事平，進爵章武郡公」，可以顯示宇文導調入拜為領軍將軍以主持留守宿衛的重要性，以及宇文泰如此安排的用意。

帳下數十人用短兵接戰而受重傷的情況看，可知此戰宇文泰已是精銳盡出，全力一搏，而不是召王勵率領禁兵來保衛自己。王勵本官是散騎常侍・平東將軍，故是以散騎常侍・平東將軍・領左右臨時改編爲都督，部署於作戰序列的左翼。至於其所將帳下數十人，應是其都督本營的帳下親兵——類似近今野戰指揮官本部的警衛連排而已，彼等是否由原來所領的天子禁旅改編而成則不敢確；即使是，也不過就是部分禁旅依戰時編制而改編爲都督王勵的帳下罷了。因此，若謂軍府帳內或帳下是禁衛武官及禁衛兵一項經常任務，則可謂平時常制與戰時編制不分矣。

至於謂平時宇文泰有另一類武衛將軍，所統當爲宇文泰幕府親信兵，與朝廷禁衛武官無關，其說恐怕不易成立。蓋魏末以來遣兵出征，軍中將校常被授以禁衛武官之職，使之增加榮譽，並保持與天子的象徵性關係。此爲魏末針對出征將校的一種軍事人事行政制度，宇文泰本人的早期經歷即是明例之一。據《周書・文帝上》所載，宇文泰從賀拔岳入關西征，以先鋒屢立戰功，遂遷爲征西將軍・金紫光祿大夫，加直閣將軍，行原州事。太昌元年，岳爲關西大行臺，以泰爲左丞，領岳府司馬，加散騎常侍。其後賀拔岳派遣宇文泰詣闕請事，魏帝加泰武衛將軍，還令報岳。在賀拔岳引軍攻克平涼後，於是表泰爲武衛將軍・夏州刺史。按：宇文泰從軍西征，從未宿衛過魏帝，卻因屢立功勞，而由加直閣將軍而再遷至武衛將軍，至此已是西征軍獨當方面的大將，官至使持節・散騎常侍・征西將軍・武衛將軍・夏州刺史矣，表面上是禁衛武官派至西征軍作戰，但其實則是西征軍將校因功勳而遙授禁衛武官，增加其榮譽，使與天子保持名義上的一定關係也。此類例子甚多，無庸贅舉。

再以正授禁衛軍將之例作觀察，如賀蘭祥此時期的情況蓋可以爲例。〈賀蘭祥墓志〉載云：

> 魏孝武帝入關，以迎駕功，封撫夷縣開國伯，即侍孝武。魏文帝登位，進爵爲侯，除征虜將軍，主衣都統，尋遷領左右，進爵爲公。大統三年，拜武衛將軍，□遷右衛將軍。（四年）河橋之役，太祖率大軍前行，公翊衛魏帝繼進。戰日，公力戰先登，大破賊軍。還，拜大都督。〔註84〕

〔註84〕 墓誌見羅新、葉煒著，《新出魏晉南北朝墓志疏證》（北京：中華書局，2005.3），頁245～250。

按：賀蘭祥是宇文泰特所鍾愛的外甥，原爲西征軍帳下都督，奉泰令往迎孝武帝之後即累爲禁將，只是本傳略謂大統三年六月，以左右直長「從儀同于謹攻楊氏壁，祥先登，克之。遷右衛將軍」而已。此年八月，賀蘭祥並未參與沙苑之戰，故本傳謂「沙苑之役，詔祥留衛京師。後以留守功，增邑八百戶」，是則宇文導、王勵統率禁旅前赴參戰時，賀蘭祥因是宇文泰特所鍾愛的外甥，以故仍以右衛將軍留守京師也。及至翌年七月，高歡率軍圍攻洛陽，以圖收復；值魏文帝也將東幸洛陽拜園陵，乃詔宇文泰率軍往援，魏帝亦東行。於是遂發生「太祖率大軍前行，公翊衛魏帝繼進。戰日，公力戰先登，大破賊軍」的河橋之役。是則帳下都督改調爲禁將之後即與原來的帳下系統無關，而禁衛將領以保衛天子及京師爲職責，天子行則統兵留守，或隨行護駕，甚至投入第一線戰鬥，與論者前說顯然大有差異。

上述贅說余豈好辯哉，蓋欲藉以說明北魏的禁衛制度而已。

不過，筆者並不懷疑宇文泰成爲西魏霸主之後，反過來利用此軍事人事行政制度，使其幕佐、將領或親信兼帶天子左右之官，而透過此方式監視魏帝，實現其「挾天子以令諸侯」之目的，賀蘭祥即是其例之一。又例如，宇文泰的族子宇文深，「太祖以深有謀略，欲引致左右，圖議政事。大統元年，乃啓爲丞相府主簿，加朱衣直閣」，〔註85〕即是加自己幕佐以天子內官之例。再如柱國大將軍于謹之子、宇文泰之婿，僅爲員外散騎常侍的于翼，於「大統十六年，進爵郡公，加大都督，領太祖帳下左右，禁中宿衛。遷鎮南將軍、金紫光祿大夫、散騎常侍、武衛將軍。……尋授車騎大將軍、儀同三司，加侍中、驃騎大將軍、開府儀同三司。六官建，除左宮伯」，〔註86〕則更是宇文泰派遣其帳下大都督入宿禁中，並乾脆正式遷之爲散騎常侍‧武衛將軍，後來更轉爲統領天子內衛的宮伯，使之長期專責監控天子，直接挾持魏帝也。因此，若謂宇文泰置有另一類武衛將軍統領其幕府親信兵，而與朝廷禁衛武官無關，則恐需尚待商榷。

總之，後人所稱北魏、東魏、西魏，蓋爲方便歷史之認知而分期，究其實則是只有一個魏朝，以故制度一脈相承。只是西魏左右侍衛制度雖仍沿北魏末年之舊，但並未離析二分爲領左右局與領左右府，如北齊之制而已。其特色與齊制第一點相同，至於第四點，則宇文泰的手段遠較高氏爲嚴格綿密。

〔註85〕見《周書‧宇文測列傳‧深附傳》，卷二十七，頁455。
〔註86〕見《周書‧于翼列傳》，卷三十，頁523。

因爲宇文泰不僅任命其幕佐兼任天子左右作爲耳目，同時也任用親信出任近衛與內衛官職，並且更常用可靠性尤高的宗親以及姻親任之。當切實掌握在手中的中央軍，主體統兵官之開府與儀同已兼帶法定的侍從內官，而其部屬入宿時又配屬給宇文泰自己的同鄉、宗親、姻親或親信所擔任的近衛與內衛武官，甚至逕遣女婿以自己的帳下大都督身份直接入宿禁中時，則天子不被嚴密挾持者幾希。是知宇文泰實力雖遜於高歡，但控制天子之綿嚴卻甚於彼，以故宇文氏之所以能一再廢弒西魏天子，終成其篡奪，其故在此。

至此，有必要從魏周之際的政變事件中，以其實際的武力運作情況當事例，始然後能充分作爲印證。

魏周之際的第一次政變，發生於魏廢帝三年（554，齊天保十五年）。起因是時爲柱國大將軍・太師・大冢宰・都督中外諸軍事，總領地、春、夏、秋、冬五府，而又總統二十四軍的宇文泰，因專權而與魏帝有嫌隙，知悉魏帝有怨言，而令其甥兼領軍將軍尉遲綱執行戒備與廢立。

據《周書・尉遲綱列傳》所載，概況是「魏廢帝二年，拜大將軍，兼領軍將軍。及帝有異謀，言頗漏泄。太祖以綱職典禁旅，使密爲之備。俄而帝廢，立齊王（恭帝），仍以綱爲中領軍，總宿衛」云。由此可知，禁衛軍的兵權仍掌握在領軍將軍手中，而尉遲綱以大將軍戎秩兼之。西魏天子自孝武帝入關起即已成爲宇文泰的傀儡，故泰能輕易命綱指揮禁兵戒備，俄而廢帝。需注意的是，綱傳謂綱改立恭帝之後，仍以中領軍總宿衛，此是因爲尉遲綱去年始兼領軍將軍，並非正拜，資格尚淺，故正拜爲中領軍，至三年後北周建國始爲小司馬——即領軍將軍，本傳所謂「孝閔帝踐阼，綱以親戚改掌禁兵，除小司馬」者是也。據此，可知改制之時，領軍將軍改名爲小司馬，應無需贅辯。

第二次政變發生於魏恭帝三年（556）底，宇文護擁立泰子覺而篡魏建周。起因是此年十月宇文泰突然薨於北巡途中，事起倉促，內部緊張，其侄宇文護爭得權力後乾脆擁覺篡魏，以免夜短夢長。其間之複雜情況，前揭〈從督軍制、都督制的發展論西魏北周之統帥權〉篇已析論之。要之，史謂「自太祖（宇文泰）爲丞相，立左右十二軍，總屬相府。太祖崩後，皆受護處分，凡所徵發，非護書不行。護第屯兵禁衛，盛於宮闕。事無巨細，皆先斷後聞」，〔註87〕顯示宇文護已繼泰切實掌握軍令權，是以此處僅欲略析宇文護專權之

〔註87〕見《周書・晉蕩公護列傳》，卷十一，頁 168。

後，北周軍權與大冢宰、大司馬間的一些制度施行問題。

　　據《周書・文帝下》，魏恭帝三年正月「初行周禮，建六官。以太祖（宇文泰）爲太師、大冢宰，柱國李弼爲太傅，大司徒趙貴爲太保，大宗伯獨孤信爲大司馬，于謹爲大司寇，侯莫陳崇爲大司空」。亦即宇文泰、趙貴等人分任天、地、春、夏、秋、冬六官，而其中以獨孤信爲大司馬。翌年正月宇文覺即周天王之位後，改趙貴爲太傅・大冢宰，大司馬獨孤信爲太保・大宗伯，而以柱國大將軍護爲大司馬，表示其間出現了一些問題。按《周禮》，軍事權屬於夏官大司馬，然而宇文泰既以大冢宰・都督中外諸軍事總統二十四軍，並總領其他五府，是則起碼軍政事務大司馬須得請示於大冢宰，而二十四軍亦不由其指揮，簡言之就是此時的大司馬但有軍政權而無軍令權。此就是當日宇文泰得以直接指揮尉遲綱的原因。及至宇文泰死後，諸將頓失霸主，其時小司空宇文護雖受顧命，超拜柱國，然「而名位素下，羣公各圖執政，莫相率服」，幸得于謹之支持而情勢乃定。〔註88〕不過，宇文護畢竟是不執掌兵權的大司馬，以故宇文覺（孝閔帝）即位後尋即將大司馬獨孤信改爲大宗伯，而以護爲大司馬，掌握兵權以輔政。蓋不掌兵權的六官中任何一卿，其實皆爲行政長官而已，所以史謂「初，（趙）貴與獨孤信等皆與太祖等夷，及孝閔帝即位，晉公護攝政，貴自以元勳佐命，每懷怏怏，有不平之色，乃與信謀殺護。及期，貴欲發，信止之。尋爲開府宇文盛所告，被誅」；「趙貴誅後，信以同謀坐免。居無幾，晉公護又欲殺之，以其名望素重，不欲顯其罪，逼令自盡於家」。〔註89〕按：獨孤信與趙貴皆爲當年各領兩員大將軍之柱國大將軍，之所以約定與趙貴共謀殺護而又臨事止之，稍後自己也被逼自盡也者，蓋因此時二十四軍總屬於護，其自己亦已卸下大司馬而失去軍政權故也。不過，獨孤信被逼自盡之前，孝閔帝已將宇文護改任爲大冢宰，仍總諸軍，而將護之副貳——小司馬——賀蘭祥進位柱國，遷爲大司馬。或許因「祥與護中表，少相親愛」，誅趙貴時又曾出力，二人可以合作無間之故。無論如何，宇文護欲效法叔父宇文泰般以大冢宰執政，又不欲將大司馬之官委於其他與泰等夷的柱國前輩，是以乃作此安排，要之自後「軍國之事，護皆與祥參謀」則爲當時事實。〔註90〕

〔註88〕詳《周書・于謹列傳》，卷十五，頁249。
〔註89〕二人俱列於《周書》卷十六，其事分見頁263、267。
〔註90〕詳《周書・賀蘭祥列傳》，卷二十，頁337。

　　第三次政變發生於周孝閔帝元年（557）——即誅貴、信之同年——九月。
〈孝閔紀〉是月扼載其事云：

> 　　帝性剛果，見晉公護執政，深忌之。司會李植、軍司馬孫恆以
> 先朝佐命，入侍左右，亦疾護之專，乃與宮伯乙弗鳳、賀拔提等潛
> 謀，請帝誅護。帝然之。又引宮伯張光洛同謀。光洛密白護，護乃
> 出植為梁州刺史，恆為潼州刺史。鳳等遂不自安，更奏帝，將召羣
> 公入，因此誅護。光洛又白之。

> 　　時小司馬尉遲綱總統宿衛兵，護乃召綱共謀廢立。令綱入殿
> 中，詐呼鳳等論事。既至，以次執送護第，並誅之。綱仍罷散禁兵，
> 帝方悟，無左右，獨在內殿，令宮人持兵自守。護又遣大司馬賀蘭
> 祥逼帝遜位。遂幽於舊邸，月餘日，以弒崩，時年十六。植、恆等
> 亦遇害。

而《周書‧晉蕩公護列傳》所載則較詳：

> 　　拜大冢宰。時司會李植、軍司馬孫恆等，在太祖之朝，久居權
> 要。見護執政，恐不見容。乃密要宮伯乙弗鳳、張光洛、賀拔提、
> 元進等為腹心，說帝曰：「護誅（朝）〔趙〕貴以來，威權日盛，謀
> 臣宿將，爭往附之，大小政事，皆決於護。以臣觀之，將不守臣節，
> 恐其滋蔓，願早圖之。」帝然其言。鳳等又曰：「以先王之聖明，猶
> 委植、恆以朝政，今若左提右挈，何向不成。且晉公常云我今夾輔
> 陛下，欲行周公之事。臣聞周公攝政七年，然後復子明辟，陛下今
> 日，豈能七年若此乎。深願不疑。」帝愈信之。數將武士於後園講
> 習，為執縛之勢。

> 　　護微知之，乃出植為梁州刺史，恆為潼州刺史，欲遏其謀。後
> 帝思植等，每欲召之。護諫曰：「天下至親，不過兄弟。若兄弟自搆
> 嫌隙，他人何易可親。太祖以陛下富於春秋，顧命託臣以後事。臣
> 既情兼家國，寔願竭其股肱。……且臣既為天子兄，復為國家宰輔，
> 知更何求而懷冀望。伏願陛下有以明臣，無惑讒人之口。」因泣涕，
> 久之乃止。帝猶猜之。鳳等益懼，密謀滋甚。遂克日將召羣公入醼，
> 執護誅之。

> 　　光洛具以其前後謀告護，護乃召柱國賀蘭祥、小司馬尉遲綱
> 等，以鳳謀告之。祥等竝勸護廢帝。時綱總領禁兵，護乃遣綱入宮，

召鳳等議事，及出，以次執送護第。因罷散宿衛兵，遣祥逼帝，幽
於舊邸。於是召諸公卿畢集，……羣臣咸曰：「此公之家事，敢不惟
命是聽。」於是斬鳳等於門外，并誅植、恆等。尋亦弒帝。迎世宗
於岐州而立之。

由此看來，宇文護的確是因效法宇文泰以大冢宰全權執政而招忌，可以無疑。
只是孝閔帝欲誅護，所倚仗的僅是宮伯，〔註91〕不過根據此兩段引文所見，
確知孝閔帝因不能親統二十四軍，又不能透過司會（屬天官）李植、軍司馬
（屬夏官）孫恆等人指揮禁衛軍，故欲單靠宮伯——即領左右——的宮衛兵
以誅除宇文護也。從帝「數將武士於後園講習，爲執縛之勢」，政變發生時帝
「無左右，獨在內殿，令宮人持兵自守」，以及侍衛被小司馬尉遲綱逐行罷散
的狀況看，孝閔及其二宮伯可謂是勢單力孤，不足以成事。

又從政變前夕「護乃召柱國賀蘭祥、小司馬尉遲綱等，以鳳謀告之。祥
等竝勸護廢帝。時綱總領禁兵，護乃遣綱入宮，召鳳等議事，及出，以次執
送護第」之事可以推知，大司馬賀蘭祥已如宇文泰專權時般只掌軍政，〔註92〕
而以小司馬尉遲綱實際統禁兵，並奉護令實行政變。由此可知，孝閔帝臨朝
的短短九個月間，似曾因大司馬宇文護的關係而極短暫遷調賀蘭祥爲小司
馬，稍後宇文護改任大冢宰，升賀蘭祥爲大司馬，遂將也是表親而且曾任中
領軍典宿衛的尉遲綱回任，上文所謂「小司馬尉遲綱總統宿衛兵」者是也，
於是三表親密切掌握兵權以廢帝。亦由此可知，小司馬此時所總統之宿衛
兵，實爲北魏孝文帝改制以來的二衛府禁衛兵以及領左右府之宮衛兵，以故
尉遲綱乃能以上司身分「入宮召鳳等議事」。這也同時表示，西魏領軍將軍
仍舊總統二衛將軍以及領左右，同於北魏與北齊之制，只是六官制行後，領
軍將軍易名爲小司馬，從直隸於天子而改隸於依令爲最高軍事長官的夏官大
司馬；但因此時霸府專政，以故小司馬直接聽軍令於大冢宰宇文護，其制度

〔註91〕正文前引文提及「宮伯乙弗鳳、賀拔提等」二人，加上宮伯張光洛則是三人，
　　　　而後引文除此之外尚提及元進等一人，是則共有四人。據《周禮‧天官冢宰》
　　　　載「宮伯中士二人」，其後《周書》紀傳所見亦常爲左右宮伯二人，隋初置左、
　　　　右領左右大將軍也是二員，是則恐怕乙弗鳳、張光洛之外的二人並非宮伯，
　　　　而是其他內侍之臣。請參表二。
〔註92〕如前揭〈賀蘭祥墓誌〉載其任大司馬後，「公左提右契，盡力毗贊，發踪指授，
　　　　實居其首。是以內外謀謨，軍國兩政，公之所發，每得厥衷。主相憑倚，百
　　　　寮屬望。……銓授文品，量敘戎將，德者無言荷恩，□者亦無怨色」（頁246）。
　　　　始終未提及軍令指揮。

與實際之差異可以明矣。由是可知，宇文護之所以能輕易誅除柱國大將軍趙貴與獨孤信，又能召集大司馬賀蘭詳謀議廢帝，復能輕易罷散禁兵，皆與其實際掌握霸府兵權有關；反之，六官建後，先後作為大司馬的獨孤信與賀蘭祥均無軍令權，此亦足以旁證充任六官之不論任何一官，在霸府體制之下，平時但僅領政而已。

六、周武帝的軍事改革與侍衛體制的變化

西魏至北周乃至隋初約三十年間，制度改易可說劇烈而頻繁，宇文泰仿《周禮》建六官固然有其特殊之政治目的，其後周武帝的改制亦然，至於其子宣帝的改易則不然，殆與妄自尊大的心理有關。《北史‧盧同列傳‧盧辯附傳》略載三主的改革云：

> 初，周文（宇文泰）欲行周官，命蘇綽專掌其事。未幾而綽卒，乃令辯成之。於是依周禮建六官，革漢、魏之法。以魏恭帝三年（556），始命行之。……自茲厥後，世有損益。……（周武帝）建德元年（572），改置宿衛官員。……四年，又改置宿衛官員。其司武、司衛之類，皆後所增改。……而典章散滅，弗可復知。宣帝嗣位（578），事不師古，官員班品，隨情變革。……朝出夕改，莫能詳錄。

按：宇文泰仿《周禮》改制之意起於大統中，分由蘇綽、盧辯先後主其事，史謂「大統中，乃命蘇綽、盧辯依周制改創其事，尋亦置六卿官，然為撰次未成，眾務猶歸臺閣。至是始畢，乃命行之」是也。所謂「至是」，是指迄至西魏廢帝三年（554）正月始作九命之典，又至恭帝三年（556）正月始初行天（大冢宰）、地（大司徒）、春（大宗伯）、夏（大司馬）、秋（大司寇）、冬（大司空）六官制之時也。於兩者施行之間，宇文泰廢魏廢帝而立恭帝，復依「魏氏之初，統國三十六，大姓九十九，後多絕滅。至是（恭帝元年），以諸將功高者為三十六國後，次功者為九十九姓後，所統軍人，亦改從其姓」的舊俗改制，〔註93〕也可視之為「返祖」改制，用以建立由其本人擔任類似大可汗、諸將擔任類似可汗或酋長的胡族軍事同盟。顯示宇文泰欲乘魏文帝崩後不久、魏廢帝初廢之威，無視於魏朝尚在，而急欲推行去魏化的新政策新制度，以成其於朝廷之外另樹勢力組織之素志也。

〔註93〕兩段引文俱見《周書‧文帝下》，卷二，頁 36。

據《周禮‧春官宗伯第三》所載「上公九命爲伯，……侯伯七命，……子男五命，……王之三公八命，其卿六命，其大夫四命」之文，〔註94〕反觀宇文泰施行之制，則新制戎秩之柱國大將軍、大將軍正九命，以次遞降至都督七命，蓋仿於姬周上公侯伯等諸侯層級；六官以下之上、中、下大夫，蓋仿於姬周的卿大夫層級。不過，姬周各級諸侯與天王共有天下而不擔任王朝之官，王朝之政實由各降諸侯一命的王朝卿大夫實際典領，而宇文泰新制雖也模仿此規劃，六官以下至下大夫之命秩雖皆各降於柱國、大將軍等戎秩，但六官以下至下大夫的官職卻均由柱國、大將軍等帶戎秩諸將出任，俾以實際領政，使政、軍關係更密切，與姬周「天王──諸侯」的封建制度大不相同。筆者對此曾作研究，以爲宇文泰的新制，其實更接近北族「盟主──部酋」的部落聯盟體制，尤其軍制更接近宇文泰匈奴本族全盛時的「單于──王長」制，故稱其爲「外周內胡封建部落體式」。〔註95〕

此封建部落體式被陳寅恪先生批評爲「不驢不馬」，就制度而言庶或可以，但若就功效而言則恐不盡然。因爲匈奴全盛時單于掌握最高統帥權，平時實際領兵者則爲合稱爲二十四長的萬騎，此正符合宇文泰之需要，故新制下的柱國大將軍平時在朝領三公六卿之政而不實際領兵，實際領兵的是二十四開府，所謂「自太祖爲丞相，立左右十二軍，總屬相府」，蓋即仿於此也。於是宇文泰在此體式之下，遂能建立霸府，掌握中央二十四軍以自成勢力，並用以收挾持西魏天子的功效，焉是不驢不馬的政治組織及軍事架構之可比。然而，此體式是一刀兩刃，雖可用以挾持西魏天子，但卻也適用於自家的權臣挾持自家的天子。制度之建立與運行本有其階段性，並無永恆的特質，宇文泰體制適用於霸府政治，卻不利於皇帝制度，因此宇文泰身死不久，北周從開國起即一再發生天子與權臣嚴重的廢弒鬥爭，實皆與此制有關，上舉政變諸例即可爲證，是故遂因此而被其子孫陸續修改，以致最終被隋文帝廢除。

宇文泰雖然「恆以反風俗，復古始爲心」，而欲「擯落魏晉，憲章古昔，修六官之廢典，成一代之鴻規」，〔註96〕因而建立六官而五府卻總於天官，二十四軍亦總於天官的霸府體制。但是其三個兒子周孝閔帝、明帝以及武帝，

〔註94〕見《周禮注疏‧春官宗伯第三》，卷二十一，頁0321。
〔註95〕詳本書之〈試論西魏大統軍制的胡漢淵源〉篇，及前揭拙著〈從督軍制、都督制的發展論西魏北周之統帥權〉之文。
〔註96〕見《周書‧文帝下》，卷二，頁37～38。

卻不甘大權旁落，急欲恢復皇帝制度；而此時之政治情況，則必以誅護而收回全軍統帥權作爲前提，是亦不言而喻也。孝閔及明帝既然不旋踵被弒，周武帝亦被監控至連一個近侍之任用也須取得宇文護的同意（詳後），則其更切於誅護以收回統帥權，以及整編與改革宮衛體制，蓋也可不喻而知。

在有關宮衛體制改制之中，「武伯」於《周禮》實無其官，「宮伯」則爲天官府而非夏官府之屬官。學界多認爲前者原爲北魏左、右二衛將軍之官，後者原爲領左右之官，而夏官之小司馬則原爲領軍將軍之官，此說大抵可以成立；只是宮伯爲何不依舊制隸屬於小司馬，小司馬如何漸失二衛府的統率權，大司馬如何漸失軍令權，則論之未審罷了。〔註97〕王仲犖撰《北周六典》，比較《周禮》之餘，將「武伯」列屬於夏官大司馬，而將「宮伯」列屬於天官大冢宰，雖稱合理，但筆者以爲，隋唐軍制源於周制多於齊制，若以隋初之《宮衛軍防令》方之，則隋軍制之所謂宮，其源蓋可溯於北周之宮伯乃至更早之北魏領左右制；衛則可溯於周武帝之新建天子六軍，以及較早之夏官府六率，乃至更早之北魏領軍府禁衛體制；軍則可溯於宇文泰所創的二十四軍制；防則可溯於西魏北周之州郡鎮防體制——亦即北魏之軍鎮體制。於茲僅論北周之宮、衛體制，蓋二十四軍之制筆者已曾析論過與前人頗不相同的看法，軍鎮體制則嚴耕望先生論之已詳故也。

北周宮伯、武伯之制今已不詳，只能從其警衛之制略推之。《隋書·禮儀七》載北周鹵簿警衛之制云：

> 後周警衛之制，置左右宮伯，掌侍衛之禁，各更直於內。小宮伯貳之。臨朝則分在前侍之首。……中侍，掌御寢之禁，……次左右侍，……次左右前侍，……次左右後侍，……左右騎侍，……左右宗侍，……。自左右中侍已下，皆行則兼帶黃弓矢，巡田則常服，帶短刀，如其長刀之飾。左右庶侍，掌非皇帝所御門閤之禁，……左右勳侍，掌陪左右庶侍而守出入，……諸侍官，大駕則俱侍，中駕及露寢半之，小駕三分之一。

> 左右武伯，掌內、外衛之禁令，兼六率之士。皇帝臨軒，則

〔註97〕張金龍提出六官制下之北周禁衛武官制度乃是對原有禁衛武官制度及宇文泰帳內宿衛制度加以變革的結果；並肯定北周禁衛武官制度與西魏時期宇文泰帳內親信制度有繼承關係（見前揭書，頁962～964）。此說富有啓發性與想像力，可惜並未就宇文泰帳內親信制度有何特色，與其他公府、軍府有何不同，哪些官職變爲哪些禁衛武官等進行論證說明，以故其說尚難成立。

備三仗於庭，……行則列兵於帝之左右，……左右小武伯各二人，
貳之，服執同於武伯，分立於大武伯下及露門之左右塾，行幸則加
錦袍。左右武賁率，掌武賁之士，……其副率貳之。左右旅賁率，
掌旅賁士，……左右射聲率，掌射聲之士，……左右驍騎率，掌驍
騎之士，……左右羽林率，掌羽林之士，……左右遊擊率，掌遊擊
之士，……。武賁已下六率，……各有倅長、帥長，相次陪列。行
則引前。……。凡大駕則盡行，中駕及露寢則半之，小駕半中駕。
〔註98〕

是則「掌侍衛之禁，各更直於內」的左右宮伯，確應是原來北魏領左右之職，
只是為了附合姬周宮伯置有二員之制，故北周將之分為左右各一，合而為二
而已。北周宮伯統有左右中侍、左右侍、左右前侍、左右後侍、左右騎侍、
左右宗侍、左右庶侍、左右勳侍等八類十六種「侍官」，〔註99〕此為北周之
「侍衛」——即內衛或宮衛——制度確可無疑。據此引文，則北周此侍衛制
度原為內衛，與魏齊及西魏之制稱為「備身」相仿，因為侍官之稱為「侍」，
即具有侍衛天子以為「備身」之意。又據《周禮・天官冢宰》所載，「宮伯
掌王宮之士庶子」，而未言此等士庶子皆為侍衛。至於北周，則諸侍官幾乎
盡是皇親國戚以及百官子弟，此即士庶子無異；或許《周禮》既有此文，於
是大冢宰宇文泰遂不顧領左右所統原隸於領軍府，性質為宮衛軍，而逕將之
改隸於天官府，直隸其屬下，使士庶子與宮衛軍相結合，以便指揮其監控天
子以及收百官質任之效。由此也可以知道，為何周武帝連任用一個侍官也須
徵得大冢宰宇文護的同意矣。

　　至於左右武伯，則是「掌內、外衛之禁令，兼六率之士」，蓋執行禁門
——露門——以外的宿衛，略如齊制二衛府之執勤於朱華閣外，故謂其是從
原來的左右二衛府演變而來。此官既「掌內、外衛之禁令，兼六率之士」，則
其性質為「禁衛」，而所統六率之士實為禁衛軍，亦可無疑。「侍衛」與「禁
衛」在史傳中俱可視為天子衛士，但二者最顯著之差別，厥為宿衛執勤時區

〔註98〕原文標點略有誤，如原文「左右旅賁，率掌旅賁士」，應為「左右旅賁率，掌
　　　　旅賁士」，蓋言六率所領之軍士也，今逕改。又，六率各有副率等軍官，其服
　　　　飾兵仗各不同，今省略之。
〔註99〕按：依文中侍似無左右之分，其實有。〈姬威墓誌〉：「大象元年授右內侍。」
　　　　（見《全隋文補遺》，西安：三秦出版社，2004.3，頁248～249）內侍即中侍，
　　　　避隋諱而改。既有右內侍，則應有左內侍，故共有十六種侍官。

位之不同。茲舉竇榮定之例以概之。榮定爲上柱國・太傅竇熾之侄，楊堅（隋文帝）的姊夫，起家西魏文帝千牛備身，戎秩累至上開府。周末楊堅爲相專政，乃以榮定「領左右宮伯，使鎮守天臺，總統露門內兩箱仗衛，常宿禁中」。〔註100〕可見露門即禁門，內外有別，其內由宮伯率其侍官所守，其外則由武伯領六率之士守之。

又據此引文，左右二衛府於六官制頒行時，原所統的「五直屬官」消失了，或許已改編入諸侍，或許改編入六率，已不可詳。蓋五直屬官均爲天子近衛，在北魏與內衛其實皆可稱爲侍官。如今若是將之改編入新制「侍官」，則是內衛與近衛合一，觀《隋書・禮儀七》所載之諸侍宿衛位置，此可能性極大；若是改編爲六率之「士」，則蓋指一般禁衛軍士而言。此爲宮衛體制之第一步重要改革，可使宮、衛二系劃分得更清楚。要之五直屬官的建制在西魏頒行六官制之後已撤銷，遂爲以後隋煬帝及唐太宗十二衛制所本。

至於六率，是指各分左、右置的武賁、旅賁、射聲、驍騎、羽林、遊擊六支不同軍號的禁衛軍主帥而言。後來隋煬帝、唐太宗之頒授十二衛軍號亦仿於此。不過更值得注意的是，六率統於左、右武伯，但原左、右二衛將軍之頂頭上司領軍將軍，卻於上述警衛之制中了無痕跡，與北齊警衛之制明顯不同。按：北齊警衛之制亦見於《隋書・禮儀七》，該志載云：

> 齊文宣受禪之後，警衛多循後魏之儀。及河清中定令，宮衛之
> 制，左右各有羽林郎十二隊。……又左右各武賁十隊，……在左者
> 皆左衛將軍總之，在右者皆右衛將軍總之，以備警衛。其領軍、中
> 領將軍，侍從出入，則著兩襠甲，手執樨杖。左右衛將軍、將軍則
> 兩襠甲，手執檀杖。

是則魏齊警衛之制，左、右二衛將軍分統左、右兩廂禁衛軍以備警衛，而其頂頭上司領軍將軍則手執樨杖侍從出入，以爲總指揮。此與北周警衛之制未見領軍將軍作爲總指揮的情況大不相同。

據上分析，即使在西魏北周之際已將領軍將軍改爲小司馬，但小司馬初時仍爲「總統宿衛兵」之官，是則恐怕在新制落實施行後已失去禁衛軍統率權。筆者以爲，較可能的解釋是，宇文護用賀蘭祥與尉遲綱廢孝閔而立明帝之後不久，分命賀蘭祥統兵出征吐谷渾，以及外調尉遲綱出鎮隴右，二人既

〔註100〕參《隋書・竇榮定列傳》，卷三十九，頁1150。

外放，對在京本職自不能兼顧，因而護遂對大、小司馬之職權作了調整，自後二職掌管軍政而不掌軍令，以免對己之統帥權有所牴牾。觀此後擔任大、小司馬之人，除了楊堅（隋文帝）欲專權簒位之外，行事多與禁衛軍無關，鄺說或許可以成立。又，楊堅與其子楊勇皆於周末曾先後擔任大司馬，簒周建隋後，隋文帝雖置有左、右領軍府，但其職責主要是「各掌十二軍籍帳、差科、辭訟之事。不置將軍。唯有長史，司馬，掾屬及錄事，……又置明法，隸於法司，掌律令輕重」，〔註101〕亦即專掌軍政以及軍法，失去了魏齊制度下禁衛軍最高長官的職權與地位，僅為開皇軍制平頭的十二衛之一而已，可謂淵源有自。

　　鄺說若然，則宇文護專權下之北周宮衛體制，大、小司馬已排出軍令系統之外，〔註102〕而武伯以及宮伯，則直隸於霸府統率指揮，如二十四軍然。據《周書‧宇文孝伯列傳》所載，謂孝伯為宇文泰族子，因其生日與周武帝同日，又甚為宇文泰所愛，養於第內；及長，復與武帝同學，是以與武帝關係尤為親密。然而武帝即位後，「欲引置左右。時政在冢臣（指大冢宰宇文護），不得專制，乃託言少與孝伯同業受經，思相啟發。由是晉公護弗之猜也，得入為右侍上士，恆侍讀書」云。是則連一個右侍之任命也需經宇文護點頭同意，則宮、衛二系被其切實掌控，自可不言而喻。觀此宮衛體制，已與當年宇文泰建置二十四軍時期，配屬軍人番上入宿，仍由領軍府指揮的情況已不相同，而與更早之時，北魏宣武帝詔令領軍將軍于烈調撥虎賁三百人配屬直閤叔孫侯，使之追執咸陽王元禧的情況亦不相同矣。

　　根據上述之記載與分析，筆者以為此時內衛與近衛合於一，而整編為新制「侍官」的可能性極大。若然，則筆者於此不妨試作進一步推測。

　　按：北魏原本置有宗子、庶子兩軍，若方諸上述八類十六種侍官，則左右宗侍、左右庶侍或可當之，若加上左右勳侍，則周末出現的宗衛、親衛、勳衛之制當與此有關，而隋唐由皇親國戚及百官子弟組成的內府親、勳、翊「三侍」或「三衛」，其淵源殆可溯之於此；只是此三衛在隋唐時為中央十二衛體制之一，東宮侍衛體制亦置之，而王仲犖將之僅列為東官官屬，顯然並

〔註101〕詳《隋書‧百官下》左右領軍府條，卷二十八，頁778～779。
〔註102〕據《隋書‧房陵王勇列傳》，謂楊堅「輔政，立為世子，拜大將軍、左司衛，封長寧郡公。出為洛州總管、東京小冢宰，總統舊齊之地。後徵還京師，進位上柱國、大司馬，領內史御正，諸禁衛皆屬焉。高祖受禪，立為皇太子」（卷四十五，頁1229）。此為易祚前之特例，非常制也。

不盡然。〔註103〕至於左右中侍、左右侍、左右前侍、左右後侍,各依侍衛御寢時的執勤崗位作區分,〔註104〕與魏齊定制的領左右府四支備身系統略有異同,其原因蓋與五直屬官之併入有關。僅有剩下的左右騎侍,或許與早期「來大千常著御鎧盤馬殿前」之騎馬近侍系統有關,本書前篇論幢將時已述之。值得注意的是,北周禁衛軍六率既已頒予軍號,則似乎平時已配置直屬常備部隊,不過也可能是二十四軍番上時之番號,此事似需從上述諸侍官,乃至後來周武帝改諸軍士爲侍官的情況觀察,始可能會獲得多一些瞭解。

關於西魏至北周宮衛官轉遷的情況,〈蘇慈墓誌〉頗有較完整的記載:

> 後魏初,起家右侍中士。……周明革運,授中侍上士。天和二年,授右侍上士。四年,授都督,……五年,治大都督,領前侍兵。六年,授正大都督,仍領前侍兵。公久勞禁衛,頻掌親兵,……七年,授左勳衛都上士。……建德……四年,授持節、車騎大將軍、儀同三司、大都督,領骨附禁兵。……其年,改領左侍伯禁兵。……宣政元年,授前侍伯中大夫。其年,授右侍伯中大夫。其年,周宣帝授右少司衛中大夫。大象元年,授司衛上大夫。……〔註105〕

據此誌,蘇慈之祖父曾任北魏黑城鎮主,應是鎮將;父爲西魏驃騎大將軍·開府儀同三司,封開國公,應是宇文泰霸府直轄的二十四軍大將,故墓誌謂其有「立事建功」云云,是則蘇慈乃爲將門功臣子弟,以門蔭起家授西魏的右侍中士。從周初以至周亡,蘇慈長期於中侍、前侍、勳侍(勳衛)、右侍間轉遷,職位則由中士遷上士而遷中大夫,周亡前已授司衛上大夫,相當於魏制的左右二衛將軍。其間曾以戎秩軍將領「前侍兵」,爲天子之「親兵」,蓋諸侍本就屬於天子之內衛親兵官也。諸侍不可能但有官而無兵,於此可證諸侍名下實各有所屬部隊,只是諸侍官之部隊果從何來,是其平時的常備部隊

〔註103〕王仲犖將宗衛、親衛、勳衛僅列爲東官官屬,可參其《北周六典·東宮官屬》類。根據周隋二書諸傳以及一些石刻史料,此三衛實仍西魏北周之制,多由皇親國戚及百官子弟所組成,正文所引之竇榮定、蘇慈蓋可作爲縮影。

〔註104〕前引《隋書·禮儀七》載北周鹵簿警衛之制,謂左右宮伯掌侍衛之禁,各更直於內:中侍,掌御寢之禁;次左右侍,陪中侍之後;次左右前侍,掌御寢南門之左右;次左右後侍,掌御寢北門之左右。左右騎侍,立於寢之東西階,列左右侍之外。詳細可參該志,不贅引。

〔註105〕墓誌載於韓理洲輯校之《全隋文補遺》(西安:三秦出版社,2004.3)卷三,頁193〜194。按:蘇慈字孝慈,入隋累官九卿、六尚書、州總管,仁壽元年薨於交州道行軍總管之任。

抑或宿衛時所配屬的部隊？此則記載稀少，難以確考而已，可能周武帝改制前由二十四軍配屬而成，改制後則爲常備，請容下詳。

根據王仲犖的研究，諸侍官附於左右宮伯中大夫之下爲其屬官。左右宮伯本部均有小宮伯下大夫爲之副，另有正三命之宮伯都上士。筆者以爲，宮伯本部的上士之所以稱爲「都」，是因諸侍均爲士級之官：除了左右中侍、左右侍也是正三命之上士外，左右前侍、左右後侍爲正二命之中士，其餘諸侍則皆爲正一命之下士，因此稱本部正三命之上士爲「都」以作區別也。至於「侍伯」之名，亦頗見於王仲犖的引用，但卻未作解釋；實則「伯」有「長」之義，故「左侍伯」應即爲左侍禁兵之長。大抵周武帝於建德元年改置宿衛官員，三年改諸軍軍士並爲侍官，四年又改置宿衛官員之時，「侍伯」之官由是創置。蓋諸軍軍士既已並爲侍官，則必會導致侍官兵員大增。此等侍官兵員雖也屬於「禁兵」──但究其實則仍是禁衛軍，並非天子原有的貼身帶刀侍官，觀前引《隋書·禮儀七》記載六率之士執勤時，持鈒以爲仗衛而不帶刀劍，即可知之。由是當周武帝改置宿衛官員時，遂創置前後左右侍伯爲之長，稱之爲伯，不過一如宮伯、武伯之例耳。前後左右侍伯位中大夫，本部亦有小侍伯下大夫爲之副，另置有正三命侍伯上士、正二命侍伯中士，〔註106〕略同於宮伯。侍伯設置於建德元年，大抵先籌置此官，然後始將諸軍軍士改爲侍官而分隸之，故前後左右侍伯所領的禁兵，當與宮伯所領之宮衛諸侍關係不大，〔註107〕但卻可窺見二十四軍的建制開始發生變化，漸改爲「以衛領軍」之制。

此變化誠值注意，《周書·武帝紀》上及下概略記載此事（《北史·高祖武帝紀》同）云：

> 天和……五年（570）……三月……甲辰，初令宿衛官住關外者，將家累入京，不樂者，解宿衛。……

> 建德元年（572）……六月庚子，改置宿衛官員。……三年……十二月戊子，大會衛官及軍人以上，賜錢帛各有差。……丙申，改

〔註106〕王仲犖因疑侍伯之統屬，將「前侍伯」別置於「六官餘錄」類，其實彼所述即兼有左、右、前等侍伯。諸侍伯位爲中大夫，詳其《北周六典》，頁511～512。

〔註107〕張金龍推斷左右侍伯設置於建德元年，應是；但謂「北周後期的侍伯與北周前期的宮伯系統具有繼承關係」，其後又謂宮伯與侍伯並置「詳情難明」，復謂侍伯「可能是仿宮伯諸侍而設」云云，不知其究竟表達何意。參其前揭書，頁977～978。

諸軍軍士並爲侍官。……癸卯，集諸軍講武於臨皋。……四年……
二月……辛卯，改置宿衛官員。

據此可知，周武帝在天和五年三月已開始改革宿衛制度，命令家住關外的宿
衛官必須長住京師。此時宇文護在同州霸府之大本營專政，對武帝集中宿衛
官於京師之背後意圖似乎失察，竟然予以同意及發令。及至天和七年（即建
德元年）三月護自同州還京，武帝乘其入殿朝太后時暴起誅之，遂收回統帥
權以親政，然後於三個月後立即著手改置宿衛官員。武帝此年之改置宿衛官
員，恐與配合兩年之後改諸軍軍士並爲侍官的重大改革有關，是以改諸軍軍
士並爲侍官前八日，武帝大會衛官及軍人以上，並賞賜以錢帛，後七日又大
集諸軍講武，皆爲安定軍心，振奮士氣之舉，難怪本紀稱「帝沉毅有智謀。
初以晉公護專權，常自晦迹，人莫測其深淺」。

此時值得留意的是，宿衛官已見有「衛官」之稱，也就表示「號令懇惻，
唯屬意於政」的武帝，已開始將禁衛體制改革爲「以衛領軍」之制。筆者以
爲，此時之所以出現「衛官」之名，當與左右武伯原本是「掌內、外衛之禁
令」之官有關，而且內、外衛合一後，先前的「宮衛」與「禁衛」更是名正
言順地合爲天子之侍衛，以致武帝即以「衛官」稱之。

由於周武帝之改置宿衛官員以及改編諸軍軍士並爲侍官，是以導致侍官
兵員大增，據《隋書・食貨志》載云：「建德二年（應是三年之誤），改軍士
爲侍官，募百姓充之，除其縣籍。是後夏人半爲兵矣。」〔註108〕可見此次重
大軍事改革，目的不僅是爲了擴軍，更是爲了將全軍改爲具有侍官性質的侍
衛軍，直接與天子產生軍事關係。換言之，其目的就是爲了遂行全軍的侍衛
化以及國家化，使軍人不須改從主帥之姓，也不再是霸府的軍隊，直接由部
落兵與霸府軍之性質，改變爲天子之禁軍以及國軍也。此爲中國歷史上之創
舉，其後雖經隋唐改良，但全軍侍衛化以及國家化的色彩並未消失，以故拙
著《隋唐中央權力結構及其演進》稱十二衛爲侍衛體制也。此爲宮衛體制之
第二步重大改革，使宮、衛二系一律併爲侍衛，至隋唐皆稱爲衛士，俾衛官
統率衛士一體化而爲常備體制，終成「以衛領軍」的一代大制。

既然已「夏人半爲兵」矣，則周武帝以後的軍隊，必是兵力龐大的地面
部隊，觀周武帝兩三年後伐齊的兵力，乃至隋文帝利用此軍事遺產迅速平定
南朝，應可信焉。按：魏周府兵制之二十四軍實際上由開府府及儀同府統領，

〔註108〕見《隋書・食貨志》，卷二十四，頁680。

而開府例加侍中、儀同例加散騎常侍，俱爲天子法定的內侍之臣，故其所統之兵無異亦爲廣義的侍衛兵。武帝在此基礎之上進一步改革，使宿衛官皆爲「衛官」，而「諸軍軍士並爲侍官」，遂致全軍名正言順的成爲侍衛軍。此改革雖大但卻並不太難，情況也不難理解；只是如此龐大兵力的部隊勢必使領兵機構數目隨之增加，而各主帥的地位也會因之而調整，此爲較難之創制，但卻正是周武帝以至隋唐府兵制接續的改革發展方向。

根據王仲犖的研究，建德以後武伯一官消失了，[註109] 而卻出現了左右司衛、左右司武，乃至也是中大夫級而不明統屬的侍伯、勁節、勇猛、英果、雄俊、折衝、振威、熊渠、伩飛等等武官，恐怕就是武帝於崩前短短四五年間，爲了因應兵力急遽擴充，以及府兵侍衛化與國家化之必然後果。只是侍伯、勁節、英果等等武官體系建制不詳，而楊堅易朝後亦告消失，只有左右司衛、左右司武與及左右武候常制化，成爲隋唐府兵制中央十二衛府之建制而已。

據此可推，周武帝應是懲於宇文護之專權，乃將諸軍軍士改編爲侍官，並採分散原則整編成此類既是衛官機構，又是部隊總部，而其長官皆位爲中大夫，屬下也多置有士級屬官的體制，只是史文缺略而未備見罷了。筆者以爲，此類領兵機構長官，地位既與宮伯平等，因此必不隸屬於宮伯中大夫統領的宮衛系統；依照禁衛體系原先隸屬於領軍府的舊制觀察，殆應隸屬於領軍將軍改名後的小司馬，或許逕就直接隸屬於小司馬的頂頭上司夏官大司馬。蓋大司馬掌軍事以維持邦國之安全與秩序，乃是《周禮》明定之職責，而小司馬則爲其副貳，盡管大、小司馬雖已失去軍令權，但大司馬府畢竟於法仍爲最高軍事機關，以故此諸機構總部仍須接受大司馬府的軍政督導。此理若明，則知所以武帝之弟齊國公（後封齊王）憲因與宇文護親善，爲護所委任，授大司馬，治小冢宰事，及護誅，武帝「詔憲往護第，收兵符及諸簿書等」——表示軍令權的確已不在大司馬之手。稍後，武帝「猶以（憲）威名過重，終不能平，雖遙授（憲時在汾州前線督軍抗齊）冢宰，寔奪其權也」

〔註109〕或有論者舉〈李椿墓志〉載椿於「大象元年入爲左少武伯下大夫。二年累遷上儀同大將軍左司武中大夫」之例，質疑王仲犖此說（見羅新等前揭書，頁436～437）。按：此爲孤證，且論者亦已指出墓志所載頗有問題，筆者也以爲大象元年仍有武伯之官，翌年即改爲司武，於整個制度發展脈絡不符，故肯定其爲撰志者將「左少司武」寫成「左少武伯」之筆誤，仍以王仲犖之說爲是。

——表示以遷調方式奪其軍政權。至於誅護有功的另一弟衛國公（後封衛王）直，亦因素來搖擺於武帝與護之間，「及護誅，帝乃以齊王憲爲大冢宰。直既乖本望，又請爲大司馬，意欲總知戎馬，得擅威權。帝揣知其意，……乃以直爲大司徒」，而另轉個性柔謹、清愼自守的大司寇陸通爲大司馬。所謂大司馬「總知戎馬」，在此武帝「既誅宰臣，親覽朝政」，收回統帥權之時，當指大司馬掌知全般軍政而言耳，﹝註110﹞殆可無疑。

至此，需要進一步探究的是，原先「掌內、外衛之禁令，兼六率之士」的禁衛軍實際領兵主帥左、右武伯，及其六率部隊，在周武帝上述改革之下有何變化發展。

按：自頒行六官制以來大司馬即爲六官之一，所屬左右武伯也應同時建制，決非遲至周武帝保定五年（565）始置左右武伯中大夫。﹝註111﹞假若領軍將軍已改編爲小司馬上大夫，則其原屬之禁衛軍統兵主體左、右二衛將軍當即就是改名後的左、右二武伯中大夫，所統的羽林、虎賁則整編爲六率。當時六率殆疑置有正四命的下大夫長官。﹝註112﹞六率除了羽林、武賁（即虎賁，唐避李虎之諱改）兩率仍保留原軍號之外，其他四率概以晉宋禁軍之旅賁、射聲、驍騎、遊擊爲號，並仍沿魏齊之制掌衛禁門以外。六率在周武帝改革時已見置有中大夫之官，極可能爲「改諸軍軍士並爲侍官」之前先提高六率的命秩，以與擴編侍伯等中大夫同作準備也。並且，六率之軍號至周末也仍

﹝註110﹞ 分詳《周書》齊煬王憲（卷十二，頁190）、衛剌王直（卷十三，頁202）、陸通（卷三十二，頁559）各傳。

﹝註111﹞ 王仲犖於正文引《周書‧武帝上》該年五月條作此陳述，但其自注之文則舉證歷歷，謂王謙於孝閔帝踐祚時治右小武伯，豆盧勣於周明帝時爲左武伯中大夫，王慶於保定二年授左武伯等等，皆爲保定五年以前之事，故其說可謂自我矛盾。詳前揭書，頁370～372。

﹝註112﹞ 據〈段威及妻劉妙容墓志〉，載威於大統三年沙苑之役被俘後，宇文泰置之爲帳內都督，此後累遷爲旅賁大夫，「周受禪，轉虎賁大夫」，遂引起論者之質疑（詳羅新等前揭書，頁449～450）。又，《隋書‧豆盧勣列傳》明載其兄豆盧通「在周，少以父功，……尋授大都督，俄遷儀同三司。大冢宰宇文護引之令督親信兵，改封沃野縣公，邑四千七百戶。後加開府，歷武賁中大夫、北徐州刺史」（卷三十九，頁1158）。按：六官行後，正五命之武伯中大夫若直轄正三命之六率，此在軍隊建制上是相當突兀之事，竊疑兩者之間應有正四命之下大夫。或許段威於初期所任之旅賁、虎賁均爲下大夫，而豆盧通於宇文護被殺、武帝親政前後所任的是中大夫。蓋武帝誅護後尋即改元建德，同年遂著手改置宿衛官員，至四年又第二次改置宿衛官員，是則豆盧通約在建德改制後歷武賁中大夫，其事應可信。

未撤銷，〔註113〕顯示六率體系一直存在，並已升為中大夫級，只是史書記載稀缺罷了，而侍伯、勁捷等則是武帝所增編，使之與六率並存而構成侍衛諸軍。

上述諸軍的主帥既已建制為中大夫，則原是中大夫的左右武伯勢必需要調整。按：建德改制以後，左右武伯之官不復見於史傳。此後屢見之官則為司武、司衛以及武候等官，竊疑或許與武伯之官的調整有關。

於此先論左、右司武。

王仲犖將司武與及上述侍伯、勁捷等官皆列於「六官餘錄」類，以疑其統屬不明。其實王氏於其左右司武上大夫條中，先引《北史‧盧同列傳》謂「司武、司衛之類，皆後所增改」，復引《通鑑》陳宣帝太建六年（574，周武帝建德三年）七月條胡注，謂「周建六官，已有大司馬，司武蓋其屬也」之言，而不信《唐六典》太子左右衛率府條所記謂司武、司衛均是東宮官之說；並且，王氏以或然語氣，謂建德改制之際，「或改武伯大夫為司武大夫也」。其所持之理由，一是建德改制以前無司武之官名，二是引〈孔神通銘〉謂神通曾於天和六年轉司武羽林都督，「蓋武伯大夫下有左右羽林率，孔神通以都督領羽林兵，隸司武」云。所判斷差是，只是因慎言其餘而不敢確定罷了。不過，王氏注謂尉遲運於建德中為司武中大夫，因有平定衛王直之功，「故宣政元年，特置司武上大夫，仍以運為之」之說，則殆可再商榷（詳下），蓋因六率、侍伯、勁捷等官皆已置為中大夫矣，何故原為六率上司的武伯中大夫，級別竟然紋風不動，要晚至宣政元年始特置？其究竟需與左、右司衛合論始能明。

次論左、右司衛。

王仲犖將司衛列於「東宮官屬」類，蓋因其雖不信《唐六典》太子左右衛率府條所記謂司武是東宮官，但卻認為「司衛蓋由左右二衛率所改而置」，以故將之列為東宮官。按：所謂「司衛蓋由左右二衛率所改而置」，王氏並未舉實證，其理據只是根據晉宋南北朝及唐代東宮皆置有左右二衛率而已，然而此諸朝亦皆置有左右二衛，為何司衛卻不是由左右二衛所改而置？此恐

〔註113〕周宣帝崩前兩個月，猶「行幸同州。增候正，前驅戒道，為三百六十重，自應門至於赤岸澤，數十里間，幡旗相蔽，鼓樂俱作。又令武賁持鈒馬上，稱警蹕，以至於同州」（見其紀，卷七，頁 123）。按：宣帝已於去年（大象元年，579）內禪給靜帝，自稱天元皇帝，是年三月幸同州，五月崩；翌年二月楊堅簒位，改元開皇，可證此時六率之軍號仍在。

怕僅是王氏之想當然耳。蓋制度有因革，西魏北周的制度更是在不斷的因革過程中劇烈變化，如此則前代所有並不見得今朝亦有，前代所無亦不見得今朝亦無，侍伯等官的創置即是明例，何況孝閔、明帝皆未及立有太子而先後為宇文護所弒，武帝則要晚至誅除宇文護之後的同年四月始立太子，是則北周此前並無東宮之建置。既未置東宮，則何來東宮之左右二衛率？而左右二衛率即使甫才設置，卻為何不旋踵復被改為左右司衛？此固可疑也。

關於司衛的始置與職掌，或許從《周書・尉遲運列傳》可以析出一些端倪。該傳云：

> 尉遲運，大司空、吳國公綱之子也。……孝閔帝踐阼，授使持節、車騎大將軍、儀同三司。俄而帝廢，朝議欲尊立世宗，乃令運奉迎於岐州。……保定元年，進驃騎大將軍、開府儀同三司。……四年，出為隴州刺史。……天和五年，入為小右武伯。六年，遷左武伯中大夫。尋加軍司馬，武伯如故。運既職兼文武，甚見委任。……

> 建德元年，授右侍伯，轉右司衛。時宣帝在東宮，親狎諂佞，數有罪失。高祖於朝臣內選忠諒鯁正者以匡弼之。於是以運為右宮正。(二)〔三〕年，帝幸雲陽宮，又令運以本官兼司武，與長孫覽輔皇太子居守。俄而衛剌王直作亂，率其黨襲肅章門。覽懼，走行在所。運時偶在門中，直兵奄至，不暇命左右，乃手自闔門。直黨與運爭門，斫傷運手指，僅而得閉。直既不得入，乃縱火燒門。運懼火盡，直黨得進，乃取宮中材木及牀等以益火，更以膏油灌之，火勢轉熾。久之，直不得進，乃退。運率留守兵，因其退以擊之，直大敗而走。是日微運，宮中已不守矣。高祖嘉之，授大將軍，……

> 四年，出為同州、蒲津、潼關等六防諸軍事、同州刺史。高祖將伐齊，召運參議。東夏底定，頗有力焉。五年，拜柱國，……宣政元年，轉司武上大夫，總宿衛軍事。高祖崩於雲陽宮，祕未發喪，運總侍衛兵還京師。宣帝即位，授上柱國

按：建德三年衛王直作亂之時，平亂主角為尉遲運，其三代均為魏、周外戚，與禁衛軍關係極密切。運伯父迥在二十四軍建前即以侍中・驃騎大將軍・開府儀同三司兼領軍將軍，二十四軍建置之年拜大將軍，為新創府兵制之核心骨幹。北周建國，進位柱國大將軍，遷大司馬。運父綱，為宇文泰心膂，魏末拜大將軍，兼領軍將軍。後助泰廢魏廢帝而立恭帝，仍為中領軍，總宿衛

事。北周建國，綱以親戚掌禁兵，除小司馬，前已述之。稍後，綱復與宇文護廢孝閔帝而立明帝，進位柱國，於武帝天和四年薨。〔註 114〕由是知尉遲運以父蔭任官，經歷儀同府、開府府、小右武伯，而至左武伯中大夫，並加夏官府軍司馬，正是職兼文武。及至建德元年第一次改置宿衛官員，遂授右侍伯，轉右司衛；其墓志更作「轉右司衛，又除司武」，〔註 115〕可見侍伯、司衛、司武之官皆置於是年。

從尉遲運伯父曾以柱國大將軍戎秩任大司馬，父親以大將軍任中領軍而改任小司馬，其本人由左武伯中大夫轉右侍伯，再轉右司衛，又除司武的兩代三人官歷看，殆皆在夏官大司馬府此禁衛系統中轉遷。是則左右司衛始置於建德元年，約與侍伯、司武等新制宿衛官同時而置，殆不屬於新立皇太子之東宮官，蓋可無疑。

然則究竟司衛職掌為何？

史載武帝崩前授宇文孝伯為司衛上大夫，「總宿衛兵馬事」；又載長孫覽在宣帝嗣位後，以司衛「總兵輔政」（均詳後），是則司衛當是夏官府實際統領宿衛兵馬之武官，只是此官直受天子軍令而非受大司馬軍令罷了。然由尉遲運於武帝崩前「轉司武上大夫，總宿衛軍事。高祖崩於雲陽宮，祕未發喪，運總侍衛兵還京師」一事看，則究竟何官總宿衛軍？司武上大夫與司衛上大夫如何分職？尚需進一步瞭解。

按：建德三年武帝離京幸雲陽宮，不知是大駕出行抑或中駕出行？要之此次遠行，應不至於是小駕隨行。前引史文謂領左右「諸侍官，大駕則俱侍，中駕及露寢半之，小駕三分之一」，是則在京宮衛若非全部隨行則應是半數隨行，禁衛軍大概亦然。長孫覽當時以右宮伯與東宮右宮正‧兼司武尉遲運輔皇太子居守，當衛王直率其黨襲擊宮之西門肅章門時，覽之所以「懼，走行

〔註114〕尉遲運為雲代尉遲部人，祖父尚周文帝宇文泰姊昌樂大長公主，生迥及綱。迥尚魏文帝女金明公主，大統十一年，拜侍中‧驃騎大將軍‧開府儀同三司，十五年，遷尚書左僕射，兼領軍將軍，深為周文委仗。十六年，拜大將軍。後出督巴蜀。孝閔帝踐阼，進位柱國大將軍，遷大司馬，尋以本官鎮隴右。武成元年，除隴右大都督。保定二年，又拜大司馬。建德初，拜太師，尋加上柱國。孫女後為宣帝皇后。綱少與兄迥依託舅氏，常陪侍帷幄，出入臥內，宇文泰甚寵之，委以心膂。西魏廢帝二年，拜大將軍，兼領軍，以職典禁旅之故，助泰廢帝立齊王後仍為中領軍，總宿衛事。周孝閔帝踐阼，綱以親戚掌禁兵，除小司馬，又助晉公護廢帝，前已述之。綱弟敬，尚明帝女河南公主，位儀同三司。其略可參《北史‧尉遲迥列傳》，卷六十二，頁 2209～2216。
〔註115〕〈尉遲運墓志〉見羅新等前揭書，頁 304～307。

「在所」也者，應是其時手下無或少宮衛兵，而又急需告變故也。〔註116〕王宮禁衛系統及留守兵此時均由司武尉遲運指揮，因此遂賴運率之以平亂。

又，在建德四年十月戎秩增置上柱國、上大將軍官，改開府儀同三司爲開府儀同大將軍，儀同三司爲儀同大將軍，又置上開府、上儀同官之前，依西魏北周的慣例，中大夫級執事長官常例由驃騎大將軍‧開府儀同三司級戎秩充任，上大夫級少卿常由大將軍充任，六卿則常由柱國大將軍充任，由是知尉遲運以驃騎大將軍轉遷的左武伯、右侍伯、右司衛及司武，皆應爲中大夫級別，〔註117〕或許當時尚未置有上大夫級的司武與司衛。及至建德四年第二次改置宿衛官員以後，史傳乃出現司武與司衛上大夫之官。武帝於建德七年（578）三月改元宣政，五月親征突厥，師次雲陽而病倒，六月朔崩，於是其間明確見載尉遲運在「宣政元年，轉司武上大夫，總宿衛軍事」。此外，宇文泰族子宇文神舉，以驃騎大將軍‧開府儀同三司遷右宮伯中大夫，因參與武帝誅殺宇文護之謀，此後累遷至柱國大將軍，「宣政元年，轉司武上大夫」，從武帝出征突厥，統率別道行軍。〔註118〕是則尉遲運與宇文神舉皆爲周室貴戚，且均由宮禁系統升遷，在武帝崩前皆以柱國大將軍遷爲司武上大夫，只是一者統率別道方面軍，一者留守於武帝身邊「總宿衛軍事」，烏有王仲犖所謂尉遲運因有平定衛王直之功，「故宣政元年，特置司武上大夫，仍以運爲之」，如此晚才酬功耶？

至於司衛上大夫之官，也是在武帝崩前始見宇文孝伯任之。

孝伯爲宇文泰族子，與武帝關係尤爲親密，故武帝即位後，騙得宇文護相信，乃得入爲右侍上士，前已述之。天和元年，本傳謂孝伯「遷小宗師，領右侍儀同。……自是恆侍左右，出入臥內，朝之機務，皆得預焉。孝伯亦竭心盡力，無所迴避。至於時政得失，及外間細事，皆以奏聞。高祖深委信之，當時莫與爲比。及高祖將誅晉公護，密與衛王直圖之。唯孝伯及王軌、宇文神舉等頗得參預」。護誅後，授開府儀同三司，歷司會中大夫、左右小宮

〔註116〕長孫覽《周書》無傳，《隋書》本傳則不載此事，或因其爲唐太宗長孫皇后的家族而諱之。覽於武帝殺宇文護前已任宮伯（見《北史‧周宗室‧邵惠公顥‧宇文護附傳》，卷五十七，頁2067），於《周書‧武帝紀》天和六年四月條則見稱爲「右宮伯長孫覽」。

〔註117〕王仲犖將尉遲運於「建德元年，授右侍伯，轉右司衛」說成是任左司衛上大夫（前揭書頁534），無據，應誤。

〔註118〕當時軍分五道，神舉統其中一道，詳《周書‧宇文神舉列傳》，卷四十，頁715。

伯、東宮左宮正。建德之後，武帝「以尉遲運爲右宮正，孝伯仍爲左宮正」，後授京兆尹，入爲左宮伯，轉右宮伯。建德五年，加授大將軍，每車駕巡幸，常令居守。

本傳又載其授任司衛上大夫的情況，謂武帝北討突厥，至雲陽宮而寢疾，乃「驛召孝伯赴行在所。帝執其手曰：『吾自量必無濟理，以後事付君。』是夜，授司衛上大夫，總宿衛兵馬事。又令馳驛入京鎮守，以備非常。宣帝即位，授小冢宰」云。〔註119〕可見宇文孝伯與周武帝同屋成長，既是族兄弟，又是同學，因而成爲武帝腹心，故被武帝託以後事。是則原來以大將軍・宗師在京留守的宇文孝伯，之所以被驛召「授司衛上大夫，總宿衛兵馬事」，蓋是授權其以此官職馳驛入京，總統在京宿衛兵馬以鎮守警備，以待司武上大夫尉遲運總雲陽之宿衛軍隨後還京師也。

司衛原位中大夫，分置左、右兩員，武帝崩前既已見有司衛上大夫之官，則原有的司衛中大夫實即降爲少（小）司衛，與司武中大夫降爲少司武之例相同。前引〈蘇慈墓誌〉載其於宣政元年「授右侍伯中大夫。其年，周宣帝授右少司衛中大夫。大象元年，授司衛上大夫」，可以爲證。不過，自周武帝創置司衛與司武中大夫以來，因史文缺略而歷任人選不詳，司衛上大夫則除了宣政元年的宇文孝伯之外，同年另有任過宮伯的長孫覽。長孫覽以宮伯之重，卻當衛王直兵變時因畏懼而棄職逃走，實非光彩之事；武帝崩後又教唆宣帝枉殺忠心耿耿、文武雙全的齊王宇文憲，更是糟糕丟臉。或因此故，所以《隋書》本傳遂不記載此兩事，也不記載其曾任宮伯與大司衛之官，而僅略言「及誅宇文護，以功進封薛國公。其後歷小司空。從平齊，進位柱國，封第二子寬管國公。宣帝時，進位上柱國、大司徒，俄歷同、涇二州刺史」歟？〔註120〕長孫覽之曾任大司衛，明確見載於《周書・齊煬王憲列傳》，謂：

> 宣帝嗣位，以憲屬尊望重，深忌憚之。時高祖未葬，諸王在內治服。司衛長孫覽總兵輔政，而諸王有異志，奏令開府于智察其動靜。及高祖山陵還，諸王歸第。帝又命智就宅候憲，因是告憲有謀。……憲獨被引進，帝先伏壯士於別室，至即執之。憲辭色不

〔註119〕詳《周書・宇文孝伯列傳》，卷四十，頁716～718。按：孝伯之父是宇文深，周初亦拜宗師大夫，轉軍司馬。武帝保定初，除京兆尹，入爲司會中大夫。宇文神舉則是孝伯的從叔父。均見《周書・宇文測列傳・弟深附傳》，卷二十七，頁457。

〔註120〕詳《隋書・長孫覽列傳》，卷五十一，頁1327。

撓，……因擲笏於地。乃縊之。

據《周書‧宣帝紀》，「宣政元年（578）六月丁酉，高祖崩。戊戌，皇太子即皇帝位，……甲子，誅上柱國、齊王憲」，爲時甚促。長孫覽以柱國在武帝崩前已授任司衛上大夫，前揭〈尉遲運墓志〉謂武帝「崩於雲陽，公與薛國公覽同受顧命」當即指此事。或許覽既以司衛上大夫總兵輔政，知悉宣帝深忌大冢宰‧齊王憲，故教唆宣帝枉殺之以邀寵，並因此尋而進位上柱國‧大司徒歟？當此之時，原先授司衛上大夫總宿衛兵馬事的宇文孝伯已轉任小冢宰，雖反對殺憲亦已無能爲力。至於以司武上大夫總宿衛軍事的尉遲運，亦於宣帝即位後授上柱國，然因其任宮正時得罪過宣帝，因而懼及於禍。本傳謂其爲免於禍，而求得出任秦州總管，「然運至州，猶懼不免。大象元年（579）二月，遂以憂薨於州」云。因此，長孫覽此時在京，實是因總兵而獨攬大政。

由此觀之，以戎秩而論，長孫覽既是以柱國授任司衛，則此司衛確應是司衛上大夫。由於司衛上大夫有左右兩員，大司衛宇文孝伯轉任小冢宰前曾總宿衛兵馬事，長孫覽亦以大司衛總兵輔政，司武上大夫尉遲運又總宿衛軍事，而另一司武上大夫宇文神舉則在外統領別道北征軍，可知四人皆實際分統軍隊，且皆以柱國級別任之，而尉遲運與長孫覽升爲上柱國後任之如故。如此之職級權力，若是東宮官則焉能望其項背。也由此可知，左右大司武與左右大司衛之設計，常制殆應是各領一部分禁衛侍官，以免兵權集中於一人。小司馬——原領軍將軍——職級也是上大夫，因而此四官絕不可能隸屬之；至隋，左右領軍府降爲十二衛機關之一，與左右二衛府（司衛）、左右武衛府（司武）平行，其淵源即因於此。

贅論至此，宜需對司武、司衛二官作一小結。

前引《北史‧盧同列傳‧盧辯附傳》既謂周武帝兩次改置宿衛官員，而典章散滅，弗可復知；宣帝更是事不師古，隨情變革，朝出夕改，莫能詳錄。是則筆者以上之推論，尚需出現更多證據始能確。不過無論如何，筆者以爲，建德元年第一次改置宿衛官員時，武伯中大夫之官自後消失，而司武中大夫、司衛中大夫之官則已出現，是以《隋書‧禮儀七》所載北周鹵簿警衛之制，應是第一次改置宿衛官員以前之制也。建德三年，改諸軍軍士並爲侍官，致使禁衛軍因諸軍國家化與侍衛化而兵額激增，於是事先因應而增改侍伯、勁捷等官以分統之，與原有的六率並存。及至建德四年第二次改置宿衛官員時，

所謂的「其司武、司衛之類，皆後所增改」，應是指將司武、司衛「增」高職級「改」爲上大夫，而將原有的司武中大夫、司衛中大夫「改」爲少（或小）司武及少司衛而言也。至於在周武帝病危前數年未見充任司武上大夫、司衛上大夫的人選，並不表示無其官或無其人；〔註121〕只是因武帝崩前的宣政元年，思考到外有未完成的征厥軍事，內有崩後的可能變局，鑒於處此緊急狀態，以故武帝才命兩員腹心禁衛將領——司武上大夫尉遲運及司衛上大夫宇文孝伯——分總宿衛兵馬先後回京，以應不虞之變，由是始確見此二官的任用人選。

　　竊意以爲，司武、司衛二中大夫之官既然出現後而武伯中大夫之官消失，其時亦將計畫改諸軍軍士爲侍官，是則此二官應是爲取代武伯中大夫之官而改置。左右武伯中大夫之前身既爲領軍將軍所直轄、實際統率禁衛軍的左右二衛將軍，則左右司武、司衛中大夫蓋是承北魏西魏之左右二衛將軍舊制而改置。左右司武、司衛中大夫之所以擴編爲四員，竊尋周武帝之意，當與以分散原則改編侍官以及增改侍伯、勁節等侍衛軍官之處置有關。蓋武帝之所以取司武、司衛爲名，應是由增改左、右二衛原有的體制而來。按：魏齊制度左、右二「衛」將軍各以兩員「武衛」將軍，合共四員，作爲法定副帥。武帝或各取「衛」、「武衛」一字，用以名司衛、司武之官；或撤銷二衛將軍而逕將武衛將軍提升爲主帥，將「武衛」一名拆爲「武」與「衛」以用

〔註121〕楊堅族子、入隋封觀王的楊雄，本傳謂其於「周武帝時，爲太子司旅下大夫。帝幸雲陽宮，衛王直作亂，以其徒襲肅章門，雄逆拒破之。進位上儀同，封武陽縣公，邑千戶。累遷右司衛上大夫。大象中，進爵邢國公，邑五千戶。高祖（楊堅）爲丞相，雍州牧畢王賢謀作難，……以告高祖。賢伏誅，以功授柱國、雍州牧，仍領相府虞候。周宣帝葬，備諸王有變，令雄率六千騎送至陵所。進位上柱國」云（見《隋書‧觀德王雄列傳》，卷四十三，頁1215～1216）。按：楊雄在平衛王直之亂後以功進位上儀同，至大象中楊堅專政時又以告變之功授柱國，周宣帝葬後始進位上柱國，是則焉得在大象中以前任右司衛上大夫？至於《北史‧楊紹列傳‧雄附傳》更直謂其於「衛王直作亂，襲肅章門，雄逆拒破之。封武陽郡公，遷右（司）衛上大夫」，連「累遷」二字也省卻，益不可信。又，同書載楊堅姊夫實榮定「從武帝平齊，加上開府，拜前將軍、伙飛中大夫。……及高祖作相，領左右宮伯，使鎮守天臺，總統露門內兩箱仗衛，常宿禁中」，並無提及其曾爲右司衛上大夫。然而《周書‧實熾列傳‧榮定附傳》卻謂其「起家魏文帝千牛備身。稍遷平東將軍、大都督，進驃騎大將軍、儀同三司。歷伙飛中大夫、右司衛上大夫。大象中，位至大將軍」云（見卷三十，頁521）。既然大象中始位至大將軍，則此前焉得由伙飛中大夫遷爲右司衛上大夫？蓋亦不可信也。要之，此二例殆可旁證建德四年以後、宣政元年以前，司武、司衛二上大夫應有其官其人，只是史文闕如而已。

作司武、司衛之官名，使改增爲左右司武、左右司衛四員中大夫也。揆諸領軍將軍早已改爲小司馬，自二十四軍總歸霸府統率指揮後平時已變得無領兵實權，此時又將左、右二衛將軍後身的左、右武伯中大夫撤銷，是則應以筆者之後說可能性較大。要之，武帝自誅宇文護後，即將其所領之中外府取消，收回最高統帥權，是則左右司武、左右司衛四員中大夫若無更新設置的頂頭機關，則其官與及其所轄的部隊，若非歸建於夏官大司馬府，則必然直屬於皇帝。筆者以爲，小司馬平時既已變爲無領兵實權之官，而在天子收回最高統帥權的情況下，大司馬當也沒有領兵實權，不過只是如天、地、春、秋、冬五府一般掌管行政罷了。亦即誅護以後，夏官大司馬僅有軍政權而無軍令權，故左右司武、司衛中大夫在軍令系統上均應直屬於天子，升級爲上大夫後益然。

假如筆者所推成立，則在改編軍士及增改宿衛官員之後，不算朝廷各一級機關，單就原六率，以及左右司武、司衛、宮伯、侍伯、勁捷、勇猛、英果、雄俊、折衝、振威、熊渠、佽飛等中大夫的領兵機構而言，即有三十餘個之多。此若一皆由天子統之，則顯已超出一個主管的領導統御及管理效能範圍，因此勢必在其上再建置層級，以資在層級節制之下，實行有效統御及管理，〔註122〕是以武帝增置左右司武、左右司衛四員上大夫。不過，《周禮·夏官司馬》載「王六軍，大國三軍，次國二軍，小國一軍」，歷代經典注疏莫不以天子六軍爲言，至北魏孝文帝漢化改制亦置六坊之眾，而宇文泰則仿《周禮》改制而稱之爲六率之士，此不容周武帝不知。是則縱使已增置左右司武、司衛四員上大夫，各下轄若干領兵中大夫，俾各統一軍，以聽令於天子，但天子六軍不免仍少兩軍。王仲犖前揭書於「夏官府」類載其所屬一級單位長官皆爲中大夫，並於「兵部中大夫」條載其屬有武環率下大夫及武候率下大夫；而自注卻引僧傳，舉證北周「武候率又置上大夫、次大夫，並分置左右」云。今據張金龍考證《金石萃編·姚辯墓志銘》，謂建德六年辯以功「授大都督……檢校武候兵事」，復查證《續高僧傳·釋法藏傳》，謂武候府上大夫、次大夫見於宣帝大象元年，〔註123〕或許可證武帝第二次改置宿

〔註122〕管理學上有所謂扇形理論，即謂一個主管其下若管有七八個以上直屬單位，則會超出主管的管理能力範圍，因此爲求有效的管理，如摺扇般最好只有五六個單位。府兵制初建時，宇文泰下轄六柱國，每一柱國各轄兩大將軍，每一將軍各轄兩開府，其下之儀同府則分團統領，每一開府約以領兩三個團爲常，相當符合此理論。

〔註123〕張金龍另引《金石萃編·乙速孤神慶碑》謂其祖安，曾任「周右武候、右六

衛官員後已有武候之官，當時或稍後亦置有上大夫與中大夫，如司武、司衛之制。

武候一官與隋唐十二衛甚有關聯，故此處所得史料雖不多，但仍值得注意，因此不得不再略論左右武候。

按：《周禮‧夏官司馬》府本部屬官有候人與環人，官位均頗低。候人置上士六人，下士十有二人，掌執兵荷戈，道路迎送警備；環人更低，僅置下士六人，掌致師察軍慝，蓋屬警備偵防之官，且皆無直屬長官。後世環人之職或併入候人，職稱虞候，執掌仍爲安全戒備，斥候偵防，天子、東宮、王公及軍府皆置之，職位仍甚低。北魏六鎮之反，其中一個重要因素就是在鎮軍人被長官欺壓，所謂「征鎮驅使，但爲虞候、白直，一生推遷，不過軍主」云。〔註124〕甚至降至北周，齊王憲與敵對陣時，猶自我鄙稱「我虞候大都督耳」以欺敵。〔註125〕不過，由於其職掌率兵警備偵防，保衛長官，爲紀律部隊指揮官，〔註126〕故至周末遂不斷提高此官的地位，使之日益重要，於是乃將天子之虞候改名爲武候，地位如同司武與司衛，長官增置上大夫及中（次）大夫，而戎秩則漸提升至上柱國、柱國級。如前註謂周末，楊堅爲丞相，楊雄已進爵邘國公，因告發畢王賢謀亂，以功授柱國‧雍州牧，仍領相府虞候；

府驃騎將軍」，以及《佛祖統紀‧法運通塞志六‧隋》，謂杜祈死後回答冥王問話，說周武帝時「曾任左武候司法」（前揭書，頁980），則恐有問題。因爲周之開府府無置驃騎將軍，故「右武候右六府驃騎將軍」殆是隋文帝之府兵制，而「左武候司法」則是周武滅佛後佛徒虛編的冥府談話，殆不可盡信。

〔註124〕 詳廣陽王深率師征伐時之上書，《魏書‧太武五王‧廣陽王建列傳‧深附傳》，卷十八，429～430。

〔註125〕 建德五年，周武帝大舉東討，憲爲前鋒。稍後班師退兵，留憲後拒。憲阻水爲陣，齊領軍將軍段暢追至橋。憲隔水問暢姓名，暢曰：「領軍段暢也，公復爲誰？」憲曰：「我虞候大都督耳。」暢曰：「觀公言語，不是凡人，何用隱名位。」憲乃曰：「我齊王也。」徧指陳王純巳下，並以告之。暢鞭馬去，憲即命旋軍。見《北史‧周室諸王‧齊煬王憲列傳》，卷五十八，頁2090。按：武帝因增加戎秩，故柱國以下因數量增加而顯得貶值，尤其不以開府、儀同等大號所帶的大都督更是被壓成基層軍官，是以宇文憲如此自稱以隱瞞身分也。

〔註126〕 最佳之例如李子雄。子雄從周武帝平齊後即以功授帥都督，降至隋文帝伐陳之役，以功進位大將軍，歷任刺史。其後從隋煬帝幸江都，「帝以仗衛不整，顧子雄部伍之。子雄立指麾，六軍肅然。帝大悅曰：『公眞武候才也！』尋轉右武候大將軍。見《隋書‧李子雄列傳》，卷七十，頁1620。按：《北史》卷七十四作李雄，煬帝稱其「公眞武候才也」，蓋誤；但尋轉其爲右候衛大將軍則無誤，因煬帝大業三年定令改左右武候爲候衛之故，見《隋書‧百官下》，卷二十八，頁793～794。

周宣帝葬時，爲防備諸王有變，乃奉令率六千騎送至陵所，進位上柱國。又如楊堅族父楊處綱，在周以軍功拜上儀同，及至楊堅受禪，「授開府，督武候事」。〔註127〕皆可據以窺見此官之淵源與發展。由於左右司衛、左右司武、左右武候此六個機關總部原皆源於夏官府之禁衛系統，與「左右領左右府」源於天官府之宮衛系統不同，是則周末之新天子六軍至此已陸續建成。且又由於自第一次改置宿衛官員後，宿衛官已有「衛官」之稱，是則此六個機關總部無異即爲六個「衛府」。稍後諸軍軍士一併改爲「侍官」，由此六個「衛府」分領之，遂形成六衛分統侍衛軍的體制，只是似乎來不及定令，而國祚即被楊堅所改篡罷了。總之，北周此新天子六軍之形成，也就是「以衛領軍」制的形成，下開隋唐十二衛體制，與宇文泰頒行六官時之大司馬統左右武伯中大夫，左右武伯中大夫統六率，體制已經截然不同。

周靜帝大定元（581）年二月甲子，楊堅篡周建隋，是日改元開皇，並立即下詔「易周氏官儀，依漢魏之舊」，遂將北周依《周禮》改置的體制改回漢魏官名。在軍事體制方面，根據《隋書·百官下》，謂隋文帝「既受命，改周之六官，其所制名，多依前代之法。置……左右衛、左右武衛、左右武候、左右領、左右監門、左右領軍等府，分司統職焉」，此即開皇軍事體制的十二衛制。亦即將北周的左右司衛改名爲左右衛府，左右司武改名爲左右武衛府，左右武候府則仍沿北周晚近的新制，而左右宮伯則恢復了領左右府——「左右領」即左、右領左右府的簡稱——的舊名，小司馬亦恢復了領軍府的舊名，僅增置了左右監門府。

開皇軍制值得注意的是，周末的天子六軍——左右司衛、左右司武、左右武候——所統原爲禁衛軍，也是中央軍，只是此六軍之性質與左右宮伯所統的諸侍——原內衛系統——殆已同一化，皆爲侍衛軍。追本溯源，開皇軍制十二衛之分統各軍府，是源於周末天子六軍之衛官統領侍官，爲「以衛領軍」制由形成而至確立的過程，此所以拙著《隋唐中央權力結構及其演進》稱隋唐府兵制爲侍衛體制也。

據此再推，隋文帝將前八府改名後，同時增置左右監門府，〔註128〕並恢

〔註127〕 見《隋書·楊處綱列傳》，卷四十三，頁1214。
〔註128〕 《周禮·地官司徒》屬官有司門下大夫，北周置爲正四命之官（參羅新等前揭書所錄〈徒河綸墓志〉，頁265～268）。按：侯莫陳崇之弟凱，於「六官建，授司門下大夫」（《周書·侯莫陳崇列傳》，卷十六，頁271）；又保定初，見有司門下大夫尹公正其人（《周書·韋孝寬列傳》，卷三十一，頁538），可見

復了左右領軍府（小司馬）領兵的統率權，即合共置有十二個稱之爲「府」的軍事總部，但究其實際則只是有六個府名，而且六府十二衛平頭，其上並無再高一級的統帥部，因而此六府在軍制上無異即是虛編的六軍，只是分左、右置而爲實編的十二衛而已。由於衛府、武衛府、武候府、領左右府、領軍府、監門府此六個機關皆以「府」爲名，所統軍士之性質仍皆爲侍官，以故雖各分左右置爲實編的十二衛府後，所統軍士之性質仍舊爲侍衛軍士，此所以開皇體制仍依舊稱此十二總部爲十二「衛」，而不稱之爲十二「府」也。至於十二衛各頒予固定軍號，則是隋煬帝及唐太宗增改制度以後之事矣。因此，請容筆者大膽假設，隋文帝如此的改革，是將六府暗寓爲隋制天子之新六軍。若是，則開皇軍制的天子六軍遂不與周末的天子六軍相同，蓋是一虛一實之別耳。至於隋文帝又將開皇天子六軍各分爲二，俾成十二衛，則是師法宇文泰創建府兵制時之置六柱國大將軍各統二大將軍之遺意也。〔註129〕隋文帝之父楊忠，當年爲西魏十二大將軍之一；唐高祖之祖父李虎，當年爲六柱國大將軍之一，是則二帝皆當知宇文泰之創意。因而隋文帝師泰意而創六府十二衛於前，唐高祖採用開皇體制於後，皆非兩人之子隋煬帝與唐太宗之所能知及也。隋煬帝與唐太宗之分別增改十二衛，雖說使之更整齊畫一化，但卻令六府十二衛之原意與形式漸漸模糊，已頗失原創之意；及至唐太宗之兒、媳高宗與武后，隨後復一改再改，則失其意亦已遠矣。

七、結　論

　　兩漢首都置南、北軍，學界一般認爲是分守京城南、北的軍隊。至魏晉而稍變，首都置內、外軍，大抵內軍居京城內，由領軍將軍統之；外軍居京城外，由護軍將軍統之，皆爲禁衛軍，而「都督中外諸軍事」之職名蓋淵源

　　　　六官建時即置有此官，左右監門府應與之有關。只是如何從大司徒屬官，至
　　　　隋改制爲侍衛軍武官，長官但置將軍，分掌門禁守衛事，史料尤少，其情不
　　　　詳。姑暫不論。
〔註129〕西魏六柱國大將軍分任六卿之官，在軍隊統率系統中如同虛編的長官，故軍
　　　　務達十二大將軍而止，是以《北史・王雄列傳》載述六柱國十二大將軍後，
　　　　特謂「每大將軍督二開府，凡爲二十四員，分團統領，是二十四軍。每一團，
　　　　儀同二人。自相督率，不編戶貫，都十二大將軍」（卷六十，頁2153～2155）。
　　　　此體制猶如開皇體制之有六個虛置府名而實無長官，軍務則達至十二衛而
　　　　止。又，此體制與宇文泰師法匈奴軍制有關，本書〈試論西魏大統軍制的胡
　　　　漢淵源〉篇已論之，於此不再贅。

於此。至於北朝,則禁衛體制沿自其部落習俗,要至道武建國始雜用漢晉之制,另成一型。及至孝文依晉宋之制而漢化改革,禁衛體制始與晉宋大同,此所以本書前篇乃以〈北魏至北齊禁衛制度的緣起演變〉爲名也。

然而,孝文雖將胡制侍官制度融入漢制,但其遺跡仍在,故其身後漸自領軍府禁衛體制之中復分爲內、外衛二系,至其孫孝明帝創置「領左右」之官後,由是宮、禁二衛之釐分日益殊途,降至西魏宇文泰依《周禮》改制,宮衛屬天官大冢宰府,禁衛屬夏官大司馬府,遂判然分明,與北齊宮、禁二衛仍統合於領軍府之制已截然有別。不過,宮、禁二系其後又經周武帝整編,禁衛諸官稱爲「衛官」,諸軍軍士一律改爲「侍官」,由是形成「以衛領軍」之制,致使宮、禁性質合一,而諸軍皆爲侍衛軍,並隸於天子。周武帝的改革,開展了隋唐府兵十二衛制的基礎,是以本篇乃以「侍衛制度」凸顯之,並依軍系之不同逐一析論其變革因緣、過程以及結果。

大抵而言,孝文改制前內侍之官已然有內官、侍官之別,殆與分處禁門內外之區位不同有關,因而其衛士亦隱然有內衛、外衛之分。不過,無論內衛、外衛,殆皆由掌管殿內兵馬倉庫的殿中尚書所統領管制。孝文改制,將內都幢將所屬胡系軍隊併入統率羽林、虎賁兩軍的左、右二衛府,而上隸於領軍府,遂致殿中尚書職權大削。又可能爲了區分部分胡系特別兵種起見,乃將胡系之內衛與外衛整編爲御仗、直盪、直衛、直突、直閣五種屬官,別隸於二衛府以作爲特別體系,本文統稱爲「五直屬官」。

「五直屬官」皆採漢式官名,御仗與直閣更是南朝現行制度;然而今見北齊「五直屬官」之制度,大多採用正、副都督以及都將、別將、統軍、軍主、幢主五職之職稱,與南朝不同,此蓋與魏末全軍野戰編制化的發展有關,蓋都督以及五職皆是野戰編制也。又從直閣系屬官有直閣、直寢、直齋、直後等官名,以及從史料觀察其宿衛時的情況,此系屬官之性質尤近於北魏昔日的天子內衛,故孝文時即有「直閣武衛中臣」之稱,與原先的三郎、內三郎、內行內三郎系統似乎關係甚爲密切,恐怕是由三郎官系轉變而成。

降至晚魏北齊,內官不僅漸分爲宮衛(內衛)與禁衛(含近衛「五直屬官」),兼且也漸分爲「領左右局」與「領左右府」此一文一武兩個體系,此皆與「領左右」之創置有關;而「領左右」之創置,則又與北魏素有王室或近臣政變的傳統有關。

蓋自道武帝死於其子拓跋紹的兵變以來,繼嗣諸帝已建立起刀劍自衛的

制度，只是北魏侍衛制度中，初次出現直以「刀劍」及「左右」命名的「領刀劍左右」，則要至孝文之子宣武帝任用侯剛時始，但亦僅一見。此與宣武帝即位後二年，輔政宗王元禧之反叛有密切的關係。咸陽王元禧於景明二年（501）聯絡半數直閣謀反，當時宣武帝「從禽於野，左右分散，直衛無幾，倉卒之際，莫知計之所出」。稍後雖得禁衛軍支持而使亂平，但宣武懲於此難，遂加強貼身侍衛之制，起碼「千牛備身」最晚在元禧謀反的次年已置，「備身」殆亦然。至於侯剛所任之「領刀劍左右」似乎也是在此一兩年間設置，是否統領「千牛備身」與「備身」則不詳。要之，「千牛備身」與「備身」此二官後爲「領左右」的屬官。

「領左右」創置於宣武之子孝明帝的正光元年（520），創置情況頗與其父的蒙難事件相似。蓋其時靈太后臨朝，以情夫太傅‧清河王元懌輔政。權臣領軍將軍元乂與懌交惡，誣告其謀反並欲弒帝，遂勾結閹官劉騰等幽閉靈太后而殺元懌。事發之後，內外皆曾有起事之兵，故情勢危急之際，孝明帝乃創置「領左右」之官以自衛。

首任「領左右」爲右衛將軍奚康生，康生稍後欲兵變殺乂以反正，然爲元乂所殺。繼任者爲左衛將軍侯剛，是乂之姻親腹心。二將皆爲領軍將軍元乂的直屬大將，也參與幽閉臨朝太后之事，但均無掌握「領左右」一職以監控天子之事實。甚至元乂自己繼侯剛任「領左右」時亦無之，否則膽敢幽閉臨朝太后之人，焉會被輕易解職，而乂被輕易賜死。可知「領左右」及其所屬宮衛官兵，雖在軍令系統上直隸於領軍將軍，但其官職卻是禁中內衛的統領，以侍衛皇帝爲職責，雖太后臨朝稱制也非其侍衛職責的範圍。此所以其後甚爲孝明帝所寵待，參與反元乂之事的領左右谷紹達，乃因靈太后懼其間構於帝，遂被太后誣罪所殺。

眞正扭曲「領左右」職責，用之在內監控天子的人，是自魏末權臣尒朱榮始。尒朱榮因孝明帝之暴崩而興兵向闕（武泰元年，528），沉靈太后與新立幼帝以及文武百官於河，是爲「河陰之變」。而尒朱榮已於變前擁立孝莊帝，官拜使持節‧侍中‧都督中外諸軍事‧大將軍‧開府‧兼尚書令‧領軍將軍‧領左右‧太原王，遂下開權臣霸主自領，或由子弟腹心充領「領左右」，用以監控天子之局。此時天下已大亂，魏朝稍後分爲東、西二魏，權霸東魏的高歡固是尒朱榮的腹心將領，而權霸西魏的宇文泰雖出身西征軍，但究其實原先也是系出尒朱榮的小將，二人皆聞風而爲，並令子弟腹心充領「領左右」，

只是不親領罷了。

至此可以確定，「領左右」之創置時間在孝明帝正光元年七月元叉集團政變之後。所謂「領左右」，是指領天子在宮禁內的左右人員，雖以領千牛備身、備身等左右帶刀侍衛，用以備身保衛天子爲主，但也可能領有其他職任的左右人員。首任「領左右」由右衛將軍奚康生充領，遂成早期以他官──二衛將軍以外的文武官──充領的慣例，但仍以二衛將軍充領者較多。降至北齊初，「領左右」經整編，建立「領左右府」，長官改名爲「領左右（大）將軍」，正式具有將軍身分，遂專責以統領備身諸系爲主，正式隸屬於領軍將軍，位階高於武衛將軍、低於二衛將軍，而依禁衛體制人事行政制度而遷轉。至於文職左右的內官，則改由門下省諸局分領，尤以其轄下的「領左右局」，更是直以「領左右」作爲局名，與「領左右府」相似。

北齊之整編，使「領左右府」所領純爲天子的帶刀內衛，故是領軍府所轄的宮衛系統，與領軍府所轄二衛府的禁衛體系不同，也與二衛府別領的「五直」近衛系統有異。因此，北齊「領左右府」純領天子帶刀備身內衛，依禁衛體制人事行政制度而遷轉的制度，實爲領左右制度的一大改革，遂爲隋唐十二衛制所本，也是隋煬帝將「領左右府」改名爲「備身府」的原因。

由於「領左右」自創置時起即以備身保衛天子爲主，故降至魏、齊之間，權臣霸主均委由其子弟腹心充領「領左右」一職，扭曲其功能，用以監控天子。及至北齊正式設置「領左右府」，列入官僚體制，「領左右（大）將軍」之職權始回歸正常化，此改變尤爲隋唐十二衛制所本。相對的，終西魏北周乃至隋初，霸主權臣仍依魏、齊之間的慣例，委由其子弟腹心充領「領左右」以及改制後的「宮伯」一職，即使周武帝收回最高統帥權後亦然，以故猶簒弒廢立頻仍，繼續影響政局甚大。因此，隋文帝在獲得政權後漸漸揚棄此慣例，遂使隋唐兩代易朝或政變，皆不以倚仗宮衛系統的武力爲主，而倚靠北門禁軍此新興武力體系。

孝明帝暴崩之前，因靈太后以及權臣元叉等人之亂政，遂造成著名的「六鎮之亂」，波瀾展開，全國烽火，於是高歡、宇文泰等軍閥乃乘時崛起。其後孝武不堪受制於高歡，遂整募軍眾，改編近衛，以新成的十萬之眾與高歡對決，是爲天子內衛與近衛改採野戰編制的重要轉機。及至對決失敗，孝武率殘眾西走長安投靠宇文泰，於是魏朝乃分裂爲東、西二魏（永熙三年，534）。孝武西遷時所率六坊之眾不滿萬人，因而遂落入從西征軍新崛起的宇文泰掌

控中，同年稍後亦暴崩。

按孝武西遷，仍施行北魏法制，早已能代表正統所在，實無必要與高歡所掌控的東魏爭正統。蓋因宇文泰欲以西征軍武力，實行原先已設定的「挾天子而令諸侯」的開國國策，因此才需要大事改革，建立霸府，以資遂行其開國國策而已。宇文泰依《周禮》改革決不是一蹴可成之事，是以表面上仍須依北魏現行法制運作，暗中則實行「去魏化」之實。

在此政策之下，宇文泰以原部西征軍為基礎，另建直屬於霸府的六柱國分統十二大將軍，十二大將軍分統二十四開府野戰軍之新府兵制，用以作為其實施開國國策的憑藉。由於中央禁衛軍已隨孝武西遷而殘毀，故盡管西魏仍然行用領軍府全統禁衛諸軍——包括領左右及其所屬備身內衛——的現行體制，但其入宿兵源實則皆來自二十四軍。由於二十四開府軍的主帥均加侍中銜，其下一級儀同府的主帥亦加散騎常侍銜，皆為法定之內官，故其所統部隊亦因而頗有內侍諸軍的性質，對日後周武帝順勢「改諸軍軍士並為侍官」打下了基礎，是以諸軍番上宿衛不僅是實然之事，也是應然之事。加上禁衛將領皆為宇文泰的親戚或腹心，是則西魏天子能不被挾者幾希。

魏末領軍府統率二衛府及領左右，而二衛府又別轄「五直」近衛屬官，以使軍令統一，為北齊所承襲，嗣經整編而列於律令。西魏對此體制雖也相沿未替，但至西魏最後一年——恭帝三年（556），因宇文泰已完成依《周禮》改革之中央政府組織部分，遂頒行六官之制，使禁衛體制以新面貌出現於歷史舞台。

此時宇文泰任大冢宰・都督中外諸軍事，而其他五府則總己以聽，並仍將二十四軍直屬於霸府。因此，依《周禮》，天子六軍掌於夏官司馬，但西魏的大司馬卻無軍令權而僅有軍政權。舊制的領軍將軍改為小司馬，其原所統的左右二衛則改為左右武伯，最初仍皆統領禁衛軍；然而宇文泰死，宇文護繼為霸主而掌大權後，小司馬實際去兵而僅為大司馬之副貳。至於名義上隸屬於大、小司馬的左右武伯，遂統領所屬六率——蓋仿天子六軍，實際直受霸主宇文護指揮。如此改革，對霸主掌權確有實效，但卻有理想與現實的差距，難怪陳寅恪先生稱之為「不驢不馬」。

至於領左右則脫離領軍府，改制為宮伯，分左、右置為兩員。宮伯依《周禮》掌「王宮之士庶子」，隸屬於天官冢宰，而宇文泰則將士庶子改變為左右中侍、左右侍、左右前侍、左右後侍、左右騎侍、左右宗侍、左右庶侍、左

右勳侍等八類十六種「侍官」。不僅將領左右原所統的備身諸系內衛納入，抑且也將左右二衛府原所統的「五直」近衛屬官一並併入。改制後的左右宮伯，當然依《周禮》仍統屬於宇文泰所任的大冢宰，以便指揮其直接監控魏帝。

於是，北周之禁衛體制遂分開爲兩個系統，宮伯所統爲宮衛系統，武伯所統爲禁衛系統，成爲其特色。

宇文護成爲新霸主權臣後，翌年即篡魏建周，先後擁立宇文泰三子爲天子。周武帝因前面兩兄相繼被弒而隱忍，十一年後終於伺機除掉宇文護，收回全軍最高統帥權，並改元建德（572），著手進行軍制改革。

周武帝於建德二年第一次改置宿衛官，自此遂有「衛官」之稱，此是將軍隊改爲「以衛領軍」制之前提。翌年，周武帝順著二十四軍本有內侍諸軍的性質，以故「改諸軍軍士並爲侍官」，也就是將諸軍軍士與宮伯系統的諸「侍官」同一化，使野戰軍與禁衛軍、禁衛與宮衛合爲一體，雖仍沿舊稱被視爲禁衛軍，但其性質實已皆爲天子之侍衛軍矣。諸軍經此改革，一方面使諸軍與天子產生直接的軍事關係而侍衛化；另一方面又使軍人須從主帥姓的部落軍習俗慣例消失，而將諸軍導向國家化。此爲北周軍制空前而極重大之改革。

由於「改諸軍軍士並爲侍官」之同時，擴大向漢人徵兵，以致「是後夏人半爲兵矣」，因此軍隊擴充大而急，周武帝不得不於建德四年擴編統兵機關，於是乃有第二次改置宿衛官之舉。經此兩次改置宿衛官，除了宮衛體制無大變之外，其禁衛體制的改變大抵如下。

宇文泰生前總統由其建立壯大的諸軍，用以挾持天子、扶植西魏，雖不令人滿意，但卻也令人無話可言。然而宇文護職權本非位階最高者之流，卻在泰死後立刻掌控大權，連殺趙貴、獨孤信等一流元老大將，即是因其已切實掌握最高統帥權之故，所謂「太祖崩後，皆受護處分，凡所徵發，非護書不行。護第屯兵禁衛，盛於宮闕。事無巨細，皆先斷後聞」是也。因此收回最高統帥權的周武帝，在軍隊急遽擴充，統兵機關必須因應改置之時，需依軍隊統率分散與直屬兩原則而擴編機關總部，乃是必然之事。由此，在第一次改置時，左右兩員武伯遂被左右兩員司武及左右兩員司衛，凡四個新機關所取代，位階則仍爲中大夫。

四個禁衛新機關及長官取代兩個舊機關及長官，當然不足以滿足改置擴編的需求，所以繼續的改革，一方面是將原有的六率升格，改左右武賁、旅

賁、射聲、驍騎、羽林、遊擊六率皆為中大夫；另一方面是增置新的機關總部，以故此期間出現了左右前後侍伯、左右武候等中大夫。

至於也在此期間出現的勁節、勇猛、英果、雄俊、折衝、振威、熊渠、伏飛等等中大夫級武官之名，其詳不明，或許是新置禁衛總部，或許是常制軍府之軍號，也或許是建德四年七月以後武帝經常伐齊以及征討突厥時的野戰軍戰時軍號。只是左右前後侍伯以及勁節、英果等此諸府名軍號，至楊堅易朝後均告消失，僅有左右司衛、左右司武與左右武候經改易官名後而常制化，成為隋唐府兵制中央十二衛府之核心建制。

不計勁節、英果等府名或軍號，單就左右六率、左右武候以及左右前後侍伯而論，中大夫級的軍事單位即有十八個之多，因此武帝乃於其上增改更高一級的統率機關，以使軍隊在層級節制之下能有效統御。是以建德四年第二次改置宿衛官時，出現了左右司衛、左右司武四員上大夫，而左右武候上大夫殆亦於此時設置，率以柱國級戎秩任之，故其直轄於天子可以無疑。因此，此六官原置的中大夫，遂皆改為小（少）司武、小司衛與小武候。經此第二次增改宿衛官後，由是左右司衛、司武、武候六「府」，遂成天子直轄，而其下各統若干中大夫級領兵單位的最高級「衛官」，是為北周禁衛體制新建的六「衛府」，亦即天子之六軍，形成了以衛官分統侍官（侍衛兵）的「以衛領軍」制。此是北周軍制第二次重大之改革，下開隋唐府兵十二衛制，與宇文泰頒行六官時之大司馬統左右武伯中大夫，左右武伯中大夫統六率，體制已經截然不同。

楊堅之父楊忠，於宇文泰初建府兵制時即為十二大將軍之一，楊堅本人篡周前亦歷任小宮伯、右司武、大司馬、都督中外諸軍事等軍職，當然瞭解北周軍制的發展史及其利弊得失。故其建隋之後，登基當日立即下詔「易周氏官儀，依漢魏之舊」，將周制改回漢魏官制。在軍事體制方面，隋文帝增置「左右衛、左右武衛、左右武候、左右領、左右監門、左右領軍等府，分司統職焉」，此即開皇軍事體制的十二衛制。亦即將北周的左右司衛改名為左右衛府，左右司武改名為左右武衛府，左右武候府則仍沿北周晚近新制；而將左右宮伯改回領左右府的舊名，並移回禁衛體制內建制，使宮、禁二系重合；至於小司馬則雖亦恢復領軍府舊名，但卻降格與前八衛平行，不復有昔時禁衛體制統帥之權力與地位；至於左右監門府則為增置之衛府，從大司徒府之司門下大夫改調移置，故僅各置將軍一員，而其他十衛的長官則皆位為大將軍。即以此而論，開皇十二衛制已與魏齊大不相同，更遑論晉宋之禁衛體制矣。

　　隋文帝近承周武帝「以衛領軍」的設計，並吸收其改革採用分散與直屬兩原則，以故將十二衛分開設置而皆直隸於皇帝。自後隋唐十二衛主帥遂無一能掌控全軍，雖政潮起伏，政變不絕，但皆非因十二衛而造成，也非靠十二衛而能成事，即此之故。最後，筆者應宜指出，開皇十二衛其實只有衛、武衛、武候、領左右、領軍、監門六府，實即是開皇軍制的天子六軍，其所以各分左、右置者，蓋是隋文帝遠師宇文泰創建府兵制時，置六柱國大將軍分統十二大將軍，而六柱國實際領政而不領軍，此級形同虛編之創意也。因此，後世之論隋唐府兵制者，咸謂此制師法宇文泰之遺意。

表一：魏末至隋初領左右及領左右（大）將軍表

姓名	籍貫	背景	以何官任領左右	任職時間	祖/父最高官職		出處	備　註
奚康生	河南洛陽	南遷代人。其先世為部落大人，蓋初帝室十姓。	撫軍大將軍·右衛將軍·河南尹	孝明帝正光二年（521）被元叉殺以前	祖鎮北大將軍，內外三都大官	父不仕	魏73北37	魏73指魏書卷七十三，北37指北史卷三十七，下同。
侯剛	河南洛陽	南遷代人	侍中·車騎大將軍·左衛將軍·領尚食典御	孝明帝正光二年接奚康生缺	不詳	不詳	魏93	本出寒微，以善於鼎俎累遷嘗食典御。正光六年二月接替元叉而加領軍將軍，尋出刺冀州。
元叉	河南洛陽	元魏宗室	侍中·驃騎大將軍·儀同三司·尚書令	正光六年二月辭領軍將軍以後，同年四月被黜以前	根，平北將軍·江陽王，加	繼，使持節·侍中·太師·太尉公·錄尚書事·大都督·節度西道諸軍	魏16北16	元繼為道武帝曾孫，元叉被黜後，繼廢於家，後尒朱榮起復為太師·司州牧·江陽王。〈元叉墓誌〉叉作乂，見趙超，《漢魏南北朝墓誌彙編》，頁181～184。
谷紹達	不詳	不詳	不詳	孝明帝正光六年四月以後	不詳	不詳	魏13靈太后	靈太后「於禁中殺領左右、鴻臚少卿谷會、紹達」，是否兩人皆為領左右或僅谷會，不詳。
穆紹	河南洛陽	南遷代人。勳臣八姓	侍中·衛大將軍·左光祿大	孝明帝正光六年四月以後	平國，侍中·中書監·駙馬	亮，司空公·駙馬都尉·長	魏27，穆紹墓誌	穆紹是功臣穆崇之後。墓誌銘不載其任領左右，見趙

		之後。祖、父、本身三代皆尚公主。	夫・中書監・駙馬都尉，加儀同三司・領左右		都尉・宜都王	樂公	銘	超，前揭書，頁282～284。
元邵	河南洛陽	王室子弟	以通直散騎常侍領領左右	任職時間不詳。後以本職監內典書，封常山郡王，餘如故，累至衛將軍・河南尹，遇害於武泰元年河陰之變。	孝文帝	懌，侍中・太尉・清河王・裁門下事	魏22，元邵墓誌銘	墓誌銘見趙超，《漢魏南北朝墓誌彙編》，頁221～223。
侯淵	神武尖山	孝明帝末年六鎮亂，淵隨杜洛周南寇，後歸尒朱榮。	以尒朱榮中軍副都督任領左右	孝莊帝即位（即建義元年，528）	不詳	不詳	魏80	侯淵隨尒朱榮入洛，四月立孝莊帝，任領左右，可能在孝莊立、尒朱榮專政初前短暫領之。九月從榮討葛榮，授驃騎將軍・燕州刺史，當已卸領左右。
尒朱榮	北秀容契胡	其先居於尒朱川，因以為氏。常領部落，世為酋帥。	使持節・侍中・都督中外諸軍事・大將軍・尚書令・領軍將軍・太原王領領左右。	孝莊帝建義元年（528）四月至永安三年（530）九月	代勤，繼為領民酋長，寧南將軍・肆州刺史・梁郡公	新興，平北將軍・秀容第一領民酋長	魏10／北5莊紀；魏74／北48榮傳	孝明帝於武泰元年（528）春二月崩，尒朱榮興兵向闕，四月立孝莊帝。帝以榮為使持節・侍中・都督中外諸軍事・大將軍・尚書令・領軍將軍・領左右，封太原王。五月，榮還晉陽。永安三年（530）九月孝莊殺榮，及至前廢帝初，尒朱世隆等得志，乃詔曰：「故使持節、侍中、都督河北諸軍事、天柱大將軍、大丞相、太師、領左右、兼錄尚書、北道大行臺、太原王榮，……可贈假黃鉞、

								相國、錄尚書事、司州牧，使持節、侍中、將軍、王如故。」是則榮至死前仍充領左右。按：建義元年五月榮還晉陽後，可能遙領「領左右」，而實際則以爾朱世隆爲之。世隆除車騎將軍、兼領軍後即不再任。
爾朱世隆	同爾朱榮	榮從弟	以侍中·領軍將軍·左衛將軍領領左右	孝莊帝建義元年（528）四月至永安二年（529）五月以前	侯眞，州刺史，始昌侯。	買珍，武衛將軍	魏75	世隆於孝明帝末累轉直齋、直寢、兼直閤，後除給事黃門侍郎。莊帝即位，乃特除侍中、領軍將軍、左衛將軍、領左右。可能榮還晉陽後接替榮在鄴都的「領軍將軍、領左右」實缺，而榮則仍遙領領左右歟？後除車騎將軍、兼領軍，俄授左光祿大夫、兼尚書右僕射，尋即眞。永安二年五月以僕射鎮虎牢，是則此前已卸領左右。
爾朱兆	同爾朱榮	爾朱榮從子	使持節·侍中·都督中外諸軍事·柱國大將軍·領軍將軍·并州刺史·兼錄尚書事·大行臺領領左右	前廢帝(節閔帝)普泰元年（531）二月即位，翌年四月被廢。任期不詳。		從父爾朱榮	魏75	爾朱榮被殺後，世隆等擁立前廢帝，改元普泰（531），帝授兆使持節、侍中、都督中外諸軍事、柱國大將軍、領軍將軍、領左右、并州刺史、兼錄尚書事、大行臺。
爾朱弼	同爾朱榮	爾朱世隆之弟	以車騎將軍·左光祿大夫領領左右	前廢帝(節閔帝)時	同世隆	同世隆	魏75	弼於前廢帝初爲散騎常侍、左衛將軍，又除車騎將軍、左光祿大夫、領左右。尋爲驃騎大將軍、開府儀同三司、青州刺史。領左右時間不確。

元爽	宗室子弟	元叉之弟	以散騎常侍・衛將軍・金紫光祿大夫領領左右	前廢帝(節閔帝)普泰中，卸任時間不確。	見元叉列	見元叉列	見元叉列及其墓誌銘	墓誌不提父祖之名，因其字景喆，故知其爲元繼之子、元叉之弟。普泰僅有一年，墓誌謂其人「與物無競」，尒朱氏蓋以此任之。爽任領左右可能至永熙二年（533）二月卒時。其墓誌銘見趙超，《漢魏南北朝墓誌彙編》，頁 307～308。
高琛	渤海蓨人	北鎮胡化漢人，高歡之弟	以特進・散騎常侍・車騎大將軍・左光祿大夫・南趙郡公充領左右。	後廢帝中興至孝武帝太昌間（531～532）	謐，侍御史，謫居懷朔鎮	樹，不事家業	八瓊室金石補正卷二十高叡爲亡父母造像記	北齊書本傳載「中興初，授散騎常侍、鎮西將軍、金紫光祿大夫。既居禁衛，恭勤慎密，率先左右。太昌初，除車騎大將軍、左光祿大夫，封南趙郡公，……尋拜驃騎大將軍、特進、開府儀同三司、散騎常侍」，而不記曾領「領左右」。任領左右殆在中興太昌間，永熙二年除六州大都督以前。高叡造像記稱其父的官銜是前後任以及贈官雜揉在一起的，故很難確定其父以何官「領領左右」。此處略據永熙二年以前天的官銜。
于昕	河南洛陽	南遷代人。父敦是于烈之弟、于忠之叔，勳臣八姓之一。	征東將軍	北魏末	洛拔，侍中・尚書令・新安公	敦，征虜將軍・恒州刺史	魏31	昕於孝明帝孝昌中（525～528）出爲鎮東將軍，殷、恒州刺史。還拜征東將軍，領左右。東魏天平中卒。領左右時間不確。

陸昶	河南洛陽	南遷代人，其先世領部落。勳臣八姓之一。	散騎常侍・驃騎大將軍・兼給事黃門侍郎・兼太僕卿	東魏孝靜帝天平（534～537）中	俟，征西大將軍・東平王	龍成，安南將軍・青州刺史・假樂安公	魏40	天平（534～537）中昶進號驃騎大將軍，加散騎常侍、領左右、兼給事黃門侍郎，仍兼太僕卿。復以本將軍為東徐州刺史。尋卒。
高澄	渤海蓨人	高歡嫡子	使持節・尚書令・大行臺・并州刺史，入輔朝政，加領左右・京畿大都督	東魏孝靜帝天平三年至高歡薨（西魏大統二年－十三年，536～547）	樹，不事家業	歡，柱國大將軍・太師・錄尚書事・大行臺・渤海王，北齊追諡高祖神武皇帝	齊3北6	澄尚孝靜帝姊馮翊長公主，北齊追諡世宗文襄皇帝。領左右似至高歡薨始卸。
元景安	河南洛陽	元魏宗室	以征西將軍累遷領左右大都督領左右大將軍	北齊文宣帝天保三年（552）天保四年以後	魏昭成帝五世孫，但曾祖、祖父已不見載姓名官爵。	永，金紫光祿大夫・乾鄉男	齊41	天保初，景安加征西將軍，別封興勢縣開國伯，帶定襄縣令，賜姓高氏。三年，轉領左右大都督，餘官並如故。四年，從討契丹於黃龍，領北平太守。後累遷武衛大將軍，又轉領左右大將軍，兼七兵尚書。自齊以後置領左右將軍、大將軍等官。
皮景和	本琅邪下邳人，魏末因家廣寧石門縣		左右大都督領左右大將軍	北齊文宣帝天保（550～559）間武成帝河清三年（564）	不詳	慶賓，魏淮南王開府中兵參軍事	齊41	天保時景和以通州刺史從襲庫莫奚，加右大都督。乾明元年（560）除武衛將軍，兼給事黃門侍郎。大寧元年（561），除儀同三司、散騎常侍、武衛大將軍，尋加開府。河清二年，出為梁州刺史。三年（564），除領左右大將軍，又除并省五兵尚書。天統元年，遷殿中尚書。

綦連猛		代人	領左右大將軍	北齊孝昭帝皇建二年（561）	不詳	元成，燕郡太守	齊41	天保七年猛除武衛將軍。九年，轉武衛大將軍。乾明（560）初，加車騎大將軍。肅宗孝昭帝皇建二年（561），除領左右大將軍。河清二年，加開府。
李遠	隴西成紀人	家於高平的關隴胡人豪酋，率眾助宇文泰	以征東大將軍任領左右	西魏文帝大統元年（535，東魏天平二年）	斌，襲領父兵，以都督鎮於高平	文保，早卒	周25 北59 隋37	魏孝明帝正光末，勅勒侵逼，遠昆季率勵鄉人拒守原州。及爾朱天光西伐，乃為鄉導，遷高平郡守。宇文泰引居麾下，甚見親遇。及魏孝武西遷，授主衣都統。魏文帝嗣位之始，遣使持節、征東大將軍，進爵為公，仍領左右。是則應在大統元年任領左右。
賀蘭祥	河南洛陽人	魏初三十六國賀蘭國之後。因徙武川而家焉。父初眞，尚宇文泰姊。祥年十一而孤，長於舅氏，特為泰所愛。	魏文帝登位，除征虜將軍、主衣都統，尋遷領左右	大統元年一三年間	烏多侯，履官不詳	初眞，履官不詳，尚宇文泰姊建安長公主。	墓誌	按：魏20本傳不載任領左右，又謂「大統三年拜武衛將軍，□遷右衛將軍」，可能有問題。因通常是由武衛將軍遷領左右故也。要之本傳與墓誌載其履官頗有差異，待考。 墓誌見羅新、葉煒著《新出魏晉南北朝墓志疏證》（北京：中華書局，2005.3），頁245～250。
王勵	其先樂浪人，祖父以良家子鎮武川，因家焉。	系出北鎮。父王盟於魏文帝大統三年，徵拜司空，尋轉司徒。賜姓拓	以散騎常侍・平東將軍為千牛備身、直長、領左右	西魏文帝大統三年（537，東魏天平四年）以前	罷，伏波將軍	盟，侍中・太傅	周20 北61	勵從宇文泰入關，常侍從，尋拜平東將軍、散騎常侍。大統初，為千牛備身、直長、領左右，出入臥內。三年，沙苑之役，勵以都督領禁兵從泰，殉於陣。

	王氏，後至太傅。						
王懋	見王勵項	王勵之弟，見王勵項	由尙食典御遷領左右	西魏文帝大統（537～545）間	見王勵項	見王勵項	北61周20	魏文帝東征，王懋以撫軍將軍兼太子左率，留守。俄轉右率。歷尙食典御、領左右、武衛將軍。後遷右衛將軍。父盟大統十一年（545）薨時不許辭官守制，累遷侍中、左衛將軍、領軍將軍，宿衛宮禁十有餘年。卒於小司寇官。蓋是在王勵之後、父薨之前任領左右。
李雅	李遠弟李穆之子，見同李遠項	見同李遠項	以開府儀同三司領「領左右軍」	約周武帝天和二年（567）至建德初	文保，早卒	穆，天和中轉大司空。建德初拜太保。後助楊堅建隋，拜太師	隋37	周保定中李雅屢以軍功拜大都督。天和二年（567），從元定伐陳時被俘。後得歸國，拜開府儀同三司，「領左右軍」。按：「領左、右軍」應是野戰編制，不確，姑列於此備疑。
楊爽	弘農華陰	隋文帝異母弟	領左右將軍	隋文帝開皇（581～600）初	禎，建遠將軍	忠，柱國大將軍‧涇州總管‧隨國公	周19隋44	六歲而父薨，爲文帝獻皇后所鞠養，由是高祖於諸弟中特寵愛之。文帝受禪，立爲衛王。尋遷雍州牧，領左右將軍。俄遷右領軍大將軍。
獨孤羅	雲中人。魏初三十六部落大人之一。祖俟尼，	北鎮系，獨孤信嫡長子，隋文帝獻皇后之兄	以儀同任左領左右將軍	隋文帝開皇元年（581）	庫者，爲領民酋長	信，周大司馬‧柱國大將軍‧趙國公	隋79北61《全隋文補遺》羅墓誌，頁171	楊堅爲丞相，羅拜儀同，常置左右。受禪，襲爵趙國公，擢爲左領左右將軍，尋遷左衛將軍。羅墓誌作「開皇元年三月，除使持節、上開府儀同大將軍，尋除領左右

	以良家子鎮武川，因家焉							大將軍。冬十一月，轉右武衛將軍」。按：依例應是由領左右將軍遷衛府將軍，故墓誌作領左右大將軍及轉右武衛將軍疑誤。又，其與楊爽不知誰先任此官？或同時，但分領左、右領左右將軍。
獨孤陁	見同獨孤羅項	獨孤羅異母弟，見獨孤羅項	以上開府秩任右領左右將軍	隋文帝開皇初	見獨孤羅項	見獨孤羅項	隋79	文帝受禪，拜上開府、右領左右將軍。久之，出爲鄯州刺史，進位上大將軍。
元雅	河南洛陽	北魏宗室後代	左領左右將軍	開皇中	修義，魏尚書僕射	子均，魏尚書僕射	隋50 北17	兄元孝矩，北周少冢宰、柱國，楊堅重其門地，娶其女爲楊勇妻。及受禪，立勇爲皇太子，孝矩女爲皇太子妃，俄拜壽州總管。弟雅，開皇中，歷左領左右將軍、集沁二州刺史。

備註：

1. 本表列至開皇初。史傳常稱二年以後爲初或中，故以元雅爲殿。

2. 隋文帝於開皇十八年置備身府，爲十二衛府外之增置，而左、右領左右府仍在建制內未廢罷。至煬帝大業三年定令，改左右備身府爲騎（驍？）衛，「又改領左右府爲左右備身府」，是則開皇十八年以後至大業三年的備身府與其後的左、右備身府（原左、右領左右府）不同。

3. 北魏末喪亂時，梁武帝立南奔之魏汝南王悅爲魏主，助其北還。斛斯椿曾於此時奔悅，悅授以使持節‧侍中‧大將軍‧領軍將軍‧領左右‧尚書左僕射‧司空公。會尒朱兆入洛，椿復率所部背悅歸兆（《魏書》本傳）；代人張保洛於孝昌中，隨北鎮叛眾南下‧葛榮以保洛爲領左右（《北齊書》本傳）。以其皆非北魏朝廷所授，故不列入本表。

表二：北周宮伯表

姓名	任職時間	背　　景		職　任	出　處	備　註
若干鳳	魏恭帝三年	代郡武川人。其先與魏氏俱起，以國爲姓。	父若干惠爲魏末西征軍元老。在軍中累遷禁衛軍將領，至中領軍。鳳娶宇文泰女。	以驃騎大將軍・開府儀同三司除左宮伯	《周書・若干惠列傳》	若干惠弱冠時隨爾朱榮征伐，後改從賀拔岳西征，累遷鎮遠將軍、都督、直寢、征西將軍、金紫光祿大夫。賀拔岳死後改隸於宇文泰，拜直閤將軍。魏孝武西遷，若干惠除右衛將軍、大都督。出爲北華州刺史，加使持節、驃騎將軍。大統初，拜儀同三司。尋因戰功加侍中、開府。七年，遷中領軍。若干鳳於大統末襲父爵，娶宇文泰之女。魏廢帝二年，授驃騎大將軍、開府儀同三司。魏恭帝三年，除左宮伯。尋出爲洛州刺史。是年始建六官。
于翼	魏恭帝三年至北周孝閔帝踐阼；北周明帝武成初再任。	河南洛陽人	父于謹，字文泰元勳，八柱國之一，後助宇文護取得霸府大權。翼娶宇文泰女。	魏恭帝三年六官建，以侍中・驃騎大將軍・開府儀同三司除左宮伯。後出爲刺史。周明帝武成初再徵拜右宮伯。	《周書》于謹、于翼兩傳	于翼，太師、燕國公謹之子。年十一，尙太祖（宇文泰）女平原公主，拜員外散騎常侍。大統十六年，進爵郡公，加大都督，領太祖帳下左右，禁中宿衛。累遷散騎常侍、武衛將軍。尋授車騎大將軍、儀同三司，加侍中、驃騎大將軍、開府儀同三司。六官建，除左宮伯。孝閔帝踐阼，出爲渭州刺史。周明帝武成元年從賀蘭祥討吐谷渾，尋徵拜右宮伯，卸任時間不詳。按：魏恭帝三年若干鳳亦爲左宮伯，但尋出爲洛州刺史，見上列。是則于翼當年殆爲右。
賀若誼	周孝閔帝受禪後	河南洛陽人	宇文泰左右	以車騎大將軍、儀同三司任左宮伯	《隋書・賀若誼列傳》	祖，魏雲州刺史，父右衛將軍。誼在魏以功臣子賜爵，累遷直閤將軍、大都督、通直散騎常侍、尙食典御。宇文泰據有關中，引之左右，後拜車騎大將軍、儀同三司、略陽公府長史。周閔帝

姓名	時間	籍貫	關係	職任	出處	備註
						受禪，除司射大夫，轉左宮伯，尋加開府。
宇文丘	孝閔帝元年二月以後	代郡武川人。本姓破野頭，役屬鮮卑俟豆歸，後從其主為宇文氏。曾祖以降竝為沃野鎮軍主。	以告密為宇文護所信用。	以驃騎大將軍・開府儀同三司任左宮伯	《周書・宇文盛列傳》、《隋書・宇文述列傳》	丘為宇文盛之弟。累遷輔國將軍、大都督。與兄盛同告柱國大將軍趙貴與獨孤信謀誅護之事，貴誅，盛授大將軍，丘拜車騎大將軍、儀同三司。後加驃騎大將軍、開府儀同三司，除咸陽郡守，遷汾州刺史。入為左宮伯，進位大將軍。出為延州刺史。 按：孝閔帝紀載孝閔帝於元年正月即位，二月「丁亥，楚國公趙貴謀反，伏誅」。宇文丘何時卸任不詳。
乙弗鳳	孝閔帝元年九月以前	上樂人。世為東部部落大人，與魏徙代，因家上樂。	父乙弗朗。	以驃騎大將軍・開府儀同三司任宮伯	《周書・孝閔帝本紀》《北史・乙弗朗列傳》	據《周書・孝閔帝本紀》元年九月條，載帝與司會李植，軍司馬孫恆，宮伯乙弗鳳、賀拔提等潛謀誅護，事敗被誅。又據《北史・乙弗朗列傳》載：「乙弗朗字通照，其先東部人也。世為部落大人，與魏徙代，後因家上樂焉」。魏末隸賀拔岳，從尒朱天光西討，為岳左廂都督。孝武帝之禦高歡，授朗閣內大都督。及帝西入，詔朗為軍司，先驅靖路。至長安，封長安縣公。卒於岐州刺史。朗曾與宇文泰同隸隸賀拔岳軍，故入關後甚被見重。「子鳳，位宮伯、開府儀同三司。與周閔帝謀宇文護，見殺」。可知鳳當時之戎秩為侍中・驃騎大將軍・開府儀同三司。 按：孝閔帝紀載孝閔帝於元年正月即位，九月被廢。其與宮伯乙弗鳳、賀拔提、張光洛同謀誅護，光洛反告於護，致事敗。是則此時宮伯或有三人歟？
賀拔提	孝閔帝元年九月以前			宮伯	《周書・孝閔帝本紀》	賀拔提除了助孝閔帝誅護，事敗被殺外，其他事蹟諸史無載。參見上列。 按：賀拔提能任內職，疑與賀拔岳家族有關；但恐非任宮伯，不確，姑置於此。

元進	孝閔帝元年九月以前			宮伯	《周書·晉蕩公護列傳》	《周書·晉蕩公護列傳》載：「時司會李植、軍司馬孫恆等，在太祖之朝，久居權要。見護執政，恐不見容。乃密要宮伯乙弗鳳、張光洛、賀拔提、元進等為腹心」，勸帝圖護。事敗下落不明，應與「鳳等」同時被誅。《周書·孝閔帝本紀》失載其人。 按：元進既能任內職，疑與元魏宗室有關；但恐非任宮伯，不確，姑置於此。
張光洛	孝閔帝元年九月以前			宮伯	《周書·晉蕩公護列傳》《周書·于翼列傳》	孝閔帝與宮伯乙弗鳳、張光洛、賀拔提、元進等密謀誅護，光洛確定時任宮伯，因其密告於護，故致事敗，但此後轉遷不詳。建德四年（575），周武帝東征北齊時，張光洛時任大將軍，隸于翼軍（見《周書·于翼列傳》）。此外諸史無傳。
竇毅	周武帝保定三年	扶風平陵人。漢大鴻臚章十一世孫，避竇武之難，亡奔匈奴，遂為部落大人。後魏南徙，子孫因家於代，賜姓紇豆陵氏。累世仕魏皆至大官。	毅為竇熾兄子，娶宇文泰女。	以驃騎大將軍、開府儀同三司任治左宮伯	《周書·竇毅列傳》	竇熾在魏孝武朝拜直閤將軍。時帝與高歡構隙，以熾有威重，堪處爪牙之任，拜閤內大都督。遷撫軍將軍，朱衣直閤，遂從帝西遷。屢立戰功，至周明帝武成二年拜柱國大將軍，為朝之元老。隋文帝踐極，拜太傅，加殊禮，贊拜不名。 熾兄善之子榮定，周末領左、右宮伯，見後。 熾兄子毅，魏孝武初起家為員外散騎侍郎。從孝武西遷，除符璽郎。屢立戰功，於魏恭帝元年，進授驃騎大將軍、開府儀同三司、大都督，出為幽州刺史。周武帝保定三年徵還朝，治左宮伯，轉小宗伯，尋拜大將軍。後至大司馬。 毅尚太祖第五女襄陽公主，特為朝廷所委信。
元	武帝保定中		西魏宗室。	以驃騎大將	《周書·	元定於魏末從爾朱天光西

定		宇文泰舊部。	軍、開府儀同三司授左宮伯中大夫	元定列傳》	征，賀拔岳被害，定從宇文泰討侯莫陳悅。魏孝武西遷以後，屢立戰功，累遷驃騎大將軍、開府儀同三司。周明帝時拜岷州刺史。保定中，授左宮伯中大夫。久之，轉左武伯中大夫，進位大將軍。
宇文達	武帝天和元年	周王室	宇文泰之子	以大將軍任右宮伯	《周書·代奰王達列傳》	周武帝天和元年，拜大將軍、右宮伯，拜左宗衛。建德初，進位柱國，出爲荊州刺史。武帝東伐北齊，以爲右一軍總管。宣帝即位，進位上柱國。大象元年，拜大右弼。
宇文神舉	武帝天和元年至建德元年	周宗室	宇文泰族子。父爲宇文顯和，從兄爲宇文深。	以驃騎大將軍、開府儀同三司任右宮伯中大夫	《周書·宇文神舉列傳》	宇文顯和爲孝武帝閤內都督，遷朱衣直閤、閤內大都督，後從入關，宇文泰引爲帳內大都督。累至車騎大將軍、儀同三司，加散騎常侍。魏恭帝元年卒。 神舉早歲而孤，周明帝初起家中侍上士。武帝保定四年累進驃騎大將軍、開府儀同三司，治小宮伯。天和元年，遷右宮伯中大夫。參預武帝誅晉公護之謀，建德元年，遷京兆尹。後從武帝伐齊，進柱國大將軍、并州總管。
叱列伏椿	武帝天和初	代郡西部人。世爲部落大人。魏初入附，遂世爲第一領民酋長。	父叱列伏龜爲宇文泰姪女婿。	以驃騎大將軍、開府儀同三司任左宮伯	《周書·叱列伏龜列傳》	父叱列伏龜，原爲高歡大都督，於沙苑之敗時來降。宇文泰以其豪門，解縛禮之，並以邵惠公女妻之。後累立戰功，大統十四年徵拜侍中，加驃騎大將軍、開府儀同三司，除恆州刺史。十七年卒。 叱列椿於周明帝時遷驃騎大將軍、開府儀同三司。武帝保定二年，授幽州刺史。天和初，除左宮伯，進位大將軍。
長孫覽	武帝天和六年	河南洛陽人。出自北魏帝室十姓。	周武帝好友。	應是以驃騎大將軍、開府儀同三司任右宮伯	《周書·武帝本紀》《隋書·長孫覽列傳》	長孫氏在北魏家世顯赫。覽出長孫道生一系，祖父長孫稚官爲魏太師、假黃鉞、上黨王。父紹遠，周小宗伯、上黨郡公。

						覽本人在西魏文帝時以東宮親信起家。周武帝在藩，與長孫覽親善，即位後超拜車騎大將軍，每公卿上奏，必令省讀。後歷小司空。從平齊，進位柱國，宣帝時，進位上柱國、大司徒。 《隋書》本傳及《北史‧長孫道生列傳‧覽附傳》）均未載其爲宮伯。其任右宮伯見《周書‧武帝上》天和六年條，載封「右宮伯長孫覽爲薛國公」，《北史》同。長孫覽似任宮伯甚久，至宣帝時仍任之，見《隋書‧刑法志》（卷二十五，頁710）。 按：據《周書‧齊煬王憲列傳》載：「高祖崩，宣帝嗣位，以憲屬尊望重，深忌憚之。時高祖未葬，諸王在內治服，司衛長孫覽總兵輔政。」（卷十二，頁195）是則長孫覽或一度由右宮伯轉司衛，然後再任宮伯歟？抑或《隋書‧刑法志》所載有誤？待考。
宇文述	武帝建德元年三月以後	見前面宇文丘列	父盛，周上柱國。 叔丘，見前。	以驃騎大將軍、開府儀同三司任左宮伯	《隋書‧宇文述列傳》	宇文述以父軍功，起家拜開府。因性恭謹沈密，周大冢宰宇文護甚愛之，以本官領護親信。及護誅，武帝親總萬機，召爲左宮伯，累遷英果中大夫。
于顗	武帝建德四年十月以後	河南洛陽人	八柱國之一于謹之孫，于寔之子，于翼之姪。	以上開府儀同大將軍。歷左、右宮伯	《魏書‧于謹列傳》《隋書‧于仲文列傳》	于氏家族從西魏至隋皆甚貴盛，《隋書‧于仲文列傳》載顗爲周大冢宰宇文護所器，妻以季女。尋以父勳授大都督。「其後累以軍功，授上開府。歷左、右宮伯，鄆州刺史。大象中，以水軍總管從韋孝寬經略淮南」，拜東廣州刺史。 按：武帝紀載建德四年十月初置上柱國、上大將軍、上開府、上儀同等官。故其歷左、右宮伯時間應在此後。弟賢，尚周武帝女。

宇文孝伯	武帝建德五年二月以後	周宗室	宇文泰族孫，宇文深之子，宇文神舉從子。	以驃騎大將軍‧開府儀同三司任左宮伯。轉右宮伯。	《北史‧周宗室‧廣川公測列傳》、《周書‧宇文孝伯列傳》	宇文孝伯生日與周武帝同，宇文泰甚愛之，養於第內。及長，又與武帝同學。武帝即位，宇文護專制，乃託言少與孝伯同業受經，思相啓發。得入爲右侍上士，恆侍讀書。 天和元年，遷小宗師，領右侍儀同。恆侍左右，出入臥內，朝之機務，皆得預焉。及武帝誅護，孝伯及宇文神舉等頗得參預。護誅，授開府儀同三司，歷司會中大夫、左右小宮伯、東宮左宮正。建德之後，以尉遲運爲右宮正，孝伯仍爲左宮正。尋拜宗師中大夫。從皇太子征吐谷渾，軍中之事多決之。俄授京兆尹，入爲左宮伯，轉右宮伯。 按：武帝紀載建德五年二月皇太子征吐谷渾，故孝伯任宮伯應是此後之事。
李衍	武帝建德六年二月以後	遼東襄平人（北史李弼傳作隴西成紀人）	八柱國之一李弼之子	以大將軍拜左宮伯	《隋書‧李衍列傳》	李衍於西魏釋褐千牛備身，後加開府，遷義州刺史。及平齊，以軍功進授大將軍，拜左宮伯。 按：建德六年正月平齊，二月論功行賞。
李椿	宣帝大象末	同上	李弼之子，過繼弼弟爲子。	以大將軍任右宮伯。	《周書‧李弼列傳》	椿於大象末授開府儀同三司、大將軍、右宮伯。 兄李輝娶宇文泰女。
竇榮定		見竇毅列	竇熾之姪，竇毅從兄弟。楊堅（隋文帝）姊夫。	以上開府驃騎大將軍領左、右宮伯	《周書‧竇毅列傳》、《隋書‧竇榮定列傳》	《周書‧竇毅列傳》謂榮定起家魏文帝千牛備身，累遷驃騎大將軍，歷伏飛中大夫、右司衛上大夫。《隋書‧竇榮定列傳》則謂「從武帝平齊，加上開府，拜前將軍、伏飛中大夫。其妻則高祖（隋文帝）姊安成長公主也。高祖少小與之情契甚厚，榮定亦知高祖有人君之表，尤相推結。及高祖作相，領左、右宮伯，使鎮守天臺，總統露門內兩箱仗衛，常宿禁中」。隋文帝受

						禪，以長公主之故，尋拜右武候大將軍。按：榮定以上開府驃騎大將軍超擢總領左、右宮伯，蓋與楊堅作相，監控靜帝，準備篡位有關，非常制也。

備註：

　西魏恭帝三年春正月丁丑，初行周禮，建六官。宮伯爲天官大冢宰之屬官，故本表從此年始。

本文爲 2008 年國科會 nsc97-2420-h194-030-my2 研究計畫尚未發表之一部分

略論魏周隋之間的復古與依舊：
一個胡、漢統治文化擺盪改移的檢討

一、前　言

　　《周書‧文帝下》史臣曰稱謂：「太祖（宇文泰）田無一成，眾無一旅，驅馳戎馬之際，躡足行伍之間。……取威定霸，以弱爲彊。……乃擯落魏晉，憲章古昔，修六官之廢典，成一代之鴻規。德刑並用，勳賢兼敘，……功業若此，人臣以終。盛矣哉！……昔者，漢獻蒙塵，曹公成夾輔之業；晉安播蕩，宋武建匡合之勳。校德論功，綽有餘裕。」跡泰之崛起，的確如同曹操、劉裕般白手乘時以興；但如論改制創業，若不因其人其族而廢言，則校德論功似尤在曹、劉之上。蓋曹、劉之開創德業以乘時用武、挾天子以令諸侯爲主；而宇文泰除此之外，尚揭示其主義，逆時以創制，用心猶在孟德之上故也。

　　宇文泰之用心爲何？同紀云：「恆以反風俗，復古始爲心。」此復古主義的十個字，最足以展現宇文泰開國創意之深謀與努力，而卻不易一下子爲人所理解。陳寅恪先生指出其創制爲「摹古之制」，「非驢非馬」，其實連宇文泰本人亦未拘泥，僅是「一時權宜文飾之過渡工具，而非其基本霸業永久實質之所在」，以故「創制未久，子孫已不能奉行，逐漸改移，還依漢魏之舊」云云。〔註1〕表面視之誠然，深入察之則殆未盡然。

　　蓋自屠各匈奴劉淵起事以來，胡人統治者對魏晉開國者即頗有鄙夷之心，故劉淵以曹操的開國格局爲下焉者，自謂「當爲崇岡峻阜，何能爲培塿乎！……今……鼓行而摧亂晉，猶拉枯耳。上可成漢高之業，下不失爲魏氏」云云。〔註2〕而石勒亦譏笑曹操與司馬懿說：「人豈不自知，……朕若逢高皇（漢高祖），當北面而事之，與韓、彭競鞭而爭先耳；脫遇光武，當並驅于中原，未知鹿死誰手！大丈夫行事當礌礌落落，如日月皎然，終不能如曹孟德、司馬仲達父子，欺他孤兒寡婦，狐媚以取天下也！」〔註3〕是則宇文泰繼劉淵、元宏（北魏孝文帝）以後施行新制，實未可因其創制未久而子孫已不能奉行，逐漸改移，還依漢魏之舊而可輕視之。因爲自劉淵以來，二百餘年之間，胡人政權如何建制以統治中國，其實一直均在嘗試之中，曾無有效

〔註1〕陳先生多處提及此論點，較明確者則請參其《隋唐制度淵源略論稿‧禮儀》篇，收入《陳寅恪先生文集（二）》，台北：里仁書局，民國71.9。
〔註2〕《晉書‧劉元海載記》（臺北：鼎文書局新校本，以下引正史同此版本），卷一百一，頁2648。
〔註3〕詳《晉書‧石勒載記下》，卷一百五，頁2749。

的定制，而宇文泰在此潮流趨勢之中，實爲非漢族政權之最後一次創新性嘗試。此就歷史發展宏觀角度而論，則其此舉已宜乎不能忽略；至於創制未久而子孫已不能奉行，逐漸改移，則與後宇文泰時代政局國策一再劇變有關，以故體制亦不得不隨之一再改移，原與宇文泰創制之能否長治久安無大關係也。

為此，本文主要討論的焦點爲：

（一）宇文泰之開國策略爲何，與「復古始」有何關係？

（二）「復古始」之內涵爲何，憲章何民族何文化的古昔，此在國家戰略上有何意義與作用？

（三）後宇文泰時代爲何會出現反復古——復舊或依舊——思想，其理據爲何，趨勢爲何，對體制的改移有何影響？

本文之主旨不是爲了駁論甚麼學說，僅是對所欲論的問題申一鄙然無甚高論的己見，庶備一家之言而已。幸方家有以正之。

二、宇文泰之開國策略與復古政策

在論宇文泰的開國策略之前，宜乎先分析關隴情勢。

按：自秦漢以來，關隴以及河西之地原本即民族複雜、情勢險峻，〔註4〕以故西晉時先有郭欽上疏請徙胡，述及「西北諸郡皆爲戎居」，建議「漸徙平陽、弘農、魏郡、京兆、上黨雜胡，峻四夷出入之防，明先王荒服之制，萬世之長策也」；後有江統亦上疏請徙戎，並指出「關中之人百餘萬口，率其少多，戎狄居半」，而晉武帝均不納。〔註5〕如此複雜的民族關係與情勢，難怪漢趙之匈奴屠各覆滅於平陽時，劉曜據關中自立，即思拉攏此間的非漢族住民以圖穩固其政權，此即所謂「置單于臺于渭城，拜（其子劉胤）大單于，置左右賢王已下，皆以胡、羯、鮮卑、氐、羌豪桀爲之」的光初體制是也，以故其軍隊即以此等胡夷作爲主力。〔註6〕

〔註4〕 此處之河西，當時實指黃河東流折南以西今陝北之地，本文因論關隴民族分佈，故亦略及今河西走廊之地。

〔註5〕 郭欽疏見《晉書四夷‧匈奴列傳》，卷九十七，頁2549；江統疏見同書本傳，卷五十六，頁1533。

〔註6〕 請參拙文〈漢趙國策及其一國兩制下的單于體制〉（《國立中正大學學報》1.3，民國81），及〈前、後趙軍事制度研究〉（《國立中正大學學報》1.8-1，民國86）。

　　此種民族關係其後雖因相處日久而頗有融合趨勢，但非漢族以部落狀態存在的情況，在隋以前也仍不少見，複雜情勢變化緩慢，[註7]甚至因鮮卑、敕勒（高車）以及其他雜胡（費也頭、稽胡等）之移入與出現而更形複雜。

　　根據北《周書》所載，魏末北周五十六年間曾發生動亂的有十五年，而此十五年陸續發生了 39 次動亂事件。從空間分佈觀察，秦州、南秦州、東益州、雍州與涼州一帶的動亂次數較多，原州與岐州次之，大致分佈於今陝南西部與甘肅東部的黃土高原地區，請參圖 1。

圖 1：魏末北周關隴地區動亂次數分佈圖

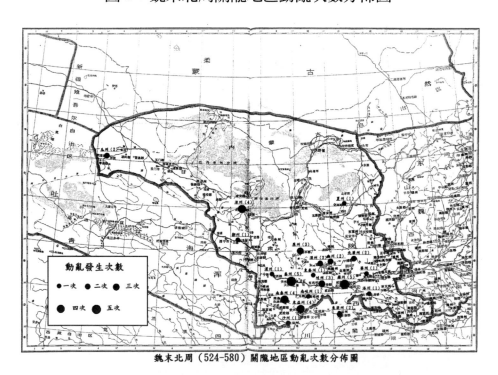

魏末北周（524-580）關隴地區動亂次數分佈圖

備註：本圖及所據之統計數字均由助理何承冀為之，承冀據譚其驤主編之《中國歷史地圖集》（上海地圖出版社，1982.10）第四冊為底圖繪製。

　　上述動亂較多的幾個州多是非漢族的居住地，秦州、東益州、涼州等地區的動亂多半是羌、氐或雜胡所引起，而原州與岐州地區的動亂則多為鮮卑、

〔註7〕據馬長壽《碑銘所見前秦至隋初的關中部族》（桂林：廣西師範大學出版社，2006.6）一書所引碑銘，顯示北朝愈後則雜姓村愈普遍，而雜姓村在當時之社會意義殆即為雜族村，為民族或種族融合的象徵。因此，馬長壽遂以漢化視之，但其所論之地區仍以渭北為主。

敕勒或雜胡所導致，請參圖 2。所謂雜胡或不知族別，從血緣論多與匈奴有關，略爲西晉以來情勢之延續。〔註8〕是則動亂多發生在這幾個地區，除了自然環境與生產關係外，種族問題複雜更是一個重要原因。

圖 2：魏末北周關隴地區動亂民族分佈圖

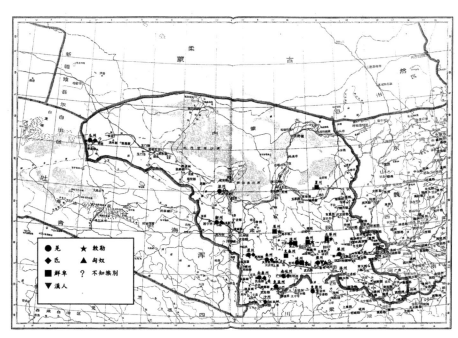

魏末北周（524-580）關隴地區動亂民族分布圖

備註：參同圖 1。

　　宇文泰與劉曜均系出匈奴，亦均是由外地率領其武裝部隊來至，欲割據此地區以建立政權的外來政權，〔註9〕因而所面臨的格局──劣勢人口的外來政權，欲君臨優勢人口、農牧交錯而又民族複雜之地──幾乎雷同，以故其

〔註8〕 關於雜胡，請參唐長孺〈魏晉雜胡考〉（收入其《魏晉南北朝史論叢》，本人所據爲臺灣早年私人翻印本，出版資料不詳）與周偉洲《西北民族史研究》（鄭州：中州古籍出版社，1995.7）之第二篇，於此不贅。

〔註9〕 宇文泰族系，學界頗有異說，筆者從周一良〈論宇文周之種族〉謂系出匈奴之說，該文收入其《魏晉南北朝史論集》（北京：中華書局，1962）。不過，周偉洲《西北民族史研究》（鄭州市：中州古籍出版社，1995.7）對此頗有辯證（頁110～111），謂宇文氏系出匈奴，但非南單于遠屬，而是匈奴東部大人所領融於鮮卑而「總十二部落」的一支。又，宇文泰初從西征軍入關時僅爲小將，因緣而至統帥，此與劉曜異，請詳本文後論。

所採取的對策，則亦幾乎同出一轍。也就是思用一套有效體制，以資對優勢人口的漢族以及諸胡夷進行統治，冀收攏絡納編之效。

劉曜經略此地在四世紀初期，歷十二年而亡，而宇文泰經略此地則在六世紀中期，約五十年而亡。二人族源相同，國策亦相同，即是先割據關隴，用一套新體制納編當地民族複雜的豪右人物——即是社會領袖與部落領袖，以建立並鞏固其政權，然後徐圖進取天下。此開國國策在西征軍統帥——關西大行臺・關西大都督——賀拔岳生前，宇文泰即已向其提出，並獲採納。《周書・文帝（宇文泰）紀上》載云：

> 齊神武（高歡）既破爾朱，遂專朝政。太祖（宇文泰）請往觀之。……還謂岳曰：「高歡非人臣也，逆謀所以未發者，憚公兄弟耳！……今費也頭控弦之騎不下一萬，夏州刺史斛拔彌俄突勝兵之士三千餘人，及靈州刺史曹泥，並恃其僻遠，常懷異望；河西流民紇豆陵伊利等，戶口富實，未奉朝風。今若移軍近隴，扼其要害，示之以威，服之以德，即可收其士馬，以實吾軍。西輯氐羌，北撫沙塞，還軍長安，匡輔魏室，此桓文舉也。」岳大悅。

及至岳被隴西行臺侯莫陳悅所害，岳麾下諸將迎泰接掌統帥權時，泰將于謹亦以此為建議，《周書・于謹列傳》載云：

> 謹乃言於太祖曰：「魏祚陵遲，權臣擅命，群盜蜂起，黔首嗷然。明公仗超世之姿，懷濟時之略，四方遠近，咸所歸心。願早建良圖，以副眾望。」太祖曰：「何以言之？」謹對曰：「關右，秦漢舊都，古稱天府，將士驍勇，厥壤膏腴，西有巴蜀之饒，北有羊馬之利。今若據其要害，招集英雄，養卒勸農，足觀時變。且天子在洛，逼迫群凶，若陳明公之懇誠，算時事之利害，請都關右，帝必嘉而西遷。然後挾天子而令諸侯，奉王命以討暴亂，桓、文之業，千載一時也！」太祖大悅。

宇文泰之所以大悅也者，蓋因此策正是其早時建議賀拔岳之策也，將帥相合如此，以故大悅罷了。

不過，宇文泰依此國策而設定的安全體制與國家戰略，則與劉曜仍有所差異。此即：劉曜思用其本民族的舊體制——匈奴游牧封建帝國體制——以為統制此地的體制，〔註 10〕用以部勒此間胡、羯、鮮卑、氐、羌部落，並收

〔註10〕 匈奴是國家抑或是部落聯盟，學界有所辯論。其由部落以至發展為國家，創

編爲軍，是則對此諸族仍不免有征服王朝的色彩；而宇文泰則是順著民族更爲複雜的情勢，思用一套各族最大公約數可以接受的胡漢混合新精神與新體制，以納編關隴各族豪右，並予以整編，建爲新軍。

由於關隴諸族以漢族、鮮卑與匈奴三族系最有社會勢力，而三族文化之中，匈奴系早期原有一套游牧封建體制，鮮卑系早期亦有一套部落聯盟體制，制度特性頗與漢族早期姬周之天王封建制暗合，以故如何混合此三系早期體制而冶於一，即爲已鮮卑化的匈奴裔宇文泰用心所在。史臣謂泰「擯落魏晉，憲章古昔」，「恆以反風俗，復古始爲心」，蓋指此而言。此套混合胡漢的新精神與新體制，就是「內胡外漢」之體制，是一種有創意的「外周內胡封建部落混合體式」；也就是陳寅恪先生所稱之「關中文化本位政策」與「關隴胡漢混合集團」，所謂的「不驢不馬」體制是也。

三、復古政策的施行

宇文泰既要「挾天子而令諸侯，奉王命以討暴亂」，效法「桓、文之業」，是則必須要在西魏朝廷之外建立以己爲核心之新集團以及直屬的武力系統。按宇文泰所接掌的關西大行臺‧關西大都督雖是政軍要職，但畢竟仍是方面之職，故欲插手中央政治，則名不正而言不順。

宇文泰爲了實施上述開國策略，需於朝廷之外別樹新中心新集團，而依此新中心新集團所建構的體系即是其直屬的武力體系，故自大統初期以來即率諸將移駐華州（後改同州），作爲政軍大本營，略如曹操當年的據鄴制許，表面上的戰略態勢是策援前線、拱衛京畿，實則是作爲其發號施令的霸府基地，用以挾制朝廷。如此之計劃並施行，即是其國家戰略構想。〔註11〕爲此，他將關隴三河士人蘇綽、盧辨等任爲相府或行臺僚屬，爲其擬議適合於此國策與國家戰略的新體制——亦即可以並包匈奴軍事制度、鮮卑部落聯盟，以

有北亞遊牧民族第一套國家體制，可概參山田信夫〈テェルク‧モソゴル系古代遊牧民族の國家形成〉，收入其《北アジア遊牧民族史研究》（東京大學出版社，1989.7 第 3 刷）。筆者概以漢晉間鮮卑之步度根、軻比能以至拓拔聯盟作爲比較，則匈奴應爲游牧封建帝國。步度根、軻比能事見《三國志‧鮮卑傳》，拓拔聯盟見北《魏書‧序紀》，不贅。

〔註11〕國家戰略是國家爲了達成國家目標，發展與運用諸國力要素以統合戰力的思想與計畫，是軍事戰略與軍事政策之依據；而軍事政策則爲建軍與軍制的依據，請參蔣緯國《軍制基本原理》（台北：黎明文化事業公司，民國 77.8 七版）第七至第十章，頁 46～74。在諸國力要素中，本文暫不論經濟要素。

及姬周天王封建制之政軍新體制。此所以新體制之改革行用何以遲緩，以及何以僅及於中央政府制度之故也。

匈奴裔鮮卑人的宇文泰出身北鎮將門子弟，青少年即從父戰鬥，顛沛流離，無暇讀書；不過此時，卻於公餘常與士人論學講習，是以這些士人亦必熟知其意，而以他們素所熟習之漢魏經史家學，仰承此旨，協助宇文泰規劃文飾此國策。〔註12〕由此觀之，宇文泰「復古始」的政策意義，實質上是欲同時恢復胡（鮮卑與匈奴）之古與漢之古，使之兼容並畜，達成其國策。是則此所謂「復古始」，實是宇文泰爲了因應關隴民族多元而複雜之情勢，而設計的多元復古主義也。論其初意，雖或許僅是「一時權宜文飾之過渡工具」，但也應非率意爲之。

搉泰之改革，殆自大統初期即已陸續低調進行，至後期則大舉公開推行。觀泰統十二軍東征，諸將自大統初被陸續賜予胡姓、軍隊陸續被整編，可知其意實由武力系統入手，漸及行政系統，最終將會掌握此政軍新體制以挾劫西魏天子，改皇帝制爲天王制——即是將治權政權、政體國體均予以徹底的改移轉變，改革始能結束。

宇文泰改革初始之所以採用如此緩慢低調的方式進行，應與其基礎未固、權力未穩有關。蓋宇文泰原屬北魏西征軍的小將，而西征軍爲北鎮武力，原本僅有兵力一千人，後加配二千人，兵種爲馬軍。〔註13〕其後泰因戰功而屢獲升遷，更因西征軍統帥賀拔岳之意外被殺，遂爲諸將所推，繼爲統帥。宇文泰雖爲西征軍諸將所推，但是西征軍系以外的關隴州牧以及複雜的民族部落，實非其所能完全掌握控制；稍後魏孝武帝爲高歡所逼而西遷，則更外增強敵高歡、內多一個自主性堅強的皇帝。因此，爲了達成上述的開國策略，他必須一方面在軍建立新集團新武力，另一方面在朝則必須採取妥協的政治

〔註12〕 關隴士人所傳家學，前引陳寅恪文已述之甚詳，於此不贅。不過，日常與宇文泰論學的士人，其實也多有三河人物，例如史載河東薛慎「起家丞相府墨曹參軍。太祖於行臺省置學，取丞郎及府佐德行明敏者充生，悉令旦理公務，晚就講習，先六經，後子史。又於諸生中簡德行淳懿者，侍太祖讀書。慎與李璨及隴西李伯良、辛韶，武功蘇衡，譙郡夏侯裕，安定梁曠、梁禮，河南長孫璋，河東裴舉、薛同，滎陽鄭朝等十二人，竝應其選。又以慎爲學師，以知諸生課業。太祖雅好談論，并簡名僧深識玄宗者一百人，於第內講說。又命慎等十二人兼學佛義，使內外俱通。由是四方竸爲大乘之學」（《周書·薛善列傳·弟慎附傳》卷三十五，頁624～625）云云，可見其學習情況。
〔註13〕 詳《魏書·爾朱天光列傳》，卷七五，1673～1674。

態度，用以實行軟征服。〔註14〕

原夫宇文泰在西征軍中倫理輩份本不高，與他「等夷」、甚至比他資深的將領大有人在，〔註15〕故其所以被推選為新統帥，是因諸將認同「須擇賢者總統諸軍」的原則而獲選。《周書・文帝紀上》載其事云：

> 魏永熙三年（534）……二月，……岳果為悅所害。其士眾散還平涼，唯大都督趙貴率部曲收岳屍還營。於是三軍未有所屬，諸將以都督寇洛年最長，相與推洛以總兵事。洛……謂諸將曰：「洛智能本闕，不宜統御，近者迫於群議，推相攝領，今請避位，更擇賢材。」於是趙貴言於眾曰：「元帥（賀拔岳）……奄罹凶酷……眾無所依。必欲糾合同盟，復讎雪恥，須擇賢者總統諸軍。……竊觀宇文夏州（泰時為夏州刺史），英姿不世，雄謨冠時，遠邇歸心，士卒用命。加以法令齊肅，賞罰嚴明，真足恃也。……」諸將皆稱善，乃命赫連達馳至夏州，告太祖。

可見西征軍系諸將咸認宇文泰具有英雄氣概、公平嚴明、民眾歸心等人格特質，為領袖特有的人格魅力，也正是遊牧民族選汗的重要條件，情況略如其祖先葛烏菟之被鮮卑所推。《周書・文帝紀上》載云：

> 太祖文皇帝姓宇文氏，諱泰，……其先……有葛烏菟者，雄武多算略，鮮卑慕之，奉以為主，遂總十二部落，世為大人。其後曰普回，因狩得玉璽三紐，有文曰皇帝璽，普回心異之，以為天授。
> 其俗謂天曰宇，謂君曰文，因號宇文國，并以為氏焉。

由此觀之，可知西征軍北鎮諸將此次軍前選帥，其實無異如同鮮卑早期諸部酋長之推選聯盟盟主。這是宇文泰不得不依存於早期鮮卑部落聯盟，以及建設其十二軍於其中，並用此作為政治資本，挾持西魏皇帝的重要原因。雖曰當日事勢有以致之，但卻也是有所本也有所創新的戰略構想。

────────────

〔註14〕從戰爭論看，政治之目的必須視為戰爭本來的動機，因而須為因應未來的戰爭而建軍；但是，戰爭的本質是暴力，而其目標則是迫使敵人屈服於我之意志（克勞塞為茨《戰爭論》第一篇〈戰爭的本質〉，國防部史政編譯局，民國80.3）。故筆者認為經由建軍以遂行戰爭，經由戰爭以達成目的，其本質即是征服。至於征服的手段可以有多種選擇，大抵而言，將我之意志（包括制度文化）完全強加於敵者為強征服，只要求形式臣服而保存敵之固有文化與統治體制者是為弱征服，而將我之意志作妥協調適以加於敵者則是軟征服。

〔註15〕陳寅恪前引書之〈兵制〉篇，對當時諸將與泰等夷以及宇文泰思欲收兵權之事有精辟論述，此不贅。

按：二百年前與泰同族的劉淵起事，以在漢地復國、實行軟征服作爲國策，並爲此而開創二元並立、雙軌統治的模式，其後諸非漢族胡夷政權均先後模仿劉淵模式而修改之，概以「一君兩制型」的體制爲常。〔註16〕這套模式扼言之，就是不放棄征服者的固有統治文化與體制，而對被征服的主流民族採取妥協姿態的軟征服模式。此模式在國體上，或採「一君兩制型」的皇帝制度，或採「雙兼君主型」的「王·大單于」、「天王·大單于」制度；〔註17〕在政體上，則分以尚書臺漢制治理漢人，單于臺胡制治理胡夷。所謂胡夷，是泛指非漢族的所有民族或種族。在此統治模式之下，主流被征服者的漢人較少起而反抗；但是人口文化對征服者並未構成壓倒性優勢、而又未習慣匈奴體制的諸胡夷，一旦被單于臺制加身，可能一下子不易適應，故屢起反叛。經歷胡夷迭興，也迭修改此模式的變動，遂使此制度的發展，呈現出時間愈後則漢制愈顯而胡制愈隱的趨勢，是效用出現「隨時推移遞變遞減效應」的結果，終至北魏孝文帝時改行大舉漢化。這段模式隨時建改推移的興滅過程，實爲非漢族政權在華的「嘗試錯誤統治歷程」，嘗試錯誤之代價即爲亡國滅族，而劉曜統治關隴的迅速敗亡則僅是其中一例罷了，但其經驗已足以作爲宇文泰之最佳借鏡。

宇文泰非常瞭解，能否收服關隴北面的鮮卑、高車、雜胡，西面的群氐、

〔註16〕關於五胡之統治模式，日本學者稱爲胡漢二重性，大陸學者稱爲雙軌統治，其端概由漢趙所開創。請參拙著〈從漢匈關係的變化略論劉淵屠各集團的起事——兼論其一國兩制的構想〉（《東吳文史學報》8，民國 79 年）、〈漢趙國策及其一國兩制下的單于體制〉（《國立中正大學學報》3－1，民國 81 年），以及〈試論「五胡」及其立國情勢與漢化思考〉（收入國立中正大學「臺灣人文研究叢書」之《胡人漢化與漢人胡化》，民國 95.12）三文。至於論述五胡統治的其他諸文，於此不贅。

〔註17〕古正美從佛教治國意識形態切入，申論石勒以後諸胡夷所實行的天王制，是受大乘佛教密教化的影響。其說筆者在撰述五胡統治諸文時尚未有機會參考，近年拜讀，深佩其精辟；不過，古正美僅從大乘佛教密教化的立場推論，而未兼顧兩漢以來的中國與四夷政治關係，以及起事胡夷不敢作中國天子的政治態度與意識觀念。如《晉書·石勒載記上》載勒云：「自古誠胡人而爲名臣者實有之，帝王則未之有也。」此種態度與意識，奉行大乘密教的二秦君主亦可見到，故胡夷初起時常不敢遽稱皇帝，而先採「雙兼君主型」，應即爲此政治態度與意識觀念的表現。宇文泰也相信大乘佛教（見註12），但北周元首後來稱爲天王，實與泰據周禮改制有關，而與大乘佛教殆無關係，古正美卻對此並無析論。另外，由於古正美也未論證大乘密教是否有「雙兼君主型」的國體與政體，以故筆者未能確認石勒等人之稱「某王·大單于」或「某天王·大單于」，是否確與佛教政治傳統有關，但其說可備爲一說。

種羌，實是其能否奠定開國策略的根本。所謂收服，不僅是武力征服罷了，而更應是建立一套各族最大公約數可以接受的統治新文化與新體制。西征軍的武力核心雖為北鎮諸將，但軍中結構僅為少數，與關隴社會人口比例相當。此時的北鎮諸將大多數是當年不滿或反對洛陽之漢化政權者，因此繼承洛陽漢化體制則恐怕北鎮諸將不服，採取匈奴舊制則恐怕其他胡夷不服，而不採用漢制則漢人不服，此所謂難也，宇文泰怎能不讀書講習，研擬一種新精神、新文化與新體制。

前謂宇文泰的改革是先由武力系統入手，漸及行政系統，最後將止於政權的改易與國體的改變，而其指導原則即是建設直屬武力的國家戰略，以及恢復古始的復古主義思想。茲試論其概略如下。

所謂直屬武力的建設，是指將西征軍陸續改編為中央軍。按：西征軍即是關西大都督所統率指揮之征伐軍，原由爾朱榮所部北鎮兵派出，初時僅配屬兵力一千人，稍後加配二千，總兵力不過有三千人。其後在關中作戰，實行收降納叛、以戰養戰，至賀拔岳為帥時估計已有三、四萬人以上。及至宇文泰接掌西征軍時，《周書・文帝紀上》載云：

> 太祖表於魏（孝武）帝曰「臣前以故關西大都督臣岳，……橫罹非命，……為眾情所逼，權掌兵事。詔召岳軍入京，……此軍士多是關西之人，皆戀鄉邑，不願東下。……乞少停緩，……漸就東引。」……魏帝詔太祖曰：「賀拔岳既殞，士眾未有所歸，卿可為大都督，即相統領。知欲漸就東下，良不可言。……」

是則此時兵力增加十倍以上的西征軍，已多是關西之人矣。至於稍後平定隴右侯莫陳悅，收編其部隊，總兵力當已發展至六、七萬人以上，而其成份則更「多是關西之人」。所謂「關西之人」，則殆以先前叛亂之諸胡氏羌被收編者為主，可以無疑。

值得注意的是，宇文泰此時僅接替賀拔岳所遺的關西大都督職缺以統率西征軍而已，至於岳賴以處分戰地政務之關西大行臺遺缺則未獲接替。〔註18〕不過，此後宇文泰權位升遷迅速，於永熙三年（534）二月接替關西大都督，四月平定侯莫陳悅後，尋即奉詔兼關西大行臺尚書僕射，可據以處分關西的

〔註18〕魏末行臺是中央尚書臺的臨時派出機關，本為便宜處分戰地政務而置，故多為征伐軍統帥所兼。魏周行臺制度可詳嚴耕望先生《魏晉南北朝地方行政制度》（臺北：中研院史語所專刊四十五 B，民國 79.5 三版），頁 525。其後鄭欽仁、蔡學海等亦有研究，不贅。

戰地政務。同年七月，孝武帝爲高歡所逼而從洛陽率輕騎入關，泰奉帝都長安，自後「披草萊，立朝廷，軍國之政，咸取太祖決焉。仍加授大將軍・雍州刺史・兼尚書令」；八月，泰破歡軍於潼關，遂「進位丞相」。史謂「自太祖爲丞相，立左右十二軍，總屬相府」云，〔註 19〕蓋將其關西大都督所統改編爲十二軍，移隸於丞相府也，是爲宇文泰在中央建立直屬武力之始。

所謂「立左右十二軍」，筆者據所知史實解讀，應是左、右共十二軍之意，殆仿其祖先昔日在遼河流域「總十二部落，世爲大人」、主持一個小聯盟的遺制；而非大統十六年編建的左、右各十二軍，合共二十四軍之匈奴帝國常制。後來唐高祖於開國之初，亦於關中建置十二軍，蓋即依仿宇文泰此遺制歟？〔註 20〕因此大統三年（537）八月，泰率軍東伐，即是以李弼等十二將爲主。所推若是，則宇文泰建立直屬武力之始，即已模仿部落聯盟之部落兵制，以故自大統初即漸賜諸將以胡姓也。

然而，宇文泰雖以丞相領左右十二軍，但是左右十二軍仍非正式的中央軍，而由丞相統領亦未全合於體制，更遑論諸州兵不受統率了。此由大統三年八月，泰率李弼等十二將東伐，當時「徵諸州兵皆未會」，泰遂率十二將與高歡軍隊決戰於沙苑，大捷之後「所徵諸州兵始至」一役來看，恐怕丞相泰仍需透過魏帝詔令之程序始能徵調指揮諸州兵。〔註 21〕不過，此年前後，左右十二軍則應漸漸改編爲中央軍，試略釋如下。

按：魏孝武帝永熙三年閏十二月疾崩，宇文泰擁立可被挾持的魏文帝。翌年即文帝大統元年（535），是年正月文帝進泰「督中外諸軍事」，應是正式授權宇文泰統率指揮此左右十二軍。魏晉以來軍制慣例，「督中外諸軍

〔註 19〕 前面引文見《周書・文帝紀上》該年月條；十二軍引文見同書〈晉蕩公護列傳〉，卷十一，頁 168。

〔註 20〕 請詳筆者所撰〈從戰略與政局論唐初十二軍〉（《中國中古史研究》2，民國 92.3）、〈唐初十二軍及其主帥雜考論〉（《中國中古史研究》3，民國 92.9）以及〈試論唐初十二軍之建軍及其與十二衛的關係〉（同刊 10，民國 99.12）三文。除了第二篇外，餘二文已收入本書。至於摹倣匈奴軍制，則詳本書〈試論西魏大統軍制的胡漢淵源〉一文。

〔註 21〕 沙苑會戰事見《周書・文帝紀下》大統三年（537）八月條。又，史載永熙二年孝武詔賀拔岳爲都督二雍二華二岐豳四梁三益巴二夏蔚寧涇二十州諸軍事・大都督時，關隴仍有不少州牧及部落不服，如費也頭万俟受洛干、鐵勒斛律沙門、斛拔彌俄突、紇豆陵伊利等皆擁眾自守，秦、南秦、河、渭四州刺史亦不至，翌年賀拔岳更因靈州刺史曹泥不應召而進討之，遂爲侯莫陳悅所誘殺，事詳《周書》卷十四〈賀拔勝列傳・弟岳附傳〉。由此觀之，恐怕此時宇文泰雖爲丞相，但亦無以直接命令諸州。

事」、「都督中外諸軍事」或「大都督中外諸軍事」一職，是中央軍統帥輕重不等的職稱，其統率機關爲中外府，是則左右十二軍在此年應已改編爲中央軍，不過因宇文泰以丞相之官領督中外諸軍事之職，故仍可視爲隸於相府。〔註22〕因此，此年誠爲宇文泰正式統率中央軍以爲直屬武力，落實其國家戰略、實踐其開國國策最關鍵的一年。

降至大統八年（542）三月，史謂西魏「初置六軍」，其在制度上的意義，是將隸屬於中外府的左右十二軍，再度予以整編爲六軍，而直屬於天子。但是，由於魏文帝實爲宇文泰的傀儡，故名義上及形式上直屬於天子的六軍，其統率指揮權仍由時任柱國大將軍·丞相·錄尚書事的「督中外諸軍事」宇文泰所掌握。至於大統十六年（550）出現的宇文泰以柱國「督中外軍」，所轄六柱國分領十二大將軍、十二大將軍分領二十四開府軍之體制，則是中央軍擴充之後的第三度整編，將六柱國軍正式建爲天子六軍。其在軍制上的意義，是將統率系統的建制單位層級節制標準化，以及劃分全軍爲戰略與戰術兩個體系，並將各級主帥的編階標準化，此蓋模仿自匈奴軍制，即二十四長之帝國軍隊建制是也。〔註23〕

上述中央軍的改革過程中，仍有復古主義的思想政策作爲指導。

由於宇文泰清楚知道關隴胡夷之服叛是其能否開國的根本，故推動中央軍建設之同時，仍陸續賜諸將以胡姓或令其恢復胡姓，是即著名的賜復姓政策已被漸進執行。及至大統九年（543）三月，宇文泰率軍與高歡會戰於邙山，大敗，歡軍「擒西魏督將已下四百餘人，俘斬六萬計」；泰軍元氣大傷，「於是廣募關隴豪右，以增軍旅」。〔註24〕自是西魏中央軍的民族結構，繼其接掌西征軍時已有第二度重大轉變，即是北鎮諸將雖然仍是中央軍的核心，但是北鎮軍人所佔比例，在全軍中應已遠不成比例。因此，以賜復姓方式另樹新中心新集團的政策，必須加快步驟落實，以利國家戰略的實踐。大統十六年（550）北齊篡東魏，翌年西魏文帝崩，廢帝嗣位，泰以冢宰總百

〔註22〕 宇文泰此年所任究爲「督中外諸軍事」抑或是「都督中外諸軍事」，有否開置中外府？中日學界多有辯論。筆者曾從軍制學、漢晉軍制發展史及文獻分析，說明宇文泰應任「督中外諸軍事」並置中外府，請詳〈從督軍制、都督制的發展論西魏北周之統帥權〉拙文，《中國中古史研究》8，民國97.12。

〔註23〕 二十四長之制請參山田信夫前揭書所收〈匈奴の「二十四長」〉一文。至於匈奴二十四長與魏周軍制的關係，則請參註20所示之最後文。

〔註24〕 前引文見《北齊書·神武帝紀下》武定元年三月條，卷二，頁21；後引文見《周書·文帝紀下》是年月條，卷二，頁28。

揆，遂於廢帝二年（553）春辭去丞相、大行臺，而改爲「都督中外諸軍事」，取得較「督中外諸軍事」更高級的職銜，使其中央軍統帥權更爲正式與穩固，然後於翌年正月，「始作九命之典，以敘內外官爵」，開始依周禮落實漢族系的復古主義改制，並尋而廢魏帝而立恭帝。恭帝元年（554）十一月，泰遣將滅梁，聲勢如日中天，遂於同年徹底落實另建新中心新集團的政策。《周書‧文帝紀下》載云：

> 魏氏之初，統國三十六，大姓九十九，後多絕滅。至是，以諸將功高者爲三十六國後，次功者爲九十九姓後，所統軍人，亦改從其姓。

按《魏書‧序紀》載云：

> 昔黃帝有子二十五人，或內列諸華，或外分荒服，昌意少子，受封北土，國有大鮮卑山，因以爲號。其後世爲君長，統幽都之北，廣漠之野，畜牧遷徙，射獵爲業，淳樸爲俗，簡易爲化，不爲文字，刻木紀契而已，……黃帝以土德王，北俗謂土爲托，謂后爲跋，故以爲氏。其裔始均，入仕堯世，……爰歷三代，以及秦漢，……而始均之裔，不交南夏，是以載籍無聞焉。積六十七世，至成皇帝諱毛立。聰明武略，遠近所推，統國三十六，大姓九十九，威振北方，莫不率服。

所載自是諸胡夷政權依托華夏聖王爲苗裔的故智，[註25] 原無足異；不過，拓拔部落的名氏以及可汗毛等先世，則因近世史跡發現而未可輕疑。[註26] 可汗拓拔毛之時代概不可考，要之其統國三十六、大姓九十九之事，應在漢世可汗拓拔推寅率眾離開大鮮卑山（大興安嶺北段），而「南遷大澤」（呼倫貝爾）之前。是則恭帝元年，實爲宇文泰將原本繼承祖先的宇文鮮卑小聯盟，隨著軍隊的擴充與整編，改爲模仿拓跋鮮卑古時之大聯盟，用以另建新集團、另樹新中心，而將中央軍之組織寓於此部落聯盟形式之時也。此部落聯盟形式究其實際，僅能算是「準部落聯盟」，而賜復胡姓諸將各統其賜予同姓的軍人組成部落或氏族，實則充其量僅爲擬血緣部落或氏族；亦即軍人與其軍將具有擬血緣關係，是軍將的部民，也是此軍或此部落之兵。[註27] 此

〔註25〕十六國多有攀冒漢族祖宗之風，可詳曹仕邦〈史稱「五胡源出中國聖王之後」的來源〉（《食貨（復）》1～12，1974）一文。

〔註26〕詳米文平〈鮮卑石室的發現與初步研究〉，《文物》，1981 第 2 期。

〔註27〕「所統軍人」所指爲何，頗有異解，筆者於此不便詳論。要之，將軍各有本軍（本兵），然後依兵力大小編組爲各級主帥及建制，是魏晉以來軍制慣例。

即是陳寅恪先生所謂的「部酋分屬制」之部落兵制。

宇文泰死於魏恭帝三年（556）十月，是年正月，本紀載「初行周禮，建六官。……初，太祖以漢魏官繁，思革前弊。大統中，乃命蘇綽、盧辯依周制改創其事，尋亦置六卿官，然為撰次未成，眾務猶歸臺閣。至是始畢，乃命行之」。是則其繼恢復匈奴古軍制之後，跟著迅速恢復鮮卑大聯盟古制，以至漢族姬周封建古制，其急可知矣。

按：西征軍北鎮諸將率多是當年不滿或反對北魏漢化政策的軍人，關隴漢族豪右又各有其社會勢力，而胡夷豪右則竟或仍然保留其部落組織，如今宇文泰不以一套匈奴游牧封建帝國舊體制強加其身，改而採取較鬆散的部落聯盟方式，文飾以周官為之，故關隴胡夷固然悅服，而關隴的漢族豪右也亦不免樂而附之。宇文泰開國國策指導下此國家戰略與復古政策，其實是對關隴當前的情勢因勢利導，並隱藏其挾武力以脅天子——即挾部落以脅朝廷——的野心之舉。亦即依其開國國策所設訂之國家戰略，宇文泰就地在關隴建立仿匈奴建制的直屬武力，並將此武力部勒於仿鮮卑準部落聯盟體制內，而又復將此準部落聯盟體制依托於姬周封建制度之中也。因此，陳寅恪先生評論此「摹古之制」其實連宇文泰本人亦未拘泥，僅是「一時權宜文飾之過渡工具，而非其基本霸業永久實質之所在」，恐怕猶未曲盡宇文泰之深謀與遠慮。

四、政軍一體下的皇帝權與統帥權

陳寅恪先生謂宇文泰為了與東魏及梁朝爭正統而據《周禮》改制，雖有其理。但是若就北朝之正統而言，自孝武帝西遷之後，北朝正統即在關中，實無懼於高歡在山東之另建東魏。因此宇文泰之據《周禮》改制，應與其考慮於朝廷之外別樹中心、另立集團的開國策略，而研求一適應體制，關係最密切。

宇文泰之所以採用姬周制度，蓋因姬周之天王封建制頗有今日聯邦或邦聯的性質：天子稱天王而為諸侯共主，類同於牧族部落聯盟之盟主，而諸侯國則略同於牧族的國落，是以此制宜可適應其所欲建立的準部落聯盟，而為此時宇文泰之最需要者；否則仍採天子專制、中央集權的皇帝制，則有利於朝廷而不利於泰，與其開國策略背道而馳矣。是以在大統十六年上述宇文泰以柱國「督中外軍」而下統六柱國軍新軍制形成之時，適直高洋簒東魏而建

筆者懷疑大統十六年之十二大將軍軍與二十四開府軍即是三十六國（部落）的組合，其下的儀同府等即為九十九姓（氏族）的組合，請容另論。

北齊，因而以新軍制行軍東討。及至翌年魏文帝崩，宇文泰已無所顧忌，遂開始落實姬周之制。宇文泰於廢帝三年（554，即恭帝元年）施行九命之典，並廢魏帝而立恭帝；同年底，進一步「以諸將功高者爲三十六國後，次功者爲九十九姓後，所統軍人，亦改從其姓」，即是將此新軍制的建制與部落制相結合，用以落實其中外府所屬之新建制軍隊是其直屬武力系統，也同時是其準聯盟所屬的部落系統之戰略構想。至於在恭帝三年（556）正月，進一步據《周禮》以建置六官，而自以柱國大將軍‧都督中外諸軍事兼爲太師‧大冢宰，則是其戰略構想之正式完成也。自後，在體制上，中央軍的統帥即爲準部落聯盟的盟主，更是「槍桿子裏出政權」的霸主，所以宇文泰纔敢「去丞相、大行臺，爲都督中外諸軍事」，而其繼承人宇文護纔會還治權而不還軍權。

宇文泰以中央軍統帥兼任周制之三公六卿，其他柱國亦分兼三公六卿，而大將軍‧大都督以下戎秩，具有部落酋長統領其部落兵的性質，則依秩級分兼對應之各級大夫與士，是爲政軍一體的體制，概如圖三。

圖3：戎秩系統與六官系統對應圖

六官系統		戎秩系統
卿	-------	柱國大將軍‧大都督
上大夫	-------	大將軍‧大都督
中大夫	-------	驃騎大將軍‧大都督
下大夫	-------	車騎大將軍‧大都督
都命士	-------	某將軍　大都督
二命士	-------	某將軍　帥都督
一命士	-------	某將軍　都督

備註：本圖由助理李昭毅據王仲犖《北周六典》六官各條注文下所引出任
該級官員的人物戎秩概略計之。或偶有例外，但大體如此。

　　此制應是上承姬周王朝命卿在朝執政、在軍將兵的遺意——也就是文武合一、出將入相的精神而設計。並且，具戎秩者在魏周隋之間，亦常依秩級對應出充州都督（周改為總管）、刺史、郡守、縣令以及地方上佐，所以隋唐之間仍有近代以來刺史多用武人之說。

　　按：《後漢書·南匈奴列傳》載匈奴胡族傳統制度云：

> 匈奴俗，歲有三龍祠，常以正月、五月、九月戊日祭天神。……（單于）因會諸部，議國事，……。其大臣貴者左賢王，次左谷蠡王，次右賢王，次右谷蠡王，謂之四角；次左右日逐王，次左右溫禺鞮王，次左右漸將王，是為六角：皆單于子弟，次第當為單于者也。異姓大臣左右骨都侯，次左右尸逐骨都侯，其餘日逐、且渠、當戶諸官號，各以權力優劣、部眾多少為高下次第焉。

其實「各以權力優劣、部眾多少為高下次第」也是北亞所有牧族的傳統風習。據此，或許可以說，宇文泰欲依鮮卑古始聯盟之統國三十六、大姓九十九重作部勒，使諸將因賜復姓而各領所部兵構成其部落；復依胡族「各以權力優劣、部眾多少為高下次第」的習慣，將其大小酋長納編為戎秩，[註28] 建為居則領民（即領其部曲及家屬）、戰則將兵（部民即兵）的體制，寓托於《周禮》文武合一之精神制度中，然後用此政軍一體的準部落聯盟，達至挾持天子的國策目標。因此，此所謂「非驢非馬」之政軍合一體制，實質內含宇文泰的深刻政治意義與戰略構想，不宜因其人是武夫胡族，而因人廢言。

　　宇文泰此構想既已落實完成，以故同年十月死後，其姪宇文護繼掌政軍權力，遂立即有實力進行篡魏建周，立泰子覺即天王位，而又在同年稍後復廢天王覺而改立泰另子毓為天王。宇文護資歷遠較北鎮舊將為淺，然而驟能行此大事也者，即應是拜此新體制所賜。因此，北周甫建，即已實行天王封建之制，並且是合胡、漢多元於一，復古其外、創新其內的「外周內胡封建霸政體式」之制。筆者所謂「外周內胡封建」，是指將胡族遊牧帝國或部落聯盟的統治制度依存於姬周天王封建制之中；所謂「霸政」，則是指以重官「都督中外諸軍事」，作為統帥兼盟主，是為建立霸府實際主掌政軍的新體制。

　　因此，宇文護之所以能繼掌權力，行此大事，胥與其快速掌控中央軍，

[註28] 王仲犖於其《北周六典》卷九將戎秩分為〈勳官〉與〈戎號〉兩類，又謂三都督是在武帝建德三年始為戎秩（頁580），不知何據，蓋勳官是唐制，而北周無此系統也。

從而領導此準部落聯盟集團有關；不過，卻仍經歷了嚴峻的權力鬥爭以及非法的任權自專。

首先，由於準部落聯盟之部落兵即爲中央軍，只是以姬周六軍之建制作爲大小部落之部勒而已。據上述胡制，四角、六角「皆單于子弟，次第當爲單于者」，是則六柱國或六卿，依此習慣皆可次第當爲盟主，而準聯盟集團內盟主身份之爭也就是中央軍統帥權位之爭。然而，就古始部落選汗的制度而言，諸部落酋長的地位大致平等，故選汗雖有準則條件，但卻並無一定的法制規範。關隴舊將當年選宇文泰爲帥，即是以「等夷」的身份、依準則條件爲之。如今新喪盟主，宇文護縱受泰之顧托，但其戎秩僅爲大將軍・大都督，軍中倫理及政軍位望遠不及宇文泰當年，是以立刻引起政爭。《周書・于謹列傳》略載其事云：

> 及太祖崩，孝閔帝（即天王覺）尚幼，中山公護雖受顧命，而名位素下，群公各圖執政，莫相率服。護深憂之，密訪於謹。謹曰：「……今日之事，必以死爭之・若對眾定策，公必不得辭讓。」明日，群公會議。謹曰：「……丞相……奄棄庶寮，嗣子雖幼，而中山公親則猶子，兼受顧託，軍國之事，理須歸之！」辭色抗厲，眾皆悚動。護曰：「此是家事，……何敢有辭！」謹既太祖等夷，護每申禮敬。至是，謹乃趨而言曰：「公若統理軍國，謹等便有所依。」遂再拜。群公迫於謹，亦再拜，因是議始定。

此據「會諸部，議國事」之胡族慣例看，顯示宇文泰於朝廷之外所締造的準部落聯盟，仍欲以類似部落選汗的方式推選新領袖；並且此準部落聯盟雖已形成集團，但對宇文氏家族而言卻政權猶未穩固，僅能發揮大體作用罷了。

宇文泰的原意本是要組成準部落聯盟而掌握之，並以此政軍合一之體制挾持天子。如今既有此不穩定的現象發生，所以宇文護必須改變原有的戰略構想，亦即先以非法手段切實掌控武力。《周書・晉蕩公護列傳》載云：

> 自太祖爲丞相，立左右十二軍，總屬相府。太祖崩後，皆受護處分，凡所徵發，非護書不行。護第屯兵禁，盛於宮闕。事無巨細，皆先斷後聞。保定元年（武帝邕，561），以護爲都督中外諸軍事，令五府總於天官。

所載表示宇文護正式獲得中央軍統帥權，是在周祚建立四年後之事，而此期間固以權臣姿態非法掌握此權也，因此必須防備森嚴。

其次，宇文護之構想是以此武力爲後盾，強行更易高層人事並誅除反對者，以挾持現有的政軍高層，建立以己爲新中心的權力集團。史載宇文護於宇文泰葬後，尋即逼魏帝禪讓，翌年正月宇文覺即天王位，同日遂改易三公六卿的人事，其中改太保趙貴爲太傅‧大冢宰，大司馬獨孤信改爲太保，護自己則遷爲大司馬，並同時進遷宇文毓、達奚武、豆盧寧、李遠、賀蘭祥、尉遲迴等六人爲柱國，其事最值得注意。因爲依照周官，夏官大司馬雖然主兵，但非中央軍統帥，〔註 29〕而且僅是與六卿平行之官，固非盟主之任，此所以宇文護尋棄大司馬而轉爲大冢宰也。此新除三公、六卿、柱國之中，不滿宇文護掌握統帥權者仍大有人在，故護以多拜新柱國的方式沖淡資深將領的影響力。如此的人事安排並未能收到預期之效，所以翌月有趙貴因謀反而伏誅、獨孤信有罪免而尋賜死，十月另有李遠涉及其子謀反亦被賜死諸事發生。所謂「關隴集團」之分裂與不穩定，由此可見一斑。

依《周禮》，中央六軍本直屬於天子，且宇文護雖然尋由大司馬轉遷大冢宰，但是仍未獲授「都督中外諸軍事」，因此實質上是以權臣姿態非法領軍，是則就體制而論，天王與其遲早會發生統帥權之爭。其實，在宇文泰原定的國家戰略架構下，國家元首僅是虛位，眞正的權力核心實爲掌握中央軍統帥權的霸主——也就是準部落聯盟之盟主。因此，上述以戎秩作爲連結的政軍一體制度，卻獨獨遺漏了作爲元首的天王，其產生「憲政危機」也就是必然之事。亦即元首在此政軍合一的架構下不能統兵，自然會有危機感，反之盟主掌兵則因身處高寒亦不免有同感，此所以「護第屯兵禁盛於宮闕」也。

史載儀同齊軌語民部中大夫薛善云：「兵馬萬機，須歸天子，何因猶在權門！」因而被護所殺。〔註 30〕是則君相關係之嚴峻，天子知之，群臣知之，而護亦自知之，天王與護的衝突隨時發生，而關隴準部落聯盟集團亦必因此而再分裂爲親君主派與親霸主派，捲入此衝突，以故護亦不得不以廢弒手段來立威固權。〔註 31〕天王覺欲誅除宇文護之謀，因事洩而被廢弒，由本紀所載可知其事敗時「方悟無左右」，〔註 32〕爲時已晚。宇文護繼立泰子毓爲天王，

〔註 29〕據《周禮》，夏官大司馬僅是天子之軍政長官，非軍令長官，而六軍直屬於天子。

〔註 30〕事詳《周書‧薛善列傳》，卷三十五，頁 624。

〔註 31〕關於「關隴集團」在後宇文泰時代的分裂與鬥爭，導致政權基礎狹窄化，造成輕易被楊堅所篡的後果，呂春盛有詳細分析，請詳其《關隴集團的權力結構演變——西魏北周政治史研究》（台北：稻鄉出版社，民國 91.3）第五章。

〔註 32〕請詳《周書‧孝閔帝紀》，卷三，頁 49～50。

並於兩年後「上表歸政，帝始親覽萬機。軍旅之事，護猶總焉」，〔註33〕顯示其治權可棄而軍權不可放的強烈用心。天王毓對此情勢架構似乎所悟亦不深，竟於親政半年之後「改天王稱皇帝」，表示要回歸皇帝制度，此則與宇文護所維護的國策與國家戰略背道而馳，故是其遇毒驟崩的原因。天子的皇帝權與霸主的統帥權不宜相合，本是宇文泰當年所以創制、宇文護今時所以維護的戰略構想，惜天王毓對此缺乏理解而猶未深悟也。

皇帝權與統帥權分離，是遲早仍會引起衝突以及必須尋求解決之事。宇文護所繼立的武帝宇文邕，史稱其「沉毅有智謀。初以晉公護專權，常自晦跡，人莫測其深淺。及誅護之後，始親萬機」〔註 34〕。表示武帝比其先前兩位手足來得聰明，對開國體制以及護之用意深所瞭解，以故常自晦跡，甚至在保定元年正月乾脆以大冢宰‧晉國公護為都督中外諸軍事，令五府總於天官，使護正式成為霸主，而合法掌握政、軍全權，用以安撫其心、鬆懈其意。因而始能在即位十二年之後，於護鬆懈無備之下，得以在宮中發動政變而誅之。

武帝於建德元年（572）三月誅護之後，當務之急就是收回中央軍統帥權，因為收回此權始能確保皇帝制的回復施行，此舉無異是周隋還歸漢魏的第一步。因此在誅護的同月，武帝立即罷廢中央軍的最高統率機關中外府，再次是改換禁衛官員，然後以閱兵演習、分批召見點閱諸軍督將等方式，彰示其行使統帥權。周武帝初步解決了皇帝權與統帥權分離的體制，而切實回歸漢式的皇帝國體，表示至此國策已然改移，漢式政體以及衣冠禮樂之改革必將隨之而來；只是英年早逝，嗣皇帝宣帝則「國典朝儀，率情變改」，顯得快速而紊亂，〔註35〕以致政亂國亡而已。

五、國策改移與還復漢魏

周武帝政變誅護之後，為了避免霸主再以此體制挾持天子，故決定完全恢復皇帝制度，俾使天子能夠切實專制。皇帝制度既被恢復，則表示國策已有所改變，由「擯落魏晉」的復古主義，勢必往「易周氏官儀，依漢魏之舊」

〔註33〕請詳《周書‧明帝紀》武成元年春正月己酉條，卷四，頁 56。
〔註34〕見《周書‧武帝紀下》，卷六，頁 107。
〔註35〕武帝於建德元年（572）誅護後即進行改革，六年後崩，宣帝嗣位。宣帝一年後禪讓給其子靜帝，兩年後（581）為楊堅所篡。引文見《周書‧宣帝紀》，卷七，頁 125。

的方向改移，〔註36〕而賜復姓者亦勢必往「悉宜復舊」的方向回歸了。〔註37〕欲論此改移步驟與趨勢，則必先從政權的支柱府兵——此時的中央軍——改革論起，蓋天子若不能掌握此軍，則其他改革勢將無所保障。

武帝君臨宇縣十有九年，但眞正親政則自建德元年（572）三月誅護以後，至宣政元年（578）六月疾崩之間，僅有六年而已。此期間其一再改革軍制，明斷快速而所遺史料亦多，但大要可知者計有：一、徹底改革軍隊建制，朝「以衛領軍」方向改革；二、改革兵役制度以擴充兵源及擴大軍隊的社會基礎；三、讓戎秩進一步散階化，促使帶有酋長性質的諸將漸漸脫離權力。此三種軍事改革，皆爲繼收回統帥權之後，落實確保皇帝制度，並收解散準部落聯盟之效。茲試論如下。

先論第一點建制改革。

北周建祚之初，殆已依周官設置武伯、宮伯諸衛官。建德元年三月誅護之同月，武帝立即罷廢中外府，並於三個月後「改置宿衛官員」，自後幾乎每年集兵講武，以行使其統帥權，上文已略言之。所謂「改置宿衛官員」史失其詳，要之此前之北朝制度，禁衛軍統帥之職權原屬領軍將軍（中領軍），皇帝禁中內衛則由領左右所統領，故北周總宿衛之武伯應改自二衛將軍，領禁中內衛之宮伯則應改白領左右，仍未全脫北朝乃至魏晉以來禁衛軍建制的基本架構。然而誅護以後，武伯之官已鮮見於史書，陸續新出現者乃是司武、司衛、司旅等諸衛官，應即是「改置宿衛官員」的結果，本書前一篇已論之。

按：魏晉以來軍制，中央軍負有征戰與宿衛的責任，是以諸衛的兵源實來自中央軍，於西魏言即是原六柱國軍，此即《北史》卷六十所載府兵「十五日上，則門欄陛戟，警晝巡夜；十五日下，則教旗習戰」是也。中央軍調派所屬府兵至某衛番上，暫由該衛官指揮，執行宿衛任務，此於軍制學上是「配屬—指揮」的關係，本非常制統率關係。不過，周隋之間，府兵已見有「某衛某開府某儀同」等番號，〔註38〕表示中央軍已然以開府府（隋驃騎府）或儀同府（隋車騎府）爲建制單位，改編移隸於諸衛；而原有的六柱國軍原

〔註36〕見《隋書・高祖紀》開皇元年二月甲子條，卷一，頁13。
〔註37〕見《周書・靜帝紀》大象二年十二月癸亥詔，卷八，頁134～135。
〔註38〕例如呂武，於隋文帝開皇四年由檢校侯正儀同「轉車騎將軍，領右衛右一開府右儀同兵。十年，復授左衛左親衛驃騎府內車騎將軍」（見韓理洲輯校，《全隋文・大隋大都督左親衛車騎將軍呂使君之墓誌》，西安：三秦出版社，2004.3，卷二，頁145～1496）。稱「某衛某開府某儀同」殆沿周制，稱「某衛某驃騎府某車騎將軍」應是開皇體制，請參同註20三文。

本即有虛編性質，而十二軍則改成十二衛。此為魏周隋府兵制的重大改革，其改革關鍵時間殆在建德三、四年之間。蓋因《周書・武帝紀下》記載，建德三年十一月大閱於城東，十二月大會「衛官」及軍人，並「改諸軍軍士並為侍官」，翌年二月又第二度「改置宿衛官員」，於四個月之間軍事重大行動與改革頻繁故也。所謂「改諸軍軍士並為侍官」，若連同第二度「改置宿衛官員」一起觀察，則無異是將中央軍改編為天子的侍衛部隊，並將之整編入新「改置」的宿衛機關，此即中央軍建制的禁衛化，亦可視為侍衛化。

上論若是，則武帝之改革，應是以開府府與儀同府為基本單位，其下亦仍維持實編建制，即維持開府或儀同統領大都督、帥都督、都督三都督之建制，故謂北周府兵制改革定調的關鍵之年就是在建德三、四年之間。其後仍有所改革，史謂建德「四年，又改置宿衛官員，其司武、司衛之類，皆後所增改。……而典章散滅，弗可復知。宣帝嗣位，事不師古，官員班品，隨情變革。……朝出夕改，莫能詳錄」，〔註39〕應即指經過一系列改革後，司武、司衛等衛官於建德四年之後纔增改完成。由此觀之，其改革趨勢大抵可知，即是朝「以衛領軍」之禁衛化方向繼續改革。此為繼宇文泰致力將其直屬軍隊中央化及部落化之後的重大改革，使中央軍逐漸擺脫酋長領兵的部落兵制色彩，與北魏建國初期道武帝的「離散諸部」政策有異曲同工之妙。〔註40〕甚至降至隋朝，竟連二十四軍也虛名化，將眾多的開府府由戰略單位降為戰術單位而改稱為驃騎府，率車騎府（原儀同府）以下原戰術體系直接移隸於諸衛，因此纔有隋文帝在開皇十七年十月，「頒銅獸符於驃騎、車騎府」之舉。〔註41〕此舉之政軍意義，無異是將原先隱寓部落聯盟的兵制，一舉朝軍隊建制正常化——即國家化與中央化的方向改革，使府兵制終能擺脫部落兵制也。

又按：周末最重要的禁衛機關厥為左右司衛、司武與武候。此諸衛機關的出現，提供了隋朝前六衛完成以衛領軍的改制訊息。因此，周靜帝大定元年（581）二月，楊堅篡周建隋，改元開皇，並下達「易周氏官儀，依漢魏之

〔註39〕 請詳《北史・盧辯列傳》，卷三十，頁1101。

〔註40〕 《魏書外戚上・賀訥列傳》載云：「其後離散諸部，分土定居，不聽遷徙，其君長大人皆同編戶。訥以元舅，甚見尊重，然無統領。以壽終於家。」表示酋長與其部民分離後，部民走向國民化，而酋長則依原先的部落高下，日漸轉變成為不領民酋長以及不領民庶長。見卷八十三上，頁1812。

〔註41〕 引文見《隋書・高祖紀下》該年月條，卷二，頁42。又據《五代史志・禮儀六》（《隋書》卷十一，頁239）載：「天子六璽：……『皇帝信璽』，下銅獸符，發諸州征鎮兵。」顯示此發兵符之執掌者正是實編之軍職。

舊」之詔的同月，《隋書・高祖紀》即見載以楊惠爲左衛大將軍、伊婁彥恭爲
左武候大將軍。據筆者所考，其實開皇元年殆已見有十二衛的建制，任者概
見如下：

左、右衛：楊惠、楊弘。〔註42〕

左、右武衛：田仁恭、李禮成。〔註43〕

左、右武候：伊婁彥恭、竇榮定。〔註44〕

左、右領左右：左將軍獨孤羅、右將軍獨孤陀；楊爽。〔註45〕

左、右監門：將軍獨孤楷。〔註46〕

左、右領軍：右領軍大將軍楊爽。〔註47〕

表示此諸衛應已於周末陸續進行改制，故隋乃得於建祚初始即全面施行。至
於其中之左右衛、左右武衛、左右武候，應即是周末之左右司衛、左右司武
與左右武候再度改制後的府名，而左右領左右則是左右宮伯的回復舊稱，此
即是隋唐十二衛領軍建制的奠定。由於領軍、左右衛、武衛皆是魏晉以來禁
衛軍的舊府名，觀此可知，所謂還「依漢魏之舊」也者，實是依漢魏舊名而
予以改制。

次論第二點兵役改革。

史載宇文護被誅之前，已於保定元年（561）三月改「八丁兵爲十二丁
兵，率歲一月役」，〔註48〕是則府兵已往減輕勤務負擔的方向調整，此舉實
有利於日後徵兵制之施行。及至護誅翌年「建德二年（573），改軍士爲侍官，
募百姓充之，除其縣籍，是後夏人半爲兵矣」，〔註49〕則是局部徵兵制的開
始施行。擴充兵源的後果將是軍人在地化，以及擴大軍隊的社會基礎。

〔註42〕弘見《隋書》本傳，卷四三，頁1211。

〔註43〕仁恭見《北史》本傳，卷六五，頁2314；禮成見《隋書》本傳，卷五十，頁
1316。

〔註44〕榮定見《北史》本傳，卷六一，頁2177；《隋書》本傳，卷三九，頁1150。

〔註45〕《開皇令》本府各置大將軍一人、將軍二人，但元年未見任大將軍者，僅見
左領左右將軍獨孤羅、右領左右將軍獨孤陀（分見《隋書》本傳，卷七九，
頁1790）；楊爽本傳（《隋書》，卷四十，頁1223）則僅謂「領左右將軍，俄
遷右領軍大將軍」，未言是左抑右。

〔註46〕《開皇令》本府僅各置將軍一人、僅考見獨孤楷任右監門將軍（《隋書》本傳，
卷五五，頁1377；《北史》本傳同），左則失載。

〔註47〕《開皇令》本府不置將軍，爽任右領軍大將軍見前註《隋書》本傳引文。

〔註48〕請參《周書・武帝紀上》保定元年三月丙寅條（卷五，頁81），及《五代史志・
食貨志》（見《隋書》卷二十四，頁680）所載。

〔註49〕見同上註《五代史志・食貨志》。

　　按：宇文泰接掌西征軍時總兵力已發展至三、四萬人，其時已經「軍士多是關西之人」。降至大統九年（543），「廣募關隴豪右以增軍旅」，則關西軍人更多矣。因此建德二年之再度擴充兵源，遂使得日漸衰老的舊北鎮軍人，在軍中之結構益不成比例。「是後夏人半爲兵」的後果，就是軍隊主力重回漢人手中，使得部落兵制之維持受到空前的挑戰。史載再度擴充兵源之同年六月壬子，武帝跟著「大選諸軍將帥。丙辰，帝御露寢，集諸軍將，勗以戎事。庚申，詔諸軍旌旗皆畫以猛獸、鷙鳥之象」，〔註50〕表示已著手大舉調整軍官人事，並振興軍人精神，使諸軍將士之領導統御、精神士氣得以改革，脫離宇文護舊系統的影響。

　　武帝將隱寓部落聯盟之府兵制，一者朝建制禁衛化的方向改革，一者朝國家徵兵制的方向改革，幾乎同時進行。此即是建德四年之同年七月，武帝遂能親統六軍凡總兵力二十一萬人進攻北齊的原因；並且，翌年十月又有力量再度親征也。〔註51〕及至六年二月關東悉平，移并州軍人四萬戶於關中，而山東諸州仍有兵，是則北周軍中原有的北鎮舊人就更式微了。武帝崩於宣政元年（578）六月，宣帝嗣位。同年十二月，命上柱國、河陽總管滕王逌爲行軍元帥伐陳，而「免京師見徒，並令從軍」，〔註52〕則是竟將軍隊的社會基礎擴大到邊緣階層，難怪隋朝開皇八年（588）即能派遣五十一萬大軍平陳。兵源擴充快速如此，軍人結構變化如彼，在此量變質變之時，則三十六國、九十九姓之賜復姓以及「所統軍人亦改從其姓」的部落兵制，豈能再予維持。

　　今再論戎秩之散階化及其作用。

　　戎秩爲宇文泰所創的軍事人事行政制度，隱寓有規範準部酋諸將地位高下之意，其於政、軍二部門間的原始作用已如上述。及至宇文護專政，柱國以下已開始濫授，其目的殆以沖淡北鎮將領的勢力或影響力爲主，其初似無瓦解剛成立之部落聯盟集團之意。然而揆諸歷史發展，自趙貴、獨孤信、李

〔註50〕請參《周書・武帝紀下》該年月日條，卷五，頁82。
〔註51〕建德四年之戰據《周書・武帝紀下》該年月條紀載，武帝直屬前、後各三軍共有六萬人，另遣別動部隊齊王憲率眾二萬趣黎陽，隨國公楊堅率舟師三萬自渭入河，柱國侯莫陳芮率眾一萬守太行道，申國公李穆帥眾三萬守河陽道，常山公于翼帥眾二萬出陳、汝，合六軍共有總兵力二十一萬人。五年之戰總兵力不詳，但武帝之行軍序列仍是直屬六軍，另有前軍一軍，別動八軍，推其總兵力應與去年相當。見卷六，頁92～93及95。
〔註52〕見《周書・宣帝紀》該年月條，卷七，頁117。

遠等柱國被誅除之後，高級戎秩的勢力及影響力即已江河日下，無復當年聲勢，更無以牽制護之專政，故《周書》卷十六論云：

> 初，魏孝莊帝以爾朱榮有翊戴之功，拜榮柱國大將軍，位在丞相上。榮敗後，此官遂廢。大統三年，魏文帝復以太祖建中興之業，始命爲之。其後功參佐命，望實俱重者，亦居此職。自大統十六年以前，任者凡有八人。太祖位總百揆，督中外軍。……此外六人，各督二大將軍，分掌禁旅，當爪牙禦侮之寄。當時榮盛，莫與爲比。故今之稱門閥者，咸推八柱國家云。……

> 自大統十六年以前，十二大將軍外，念賢及王思政亦作大將軍。然賢作牧隴右，思政出鎮河南，竝不在領兵之限。此後功臣，位至柱國及大將軍者眾矣，咸是散秩，無所統御。六柱國、十二大將軍之後，有以位次嗣掌其事者，而德望素在諸公之下，不得預於此列。

大統十六年之時，柱國以下不帶（大）都督職銜者即不屬於領兵軍將，而其員額也不限於六員或十二員，驃騎大將軍以下更無論矣。換句話說，都督、大都督自漢末以來原爲實際領兵之職，故柱國大將軍、大將軍、驃騎大將軍以下秩級而帶大都督者，在軍隊統率系統中即爲實職軍官的職稱，猶如今之方面軍司令、集團軍司令、軍長等；不帶者則爲散階，在軍事人事系統中僅爲軍階而已，猶如今之元帥、上將、中將等，故謂之戎秩。其後——尤其宇文護專政以後——推廣其散階性質，位至柱國及大將軍者日益濫授，「咸是散秩，無所統御」即指此而言。至於以後之軍官雖升遷至柱國或大將軍而帶有大都督職銜者，也就是所謂的「有以位次嗣掌其事者」，其在中央軍的勢力及聲望均不及當年的六柱國、十二大將軍，故謂「德望素在諸公之下，不得預於此列」也，顯示那些準大酋長的高級軍官，在政軍中的勢力及聲望已獲致沖淡。

待宇文護被誅之後，武帝於建德四年（575）十月，「初置上柱國、上大將軍官，改開府儀同三司爲開府儀同大將軍，儀同三司爲儀同大將軍，又置上開府、上儀同官」，〔註53〕將原本七級的編階增加爲十一級，遂使軍階制度漸往酬庸勳勞之人事系統方向轉變，而與統率系統的領兵都督實職漸漸脫離，以致導至以戎秩形式結合準部落聯盟的體制，備受另一種空前的挑戰，

〔註53〕 見《周書·武帝紀下》該年月條，卷六，頁93。

而瓦解之命運遂不可避免。史載周宣帝嗣位之次年正月改元大成（579，二月復改大象），「受朝於露門，帝服通天冠、絳紗袍，群臣皆服漢魏衣冠」，〔註54〕殆即是準部落聯盟解體之象徵。

　　大象二年五月宣帝崩，楊堅以上柱國‧揚州總管‧隨國公爲假黃鉞‧左大丞相輔政，尋即百官總己以聽。雖有尉遲迥、司馬消、王謙三總管舉兵，但亦尋即被楊堅發關中兵所討平；然後堅兼爲都督內外諸軍事，誅殺宇文氏諸王，進位大丞相，再加大冢宰，而將五府總於天官，終成篡易。史臣雖說楊堅「始以外戚之尊，受託孤之任，與能之議，未爲當時所許，是以周室舊臣，咸懷憤惋。既而王謙⋯⋯、尉迥⋯⋯一戰而亡，斯乃非止人謀，抑亦天之所贊也。乘茲機運，遂遷周鼎」；〔註55〕然而觀其討滅殺戮之輕易，即知宇文護當年之排除北鎮舊將、分裂宇文家屬，以及武帝上述的種種改革，的確已削弱了宇文周政權的基礎，並促使準部落聯盟軍事集團的解體，以故楊堅始能「乘茲機運，遂遷周鼎」。在此機運之下，楊堅雖仍以關隴舊將討平三藩之亂，但這些將士已因集團日漸解體，其人仍然認同此集團或願意繼續支持宇文政權者，究竟尚有幾人，誠值可疑。何況楊堅不僅利用日漸離心的關隴舊將，並且也起用其他新人，宜乎其能崛起如此之快且易也。〔註56〕同年十二月，楊堅假周靜帝之詔曰：

　　　　詩稱「不如同姓」，傳曰「異姓爲後」，蓋明辯親疏，皎然不雜。
太祖（宇文泰）受命，龍德猶潛。錄表革代之文，星垂除舊之象，
三分天下，志扶魏室，多所改作，冀允上玄。文武群官，賜姓者眾，
本殊國邑，實乖胙土。不歆非類，異骨肉而共烝嘗；不愛其親，在
行路而敘昭穆。⋯⋯不可仍遵謙挹之旨，久行權宜之制。諸改姓者，
悉宜復舊。

表示改姓不合華夏宗法文化，諸改胡人姓名者必須全部回復舊姓。翌年改元大定，楊堅更於二月壬子直接下令重申：「已前賜姓，皆復其舊。」並於是日，

〔註54〕見《周書‧宣帝紀》大象元年正月條，卷七，頁117。按：是年正月改元大成，
　　　二月改大象。
〔註55〕請參《隋書‧高祖紀下》史臣曰，卷二，頁55。
〔註56〕所謂「關隴集團」諸將，在北周時已受到排斥與約束，前揭呂春盛書及張偉
　　　國之《關隴武將與周隋政權》（廣州：中山大學出版社，1933.6）皆有較詳細
　　　的論說，至於楊堅起用新人促成「關隴集團」的質變，其概略可參林靜薇〈關
　　　隴集團的初次質變〉（《中國中古史研究》8，民國97.12頁108～132）。

由靜帝下詔百官同往勸進，敦促楊堅接受禪讓。〔註57〕賜復姓是宇文泰促使百官加入其部落聯盟的重要政策措施，如今楊堅一再下令復舊，重視如此，顯示他深知當年賜姓與當今復舊的政治意義；如今客觀現實是夏人已半為兵或超過半為兵，因此遂以不符華夏宗法文化作為理據而革除之。此舉完成，則遷鼎之事可以「大定」矣，因而同月稍後遂即受禪簒周。翌月即開皇元年二月，楊堅自相府常服入宮，備禮即皇帝位，大赦改元，同日立即下詔「易周氏官儀，依漢、魏之舊」，正式將復古調回依舊。

如今，天王封建制已然切實回歸皇帝制，準部落聯盟賴以依托的軍隊建制、部落兵制以至胡姓賜復等制度、政策、措施亦已遭重大改革或廢除，則規範部酋武將高下的戎秩制度亦將喪失其效用，所以隋文帝遂將戎秩定位為散實官，用以酬庸文武群臣的勤勞。降至唐高祖，更於《武德令》中進一步將之正名為勳官，使其政軍作用全消，純為勳賞之用。史謂唐高宗「已後，戰士授勳者勳盈萬計。每年納課，亦分番於兵部及本郡當上省司；又分支諸曹，身應役使，有類僮僕。據令乃與公卿齊班，論實在於胥吏之下，蓋以其猥多，又出自兵卒，所以然也」，〔註58〕一代煌煌制度，轉變竟然如此之大。

六、結　論

匈奴裔鮮卑人宇文泰，乘魏末喪亂，思欲以割據關隴、挾持天子而徐圖天下作為國策。為了達成此國策，他因應關隴河西的民族複雜、情勢險峻，設計一套為各族大多數可以接受的新文化與新體制，塑造一個以自己為中心的新集團與新武力，以為政治軍事上的妥協適應，此即是其國家戰略構想。既然是因應情勢需要而設計的戰略構想，以故必是「一時權宜文飾之過渡工具，而非其基本霸業永久實質之所在」，陳寅恪先生論之是也。

宇文泰與劉曜均系出匈奴，亦均是外來政權，而面臨以劣勢人口君臨優勢人口的局面亦相同，以故思考如何統治的途徑也同出一轍。但是，宇文泰沒有效法劉曜當年強行以匈奴遊牧封建帝國體制統治關隴，而是揉合關隴漢族、鮮卑與匈奴三個最有社會勢力的族系文化，將匈奴系之軍制，鮮卑系之部落聯盟，以及漢族系之姬周天王封建制結合，創造出一套自劉淵模式以來、另具創意的「外周內胡封建部落混合體式」，此即史臣所謂的「擯落魏

〔註57〕見《隋書‧高祖紀》大定元年春二月條，卷一，頁7。
〔註58〕見《舊唐書‧職官一》勳官，卷四二，頁1808。

晉，憲章古昔」，「恆以反風俗，復古始爲心」之多元復古主義，故雖是「一時權宜文飾之過渡工具」，但也非率爾爲之。

宇文泰自大統初期即率諸將移駐華州，用作政軍大本營，表面的態勢是策援前線、拱衛京畿，實則是作爲其發號施令的霸府基地，用以挾制朝廷。此與建立十二軍於相府及對諸將漸行賜復姓政策，均爲其國家戰略的展開，而皆以復古主意作爲指導。及至大統元年（535）正月魏文帝進泰以丞相「督中外諸軍事」，即是將其西征軍改編爲直屬武力的中央軍之始，此爲其實踐國家戰略最關鍵的一年。大統十六年（550）的六柱國軍制成立，則意味著形式上的天子六軍已建成，且在軍制上具有建制層級標準化，以及各級主帥編階標準化的意義，其後結合三十六國、九十九姓的鮮卑聯盟舊俗而重新部勒，於是關隴準部落聯盟集團正式完成，自後中央軍統帥即是聯盟盟主，可用此支部落軍與部落聯合體掌握政軍，挾持天子，以待徐圖天下。就此而言，其就地在關隴建立直屬武力，並將此武力部勒於準部落聯盟體制內，而又復將此準部落聯盟體制依托於姬周封建制度內的戰略構想，遂得到充分的實踐。因而，恭帝三年（556）之據《周禮》建置六官，即是底定其將此戰略體系寓托於姬周命卿在朝執政、在軍將兵的文武合一、出將入相的精神制度之中。宇文護繼泰而興，但資歷遠較北鎮舊將爲淺，然而之所以驟能實行篡魏建周、屠戮將相、弒君易主等大事也者，即是拜能操持此新體制所賜。

武帝於建德元年（572）誅護後，當務之急就是收回最高統帥權，因爲收回此權始能確保皇帝制度的回復。皇帝制度與部落體制之相容性不大，以故皇帝制度的回復，無異就是周、隋還歸漢魏的第一步。周武帝初步解決了皇帝權與統帥權分離的體制，切實回歸漢式的皇帝國體，表示至此國策已然改移，現行的準部落體制勢將被揚棄，而漢式政體以及衣冠禮樂之改革亦勢將隨之而來。

爲了避免霸主再以部落體制挾持天子，俾能完全恢復皇帝制度，則武帝必須先從準部落聯盟所寓的中央軍開始改革，其重要者有三：一、徹底改革軍隊建制，朝「以衛領軍」的建制禁衛化與中央化方向改革；二、改革兵役制度以擴充兵源及擴大軍隊的社會基礎，往軍人國家化的方向改革；三、讓戎秩進一步散階化，促使帶有酋長性質的將領漸漸脫離權力，往不領民亦即不領兵的部落離散方向改革。此三種軍事改革，皆爲繼收回統帥權之後，落實確保皇帝制度，並收解散準部落聯盟之效。

　　究其實際，則是周武帝將中央軍改編為天子的侍衛部隊，並將之整編入新改置的宿衛機關，此即是中央軍建制的禁衛化，是繼宇文泰致力將軍隊中央化及部落化之後的重大改革，其後果是使中央軍逐漸擺脫酋長領兵的部落兵制色彩而直隸於天子，與北魏建國初期道武帝的「離散諸部」有異曲同工之妙。一再擴充兵源，使「夏人半為兵」，則是局部徵兵制的開始實施。擴充兵源的後果是軍人在地化以及軍隊社會基礎擴大化，使軍隊變為「官軍」──即國軍──亦即軍人國家化。至於戎秩，在宇文護濫授，用以沖淡北鎮舊將勢力的政策之下，其初雖無瓦解準部落聯盟集團之意；然而其後果已令戎秩的影響力日漸削弱。及至武帝推行軍隊禁衛化及軍人國家化之軍事改革的同時，乃將戎秩增編為十一級，使之變為酬庸勳勞的人事制度，促使以戎秩領兵的諸將脫離領兵實職。其政策後果亦與魏初「離散諸部」而使酋、庶長不領民的後果相當，促成以戎秩形式結合準部落聯盟的體制加速瓦解。

　　在軍隊已以夏人為主力的前提下，隋文帝沿著周武帝以來的改革，在篡周前夕假詔批評宇文泰當年賜復姓的政策不符合華夏文化，僅是「權宜之制」，而命令「諸改姓者，悉宜復舊」；並於受禪翌月立即下詔還「依漢魏之舊」，徹底瓦解宇文泰所創建的「外周內胡封建部落混合體式」及其部落兵制。由於宇文泰生前所塑造的準部落聯盟集團為時尚短，尋即為其子武帝邕所改革，是則所謂「關隴胡漢混合集團」，其人及其後人，此後尚殘存多少胡漢混合的團體意識，則已不易經由分析或統計而知之。

　　不過，雖然如此，但是宇文泰之新文化新體制的開創性以及當時的有效性，仍然不容許忽視。因為他是繼「五胡之亂」漢趙劉淵、北魏元宏（孝文帝）以來嘗試開創新體制新格局的第三人，也是「嘗試錯誤統治歷程」的最後一次創新性嘗試，因此歷史地位實不易抹煞。

　　宇文泰創制的特色界於劉淵、元宏之間。前者是承認現實而採二元雙軌統治，後者是否認現實而採一元漢化政策。筆者所謂之承認與否認，是指劉淵承認漢族及其文化與其本民族文化──即匈奴往日的榮光──相當，故可共存發展，因而採取二元雙軌體制；所謂否認，是指元宏認識漢族及其文化對其本民族文化──即鮮卑部落性質以及征服王朝體制──具有巨大優勢，因而否認其本民族若不與之融合而仍能長期維持二元共存的可能，以故大舉漢化。在二百餘年胡夷迭興迭改之統治模式出現「隨時推移遞變遞減效應」的趨勢下，宇文泰折中於劉、元兩者之間，嘗試了「外周內胡封建部落混合體式」的創建。雖然歷史的發展是時間愈後則漢制愈顯而胡制愈隱，而宇文

泰的新嘗試被後世評爲「權宜之制」，甚至是「一時權宜文飾之過渡工具」，但是其創新改制的思想以及嘗試錯誤的勇氣，即使揆諸漢族建國的歷史，則能者又竟有幾人？曹操與劉裕，所建國祚不過僅較北周長久一點而已，但此魏武、宋武，其創新思想與嘗試勇氣，眞的能邁越周文、周武兩父子而過之嗎？史臣說「校德論功，綽有餘裕」，可謂信矣。

　　周文、周武兩父子均可算是英年早逝（前者 52 歲，後者 36 歲），天若假之以年，宇文泰之創制不需假其子孫奉行，則歷史發展有何格局尚未可知；但建國之後天子必不容許臥榻之旁猶有霸府存在，故「權宜之制」往君主專制的皇帝制度回歸，應是可以想像之事。茲假設鐘擺有兩端，而北魏孝文帝元宏的政策爲全盤漢化，是鐘擺的左端；北周文帝宇文泰的外華內胡政策爲實質胡化，是鐘擺的右端；則漢趙光文帝劉淵的二元兩制政策恰巧居於其中間，爲當時最多非漢族政權所效法。然而，除非此鐘停擺，否則不是擺向左則會擺向右，事後歷史的證實，周武帝之回歸皇帝制度政策改革，顯然是向左擺動，雖因年壽而未竟其功，尚未能完全擺脫胡夷統治中國的歷史趨勢，但已在擺蕩於胡、漢文化之間，仍爲回歸漢舊打下了厚實的基礎，終使隋文帝能迅速竟其全功，收到兩者涵化於時間愈後則漢制愈顯而胡制愈隱之效果。胡制愈隱並不意謂胡族文化與制度完全消失於歷史舞臺，主源啓溯於胡制之隋唐府兵制即是其中的一個顯例，請容另文論之。

本文原刊於《中國中古史研究》9 期　2009

試論西魏大統軍制的胡漢淵源

一、前 言

本文所指的西魏大統軍制，就軍隊建制而言，即是宇文泰於西魏文帝大統十六年（550）所創置的二十四軍軍制。〔註 1〕此建制尙需輔以宇文泰稍後於魏恭帝元年（554）推行的另一政策，此即所謂「魏氏之初，統國三十六，大姓九十九，後多絕滅。至是，以諸將功高者爲三十六國後，次功者爲九十九姓後，所統軍人，亦改從其姓」的軍人族屬身份改定政策；〔註2〕乃至其姪宇文護繼起執政而篡魏建周之後，於周明帝二年（558）三月詔令實行的「三十六國，九十九姓，自魏氏南徙，皆稱河南之民。今周室既都關中，宜改稱京兆人」的軍官改籍政策，〔註3〕始能說完整而奠定。對於此軍制，陳寅恪先生稱之爲前期府兵制，謂是宇文泰「以周官之文比附鮮卑舊制」，〔註 4〕然其說是否完全適當，尚可商榷。

由於陳先生解釋此制是鮮卑兵制，是部酋分屬制，因此後之論者對此制的研究，遂頗從北中國的部落制作概略分析，〔註5〕或偏重研究此軍制的兵役制；〔註6〕或由於著眼於「府兵」之名，偏重於研究此軍制的史緣關係；〔註7〕

〔註 1〕 關於此軍制的創建，史傳僅謂「大統十六年以前」，《通鑑》則繫之於梁簡帝大寶元年（550），近代諸研究府兵制的名家，如濱口重國、谷霽光等人，皆考訂於大統十六年。時值梁朝傾覆，高洋篡東魏而建北齊之年。筆者從之。

〔註 2〕 見《周書・文帝紀下》該年條，卷二，頁 36。

〔註 3〕 見《周書・明帝紀》該年月條，卷四，頁 55。按：軍人從主帥之姓，故主帥改籍也就等於軍人改籍。

〔註 4〕 詳其《隋唐制度淵源略論稿》（台北：里仁書局，民國 71.9）之〈兵制〉篇，下引其說同見此篇，不再贅註。

〔註 5〕 著名者如岑仲勉，雖也認爲府兵制應是鮮卑兵制，但卻強調是上承北魏之制，府兵之名則是由「府戶」所引生，因此以契丹、蒙古兵制與之略作比較。按：以後制推前制，恐怕在方法論上有些問題，不如以前制析後制，本文即採後法。岑說詳其《府兵制研究》，上海：人民出版社，1957.3。

〔註 6〕 著名者如唐長孺，雖也認爲府兵制應源於鮮卑兵制，但特從魏晉以降的華夏世兵制分析比較此制，而認爲南北朝同源，並謂魏周府兵乃是舊制度的沿襲及發展；谷霽光繼之，作了更廣泛之分析。唐著請參〈魏周府兵制度辨疑〉一文（收入其《魏晉南北朝史論叢》，北京：生活・讀書・新知三聯書店，1955），谷著請參其《府兵制度考釋》（台北：弘文館，民國 74.9）。日人氣賀澤保規之《府兵制の研究——府兵兵士とその社會》（東京：同朋舍，1999.2）也頗從此角度論述。

〔註 7〕 岑仲勉、唐長孺等率先以此法論證府兵制之淵源，谷霽光繼之而發揮，均見前註所揭書文。

或由於著眼於此軍制的層級節制體系，故偏重於研究此軍制的特殊組織形式。〔註8〕至於此軍制究竟源自何族的風習，「府兵」一名所代表的是漢制意義或胡制意義究竟如何，其層級節制體系仿自何族，何以以二十四軍團建制作為軍隊核心單位組織等等問題，則前賢多未論及或細及。是以筆者不揣淺陋，試由此申論，冀能補前賢之所未及。

二、大統軍制的建制與編階

關於大統軍制，今所能見的史料甚少，而基本上俱據《周書》卷十六及《北史》卷六十所述，至於《通典》乃是後人所載，內容不出前二書，而又頗有誤解，蓋可供作證詞參考，而未可強為證據。

按：《周書》卷十六末史臣曰：

> 初，魏孝莊帝以爾朱榮有翊戴之功，拜榮柱國大將軍，位在丞相上。榮敗後，此官遂廢。大統三年，魏文帝復以太祖（宇文泰）建中興之業，始命為之。其後功參佐命，望實俱重者，亦居此職。自大統十六年以前，任者凡有八人。太祖位總百揆，督中外軍。〔註9〕魏廣陵王欣，元氏懿戚，從容禁闈而已。此外六人，各督二大將軍，分掌禁旅，當爪牙禦侮之寄。當時榮盛，莫與為比。故今之稱門閥者，咸推八柱國家云。今并十二大將軍錄之於左。

> 使持節、太尉、柱國大將軍、大都督、尚書左僕射、隴右行臺、少師、隴西郡開國公李虎，

> 使持節、太傅、柱國大將軍、大宗伯（大宗師？）、大司徒、廣陵王元欣，

> 使持節、太保、柱國大將軍、大都督、大宗伯、趙郡開國公李

〔註8〕 著名者如濱口重國之〈西魏の二十四軍と儀同府〉，收入其《秦漢隋唐史の研究》（東京：東京大學出版會，1980.9）。谷霽光前揭書受其影響，繼之而修正發揮。

〔註9〕 「督中外軍」《北史》或作「都督中外軍事」，曾引起中日學界辯論，其詳可參呂春盛《關隴集團的權力結構演變：西魏北周政治史研究》（台北：稻鄉出版社，民國91.3）之附編三《宇文泰任都督中外諸軍事年代考》，頁367～376。筆者據魏晉將漢末以來軍制漸整齊為都督、監、督三級指揮官名號，又據三國時以來確有「監中外軍」、「督中外軍」等職稱，故論定宇文泰此時確實任「督中外軍」，請參拙文〈從督軍制、都督制的發展論西魏北周之統帥權〉，《中國中古史研究》8，民國97.12。

弱，

使持節、柱國大將軍、大都督、大司馬、河內郡開國公獨孤信，

使持節、柱國大將軍、大都督、大司寇、南陽郡開國公趙貴，

使持節、柱國大將軍、大都督、大司空、常山郡開國公于謹，

使持節、柱國大將軍、大都督、少傅、彭城郡開國公侯莫陳崇。
右與太祖爲八柱國。後竝改封，此竝太祖時爵。

使持節、大將軍、大都督、少保、廣平王元贊，

使持節、大將軍、大都督、淮〔安〕王元育，

使持節、大將軍、大都督、齊王元廓，

使持節、大將軍、大都督、秦七州諸軍事、秦州刺史、章武郡
開國公宇文導，

使持節、大將軍、大都督、平原郡開國公侯莫陳順，

使持節、大將軍、大都督、雍七州諸軍事、雍州刺史、高陽郡
開國公達奚武，

使持節、大將軍、大都督、陽平公（《北史》作陽平郡開國公）
李遠，

使持節、大將軍、大都督、范陽郡開國公豆盧寧，

使持節、大將軍、大都督、化政郡開國公宇文貴，

使持節、大將軍、大都督、荊州諸軍事、荊州刺史、博陵郡開
國公賀蘭祥，

使持節、大將軍、大都督、陳留郡開國公楊忠，

使持節、大將軍、大都督、岐州諸軍事、岐州刺史、武威郡開
國公王雄。

右十二大將軍，又各統開府二人。每一開府領一軍兵，是爲二
十四軍。自大統十六年以前，十二大將軍外，念賢及王思政亦作大
將軍。然賢作牧隴右，思政出鎮河南，竝不在領兵之限。此後功臣，
位至柱國及大將軍者眾矣，咸是散秩（《北史》作「不限此秩」），無
所統御。六柱國、十二大將軍之後，有以位次嗣掌其事者，而德望
素在諸公之下，不得預於此列。

《北史》卷六十之末，中間增加一段，即：

> 是爲十二大將軍。每大將軍督二開府，凡爲二十四員，分團統領，是二十四軍。每一團，儀同二人。自相督率，不編户貫。都十二大將軍。十五日上，則門欄陛戟，警晝巡夜；十五日下，則教旗習戰。無他賦役。每兵唯辦弓刀一具，月簡閲之。甲槊戈弩，並資官給。

是知大統軍制形式上的統率建制起碼如下圖：〔註10〕

圖1：大統軍制統率建制圖

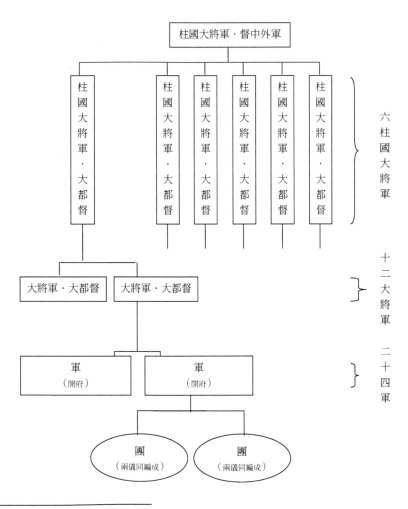

────────────

〔註10〕所謂形式上的統率建制，是指純就《周書》、《北史》上述書面所載之此系統，但是《周書・晉蕩公列傳》謂二十四軍總屬相府（請詳正文後文），顯示宇文泰霸府之實際運作並非如此，起碼大統十六年以後之運作似非如此，情況稍爲複雜，不易兩三言論之，容後再論。

　　陳寅恪先生謂此爲「摹擬鮮卑舊時八國即八部之制者也」，又謂「以六柱國分統府兵，以比附於周官六軍之制。此則雜揉鮮卑部落制與漢族周官制，以供其利用」。按：道武帝推行「離散部落」的政策，約在同時置八部即八國，是則陳先生此說無異表示八國即八部是實編之制，諸離散的部民歸由此八部即八國統領；然而，六柱國軍淵源於北魏晚期先後由尒朱天光及賀拔岳統率的西征野戰軍，大統前期幾經宇文泰擴充整備，此時確已成爲具有總預備隊而兼禁衛軍性質之中央軍野戰軍，陳先生謂其比附於周官天子六軍之制，此說與前說相較，意謂大統軍制之六柱國軍實是揉雜魏初八國以及周官六軍兩制而成，是否可信或可再檢討，但其建制則恐與魏初及周官不盡同，請容先從大統軍制之核心建制單位切入討論。

　　按：軍與團可謂是大統軍制的核心建制單位名稱，至於所謂「開府」，則是指軍指揮官「使持節・侍中・驃騎大將軍・開府儀同三司・大都督」官名之簡稱；而「儀同」，則是團級兩指揮官「使持節・散騎常侍・車騎大將軍・儀同三司・大都督」官名之簡稱。正因如此，故遂逕以「開府」、「儀同」二名來稱呼軍與團兩級建制單位。

　　《周書》、《北史》二書敍述前期府兵建制的中上層組織止於此。實則團級是虛編單位（詳後），儀同之下尚有大都督、帥都督、都督三職，三都督之下尚有都將、別將、統軍、軍主、幢主五職。〔註11〕五職的指揮系統，漸成於北魏六鎮之亂以後，蓋以國內外烽煙四起，征戰不斷，以故基層軍職漸漸形成此五職，而隸屬於都督所指揮。魏末尚視戰事之情狀，或於都督之上更置大都督，〔註12〕此實援魏晉以降的野戰慣例而編置也。北魏晚期漸成之戰時野戰軍制，積久乃成常制，爲北齊軍制所沿襲，並逕將都將、別將、統軍、軍主、幢主合稱爲「五職」，作爲軍制中的一種專稱。

　　大都督或都督統領五職指揮軍隊作戰，隨著戰事之日亟而持久，魏末大軍的指揮體系，已漸以「大都督——都督——五職」的形式爲常態，特宇文泰專政西魏，兵少國弱，復經大敗，故對東魏的國家戰略改採守勢，亟需徵

〔註11〕五職在西魏北周隋初未廢，偶見於列傳及墓誌，其廢罷是在隋煬帝改定大業軍制之時。此應與大業軍制既行，而五職的職位已衰微有關。

〔註12〕魏末廣置行臺，原作處分戰地政務之用，或與大都督分置，或並置。行臺不列於正式軍制的建制序列，嚴耕望先生於其《中國地方行政制度史——魏晉南北朝地方行政制度》（臺北：中研院史語所專刊之四十五 B，民國 75.9）下冊即有專章討論，於此暫不論。

募關隴豪右以及鄉兵作兵力補充。率領鄉兵之帥，最初未必即遽爲帥都督，〔註13〕但其後則以任「帥都督」爲多。〔註14〕帥都督一職爲宇文泰所特創，率鄉兵從征之餘，其職尋亦列入正式建制編階的序列，亦即形成「都督——帥都督——大都督」的正常敍遷序列。〔註15〕此變化自大統十六年以前即然，史例常見，不贅引。

近人研究府兵制者，常疑大統十六年府兵正式建制之前後，鄉兵是否已列屬爲府兵，若否則何時列屬？竊意根據上述兩條腳註觀察，帥都督於大統初已漸列入軍制的正常敍遷序列，復從二十四軍「分團統領」、「自相督率」之制度觀察，則以某號將軍任帥都督之主帥，與其長期所領的本軍鄉兵，固已統屬於儀同府，類如部酋與部民之制矣，此與「諸將功高者爲三十六國後，次功者爲九十九姓後，所統軍人，亦改從其姓」性質幾乎類同，是以列屬於漸形成的府兵之制不但可能，而且適宜，庶幾不使原爲補充主力損失之鄉兵，成爲並非主力部隊的後備兵，而自成一軍事系統也。〔註16〕按：「鄉兵」

〔註13〕例如《周書》卷三十六本傳載河內溫人司馬裔，於魏孝武帝西遷後潛歸鄉里，大統三年，乃於溫城起義，眾寡不敵，義徒死傷過半。及至西魏大軍東征，裔率所部從戰河橋，自此頻與東魏交戰，每有克獲。「六年，授河內郡守。尋加持節、平東將軍、北徐州刺史。八年，率其義眾入朝。太祖（宇文泰）嘉之，特蒙賞勞。頃之，河內有四千餘家歸附，竝裔之鄉舊，乃授前將軍、太中大夫，領河內郡守，令安集流民。十三年，攻拔東魏……三城，……加授都督。十五年，太祖令山東立義諸將等能率眾入關者，竝加重賞。裔領戶千室先至，太祖欲以封裔。裔固辭曰：『立義之士，辭鄉里，捐親戚，遠歸皇化者，皆是誠心內發，豈裔能率之乎。今以封裔，便是賣義士以求榮，非所願也。』太祖善而從之。授帥都督，……十六年，大軍東伐，裔請爲前鋒……，拔其五城。魏廢帝元年，徵裔，令以本兵鎮漢中。除白馬城主，帶華陽郡守，加授撫軍將軍、大都督、通直散騎常侍。二年，轉鎮宋熙郡。尋率所部兵從尉遲迥伐蜀，……行蒲州刺史。尋行新城郡事。魏恭帝元年，授使持節、車騎大將軍、儀同三司、散騎常侍、本郡中正」。是爲領鄉舊之將由都督、帥都督、大都督而遷使持節．車騎大將軍．儀同三司．散騎常侍仍領大都督之顯例。

〔註14〕「帥都督」一名，魏周碑誌常書作「師都督」，蓋爲魏碑書法之寫法。

〔註15〕較顯著之例除了前註司馬裔之例以外，尚如京兆藍田舊望之王悅。《周書》卷三十三本傳謂宇文泰初定關隴，悅率募鄉里從軍，大統元年，由平東將軍厍遲「帥都督，加衛將軍、右光祿大夫、都督（按：應是大都督之誤）」；又「率所部兵從大將軍楊忠征隨郡、安陸，竝平之……尋拜京兆郡守，加使持節、車騎大將軍、儀同三司、散騎常侍，遷大行臺尚書」；「又領所部兵從達奚武征梁漢。……及梁州平，太祖（宇文泰）即以悅行刺史事。招攜初附，民吏安之。魏廢帝二年，徵還本任。屬改行臺爲中外府，尚書員廢，以儀同領兵還鄉里。」

〔註16〕菊池英夫稱鄉兵是編戶民丁的義務兵役，與宇文泰原有的鮮卑主力性質不

一名至隋文帝開皇軍制時仍見，揆其所以長期稱爲「鄉兵」也者，蓋在宇文泰創建帥都督以及鄉兵之當時，應是爲了與其原所統六鎮以及關隴專業胡兵作分別。六鎮以及關隴胡兵在周隋史書頗以「軍士」、「軍人」見稱，蓋其沿北魏之習，住於軍坊而爲府戶也；至於鄉兵，雖也隨軍征戰，但因其原有鄉里之籍，以故直稱爲「鄉兵」耳。至於鄉兵長期由其地之鄉望（帥都督）統領，負有征戰以及外駐之職責，是則宇文泰當初殆即有意使之同於部民與酋長的關係，〔註17〕納之爲正規的軍隊。大抵軍國危機之際，仰仗帥都督及其鄉兵孔急，故宇文泰當時殆無種族歧視或兵種歧視的意識形態，如東魏高歡集團之輕視漢兵者，因此據《周書》所載漢人帥都督與胡夷將領間的敘遷，胡漢隔閡排斥並不顯明。及至隋文帝開皇九年平陳之後，翌年五月下乙未詔云：

> 魏末喪亂，宇縣瓜分，役車歲動，未遑休息。兵士軍人，權置坊府，南征北伐，居處無定。家無完堵，地罕包桑，恒爲流寓之人，竟無鄉里之號。朕甚愍之。凡是軍人，可悉屬州縣，墾田籍帳，一與民同。軍府統領，宜依舊式。罷山東河南及北方緣邊之地新置軍府。

此處的「兵士軍人」連稱，論者多無達解，竊意蓋是指鄉兵與軍人而言，軍人隨軍府征防而居於權置的軍坊，而鄉兵亦常從征而隸於所屬的軍府，久之遂亦居處無定，所以「恒爲流寓之人，竟無鄉里之號」，因此始需要推行「凡是軍人，可悉屬州縣，墾田籍帳，一與民同」的政策，以俾配套隋文帝前些時推行的「武力之子，俱可學文」的偃武修文政策也。〔註18〕

由於夏人從軍日多，甚至造成北周中期「夏人半爲兵矣」的結構重大改變，故帥都督與鄉兵早已在宇文泰之時列入新建的府兵體制，〔註19〕因此大

同；鄉兵由團級的儀同統領，所有儀同府兵之總合即爲二十四軍云云。詳其〈北朝軍制に於ける所謂鄉兵にっぃて〉日野開三郎編輯《重松先生古稀記念九州大學東洋史學論叢》，（福岡：九州大學文學部東洋史研究室，昭和32）。此說頗有顧名思義之嫌。

〔註17〕唐長孺前揭文已論之，但其謂胡兵皆是騎士，漢兵則是步兵，或可再商榷。要之，前註所引的司馬裔及王悅，即爲統領稱爲本兵、部兵的所屬鄉兵征戰外駐，而仍有鄉里之籍的顯例。

〔註18〕乙未詔見《隋書·文帝紀下》該年月條，卷二，頁34～35；「武力之子，俱可學文」之詔，見同紀開皇九年四月條，頁32～33。

〔註19〕此以西魏末使持節·車騎大將軍·儀同三司·大都督強獨樂率部從柱國大將軍·大都督宇文貴鎮蜀時，爲宇文泰廟造像立碑，所部有八督將，一人是大

統軍制的戎秩，從上柱國至都督凡有七級，至若從柱國至幢主的職級，則共有十二級之多。

不過，值得注意的是，大統軍制實際的軍職等級其實只有五職——都督——帥都督——大都督八級。此八等職級的軍官皆各帶命秩略相對應的軍號，而本身自成戎秩系統，至大都督級則已常由漢魏以來的重號將軍（或加大）如四征將軍、車騎將軍、驃騎將軍充任，而且採取北魏後期以來漸成慣例的文武雙授形式。〔註 20〕純以漢魏以來的重號將軍任大都督，此是軍職爲大都督級之最下位者。其上之轉遷次序皆有重號將軍加大的軍銜（軍號），由下到上依次爲：

「使持節・散騎常侍・車騎大將軍・儀同三司・大都督」（即儀同）

「使持節・侍中・驃騎大將軍・開府儀同三司・大都督」（即開府）

「使持節・大將軍・大都督」

「使持節・柱國大將軍・大都督」

等四級。也就是說，重號將軍大都督之上，軍官編階尚分有車騎大將軍、驃騎大將軍、大將軍以及柱國大將軍四級，而皆可帶大都督，因而統率的職級也就無異增加了四級，共爲五級大都督；但最高的兩級——大將軍與柱國大將軍——位階已極高，在公級與上公之位，故均不採取雙授制任命。

由此可知，大統軍制的戎秩從柱國至都督雖有七等，但軍職實際上則有十二級之多，即（某號將軍帶）五職——（某號將軍帶）都督——（某號將軍帶）帥都督——（某重號將軍帶）大都督——車騎大將軍・儀同三司・大都督——驃騎大將軍・開府儀同三司・大都督——大將軍・大都督——柱國大將軍・大都督是也，只是北周所論次的西魏督將戎秩，通常自都督級始，亦即從都督、帥都督、大都督、儀同大都督、開府大都督、大將軍大都督以至於柱國大都督，凡七等級而已。〔註 21〕論次戎秩以督軍指揮官爲重，表示

都督、一人是帥都督，六人爲都督，最爲佳例。故該碑稱「樂等與大都督夫蒙儁、帥都督楊哲、都督呂璨、都督治石崗縣傅元緒、都督治陽安縣史于德、武康郡丞劉延治、懷遠縣劉開、都督王祥、都督馮延、都督鄭業等，……爲王（宇文泰）敬造佛二尊」云云。見〈強獨樂文帝廟造像碑〉，收入《全北齊北周文補遺》（西安：三秦版社，2008.6）之《全後周文》，頁 9～10。又可參菊池英夫前揭文。

〔註 20〕文武雙授形式之說請參閱步克《品位與職位——秦漢魏晉南北朝官階制度研究》（北京：中華書局，2002.2）之第九章。

〔註 21〕周武帝改革，增上儀同、上開府、上大將軍及上柱國，故晚周及隋朝戎秩有

在軍事序列中，這些官職既是散官——自成督將敘遷的散階序列——而同時也是實官，為實際督軍之職級序列，所以周隋稱之為「散實官」，自成軍事人事行政系統，至於都將以下五職皆為鬥將，則殆不預在此列。

或許用民國抗戰以來常見近制之將、校、尉軍階系統作一概略比方，則更易令人理解。

假如儀同是軍團（集團軍）合成的單位，如師，則其主帥（師長）的編階殆為少將；軍團之主帥為開府，其軍階則可方之於中將；由此上推，其上之大將軍・大都督或可方之為兵團司令，軍階可方之於二級上將；而柱國大將軍・大都督或可方之為野戰軍（戰區、方面軍）司令，軍階可方之於一級上將或特級上將（大將或元帥）。

反之，儀同級以下，大都督——帥都督——都督或可方之為旅、團、營建制，主帥編階則可方之為上校、中校、少校；至於五職，殆已是連、排、班、組的主官，編階已是上尉、中尉、少尉、士官之比了。

將、校、尉等軍階猶如魏周戎秩的各級軍號，固然屬散官（軍階）系統之性質，然而各級軍號帶大都督（含帥都督、都督）銜者，則無異是軍、師、旅、團諸長的實職（軍職）。如此的戎秩帶大都督銜，自身既是散官而同時也是實官，自成敘遷的散實官系統。此理既明，也就難怪濱口重國謂日本經「大化改新」、「唐化運動」之後，據《養老》等律令依中國形式組建軍隊，其原理有暗合於日本近今軍制者矣。〔註 22〕此即是西魏府兵制之特殊建制體系。

於此，筆者有必要進一步說明，西魏大統軍制是中國中古時期軍事制度上的卓越創制。此制在建制上實為漢表胡裏的軍制，且是承接北魏末期戰亂之局所出現的諸多弊象——如官爵日益猥濫，高官大號繁多，軍隊渙散反叛，都督授予紊亂等等亂象——經由掌權者切實整頓改革而成。這些亂象弊政，東魏的掌權者高歡意存姑息，需至其子高澄繼起專政，始予以大力改革，並要降至北齊建祚後，始克繼承北魏太和軍制而完成《河清律令》下的軍制；因此，相對於西魏宇文泰大統軍制的改革，東魏軍制可謂缺乏創意。〔註23〕

十一等級。

〔註22〕參濱口重國前揭文。

〔註23〕一個國家建立軍隊，除了因應實際需要之因素外，尚需考慮歷史傳統、他國現況、國力條件等因素，並綜合而融會之，思考出切實可行的創制。東魏軍

　　至於史稱宇文泰「以漢魏官繁，思革前弊」，「恆以反風俗，復古始爲心」，「乃擯落魏晉，憲章古昔」。〔註24〕純就大統軍制之建制表面看，前引陳寅恪先生謂此爲「摹擬鮮卑舊時八國即八部之制者也」，恐怕尚値商確；又謂「以六柱國分統府兵，以比附於周官六軍之制。此則雜揉鮮卑部落制與漢族周官制，以供其利用」，則蓋可成立。其說相較於濱口重國所謂之「恰與《周禮》六軍如出一轍，這種戰時的編成方式相似，是西魏強烈模仿周制的反映，西魏二十四軍源自《周禮》六軍系統，大概可以作爲二十四軍的特徵之一」，〔註25〕則濱口可謂較爲深入而適當。就筆者觀之，周官六軍之制是常制建制，大統軍制表面看有可能仿之；但是大統軍制實際仍依沿魏晉以來的軍號以及北魏晚期的軍制而作改革，而且較「漢魏官繁」更繁，以故成爲甫一篡周建隋的隋文帝所改革之對象，可見此軍制實際上不全以比附周官六軍之制爲主，似更談不上強烈模仿周制。後來隋文帝推行「復廢周官，還依漢魏」的政策，〔註26〕除了革除大統軍制的胡裏因素而還於漢魏的部曲制精神外，其之所以亦改革大統軍制的漢表形式，實在是爲了此制的官號過繁以及層級過多。茲據《隋書·百官下》所載開皇軍制十二衛府之左衛府建制，製圖如下，將之與圖1作比較，兩者的差異即可了然於目。

制大體沿襲太和以來軍制，自陳寅恪（參前揭書）、濱口重國（參〈東魏の兵制〉，收入其前揭《秦漢隋唐史の研究》）以還即已被周知。就東魏中央軍制而言，高氏最明顯的創制乃是創建京畿大都督府，用以保衛鄴都以及監護皇帝。其實若爲了達成此目的，則京畿大都督府與護軍將軍府、四中郎將府大可不必並置，只要加強護軍將軍及四中郎將之親信人選即可；反觀宇文泰直以丞相府直轄的二十四軍取代護軍將軍府及四中郎將府兵，又直以二十四軍輪配給領軍府以作番上宿衛兵，並以諸婿分充禁軍將領，在制度上與手段上可謂妥適而靈活多了。高氏沿襲太和制度之餘如此創置京畿府，反而成爲日後兵變致亂的制度性因素之一，可謂缺乏創意而埋下此危機也。

〔註24〕引文分見《周書·文帝紀下》魏恭帝三年正月條（卷二，頁36），九月條及紀末史臣曰（均見頁37）。

〔註25〕濱口引文據夏日新所譯濱口重國之〈西魏の二十四軍と儀同府〉一文，收入《日本學者研究中國史論著選譯》（北京：中華書局，1993.8）第四卷，頁183。

〔註26〕見《隋書·百官志上》卷二十六，頁720。

圖2：隋開皇軍制左衛府統率建制圖

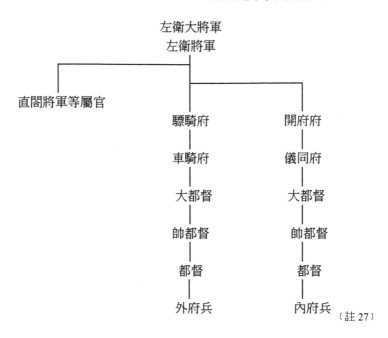

〔註27〕

三、大統軍制的漢制史源與漢表特徵

《新唐書・兵志》載謂：「府兵之制起自西魏、後周，而備於隋，唐興因之。」此是概略言之。實際上，唐之府兵不因十二衛府而見稱，而是指折衝府之兵。唐折衝府沿於隋煬帝的鷹揚府，隋煬帝的鷹揚府則是合併隋文帝的驃騎府與車騎府二府而成，乃是大業軍制對開皇軍制統率系統進一步的精簡。至於驃騎府與車騎府，則是沿自西魏北周的開府府與儀同府而來，〔註28〕而其下之三都督，則已成為無府員職額的光棍戰鬥督將。

〔註27〕 本圖所謂的內、外府兵，在開皇時代前者是指百官子弟擔任的充員兵，後者是徵募而來的一般府兵，請參拙著《隋史十二講》（北京：清華大學出版社，2012.1），頁39～40。

〔註28〕 唐長孺前揭文對此曾有論述，但在其《唐書兵志箋正》（北京：中華書局，1962.9，新一版）論述唐初重建的十二軍時，以論驃騎府為主，忽略了車騎府的重要性，以致對車騎將軍的職責功能一再誤解；谷霽光前揭書曾徵引唐著，仍犯此錯誤，以故有「隋代軍府乃專指府兵制度中的驃騎府或鷹揚府而言，……軍府即驃騎府、車騎府的專稱」的矛盾敘述。筆者已曾於拙著〈從戰略與政局論唐初十二軍之興廢〉（已收入本書）一文作了辯證，於此不贅。

唐長孺於其〈魏周府兵制度辨疑〉一文中，開章即斷言「所謂府兵即是屬於軍府的兵。……所謂軍府是指地方長官帶軍號統兵，開府置屬官之謂。……總之軍府所統之兵即可稱爲某府兵。」〔註29〕其實不論是否兼領地方長官，魏晉將軍開府所統之兵即爲隸屬於其軍號之府兵。按：東漢將軍領營統部曲，故將軍所領曰營，著名的如黎陽營、度遼營等是也，而鮮少稱爲某府；而且重要或領兵將軍始開府治事，並非所有將軍皆開府，由於從征將軍有時是「無員職」，〔註30〕故「開府」是隆重的授權，一般將軍實難得之。因事關本文的論述，故將《續漢書·百官志》所載略錄於此：

> 將軍，不常置。本注曰：掌征伐背叛。比公者四：第一大將軍，次驃騎將軍，次車騎將軍，次衛將軍。又有前、後、左、右將軍。蔡質漢儀曰：「漢興，置大將軍、驃騎，位次丞相，車騎、衛將軍、左、右、前、後，皆金紫，位次上卿。典京師兵衛，四夷屯警。」……長史、司馬皆一人，千石。從事中郎二人，六百石。掾屬二十九人。令史及御屬三十一人。本注曰：此皆府員職也。……其領軍皆有部曲。大將軍營五部，部校尉一人，比二千石；軍司馬一人，比千石。部下有曲，曲有軍候一人，比六百石。曲下有（純）〔屯〕，（純）〔屯〕長一人，比二百石。……其別營領屬爲別部司馬，其兵多少各隨時宜。門有門候。

> 其餘將軍，置以征伐，無員職，亦有部曲、司馬、軍候以領兵。

可見將軍不常置，除少數重要或領兵將軍之外亦未必開府置佐以治事，至漢末建安初仍然。不過，自建安中以至魏晉，因戰事頻繁，各級指揮官帶軍號而開府者漸多，逐漸漸形成以其軍號稱軍府、以其軍府之號稱其屬兵的慣例，愈後愈成固定形式。又隨著實行區域防禦戰略體制的創行與普及，大防區的督軍（都督）固帶軍號，而中小防區有責督軍的州郡行政長官也以帶軍號爲常，用以督部內諸軍。〔註31〕由是觀之，某某將軍府之兵稱爲某某府兵，實因將軍之軍號而來，制度上原與地方行政長官無關，蓋此爲由將軍開府領營

〔註29〕見該文頁 250～252。

〔註30〕廖伯源之《歷史與制度——漢代政治制度試釋》（臺北：臺灣商務印書館，1998.5）一書，收有其〈試論西漢諸將軍之制度及其政治地位〉、〈東漢將軍制度之演變〉二文，可供參考。

〔註31〕分裂離亂之世，州都督制的形成其實是爲了施行區域防禦戰略，故是區域防禦戰略體制，請詳本書之第一篇論文。

兵以至將軍開府領府兵之發展也。因此，所謂「府兵」，實是一種軍隊通稱，故謂是指「軍府所統之兵即可稱爲某府兵」者，甚是；然而軍府僅指將軍府，所領之兵即是其府兵，而與地方長官所主的州府、郡府乃至縣府無涉，只是魏晉以降地方長官多帶軍號，可能容易令人誤以爲州府、郡府之兵即是府兵耳。〔註32〕

「府兵」之所以作爲將軍府（軍府）之兵的通稱既明，則何以變成專指魏周隋唐兵制的專稱，又何以是漢表胡裏的軍制？於此請容先論漢表的問題。

按：陳寅恪先生指出北魏孝文帝斟酌魏晉以及南朝前期的制度進行漢化改革，已爲世所周知。茲以《魏書・官氏志》所載〈太和後令〉、《周書・盧辯列傳》以及《五代史志（以下隨例稱《隋書》）・百官志下》，分別代表太和軍制、大統軍制以及開皇軍制的將軍名號與位階，約略作成下表以便觀察。

表1：太和、大統以及開皇軍制間之軍號職位以及與其他要官比較表

品／命	太和軍制	大統軍制	開皇軍制
正一品 （北周制正九命）	太師、太傅、太保， 太尉、司徒、司空， 大司馬、大將軍	柱國大將軍， 大將軍	太師、太傅、太保， 太尉、司徒、司空
從一品 （九命）	儀同三司、諸開府， 都督中外諸軍事， 驃騎大將軍、車騎大將軍、衛大將軍，四征大將軍	開府、儀同三司 驃騎、車騎等大將軍	上柱國
正二品 （正八命）	尚書令 驃騎將軍、車騎將軍、衛將軍， 四鎮大將軍，四征將軍， 諸將軍加大者	驃騎、車騎等將軍	尚書令 柱國
從二品 （八命）	尚書僕射、中書監 四鎮將軍，中軍、鎮軍、撫軍三將軍， 領軍、護軍將軍 司州牧	大都督 四征將軍， 中軍、鎮軍、撫軍三將軍等將軍	尚書左右僕射 上大將軍 雍州牧

〔註32〕嚴耕望先生於其《中國地方行政制度史——魏晉南北朝地方行政制度》下冊之〈約論〉，特稱此府州僚佐爲雙軌制，並謂州有蠻夷者，刺史又帶蠻夷校尉等號，而另置校尉府，因而有三個府的僚佐系統，頁901～903。其詳細論證則可參該書之第二章。

正三品 （正七命）	吏部尚書、九卿、中書令、侍中、列曹尚書 四安將軍、四平將軍，前、左、右、後將軍， 中領軍、中護軍， 左、右衛將軍 河南尹、上州刺史		帥都督 四平，前、後、左、右將軍	六部尚書，九卿 大將軍 左右衛、武衛、武候、領左右等大將軍 京兆尹，上州刺史
從三品 （七命）	散騎常侍、四方郎將、國子祭酒、御史中尉、大長秋卿、將作大匠 征虜將軍，冠軍、輔國將軍 武衛將軍 中州刺史		都督 冠軍、輔國等將軍	散騎常侍，國子祭酒，御史大夫，將作大匠， 上開府儀同三司 左右衛、武衛、武候、領左右、監門等將軍 中州刺史
正四品 （正六命）	上階 （周命秩此下無上下階之分）	驍騎、游擊將軍，城門校尉	鎮遠、建忠等將軍 別將	開府儀同三司 驃騎將軍 下州刺史
	下階	鎮遠、安遠、平遠、建義、建忠、建節，立義、立忠、立節、恢武、勇武、曜武、昭武、顯武將軍 下州刺史、上郡太守		左右監門郎將
從四品 （六命）	上階	中堅、中壘將軍，前軍、左軍、右軍、後軍將軍	中堅、寧朔等將軍， 左、右中郎將	上儀同三司 城門校尉 上郡太守
	下階	寧朔、建威、振威、奮威、揚威、廣威將軍，建武、振武、奮武、揚武、廣武將軍 左、右中郎將		上鎮將軍、直閤將軍

正五品 （正五命）	上階	寧遠、鷹揚、折衝、揚烈將軍	寧遠、揚烈等將軍 統軍	儀同三司 車騎將軍
	下階	射聲、越騎、屯騎、步軍、長水校尉 中郡太守		
從五品 （五命）	上階	伏波、陵江、平漢將軍	伏波、輕車等將軍	中郡太守
	下階	輕車、威遠、虎威將軍 洛陽令		中鎮將、上鎮副 大興、長安令
正六品 （正四命）	上階	宣威、明威將軍	宣威、明威等將軍	翊軍、翊師將軍 大都督 下郡太守
	下階	虎賁中郎將、羽林監、冗從僕射、駙馬都尉 下郡太守、上縣令		四征將軍，內（中）軍、鎮軍、撫軍三將軍 下鎮將，中鎮副
從六品 （四命）	上階	襄威、厲威將軍	襄威、厲威將軍 軍主	四平將軍，前軍、後軍、左軍、右軍將軍 帥都督 上縣令
	下階			冠軍、輔國將軍 下鎮副
正七品 （正三命）	上階	威烈、威寇、威虜、威戎、威武將軍，武烈、武毅、武奮將軍，積弩、積射將軍	威烈、討寇將軍 幢主	鎮遠、安遠將軍
	下階	討寇、討虜、討難、討夷將軍 中縣令		建威、寧朔將軍 都督 上戍主

品（命）	階			
從七品 （三命）	上階	盪寇、盪虜、盪難、盪逆將軍	蕩寇、蕩難將軍 戍主	寧遠、振威將軍 中縣令
	下階	奉朝請		奉朝請 伏波、輕車將軍
正八品 （正二命）	上階	殄寇、殄虜、殄難、殄夷將軍， 殿中將軍	殄寇、殄難將軍	宣威、明威將軍 別將
	下階	 下縣令		下縣令 襄威、厲威將軍 中戍主，上戍副
從八品 （二命）	上階	掃寇、掃虜、掃難、掃逆將軍	掃寇、掃難將軍 戍副	威戎、討寇將軍 上關令
	下階	厲武、厲鋒、虎牙、虎奮將軍， 員外將軍		盪寇、盪難將軍 員外將軍 統軍 中關令，上津尉
正九品 （正一命）	上階	曠野、橫野將軍	曠野、橫野將軍	殄寇、殄難二將軍 下關令，中津尉
	下階	 殿中司馬督		掃寇、掃難將 殿內司馬督 軍主 下戍主
從九品 （一命）	上階	偏將軍、裨將軍	武威、武牙將軍	曠野、橫野將軍
	下階	外司馬督		偏、裨二將軍 員外司馬督 幢主

備註：

1、西魏晚期至北周採命秩制，正六命以下無上、下階之分。

2、列入中央及地方他官是爲方便比較觀察文武官的位階。

　　據此表，可見太和、大統以及開皇之軍號與位階，大體是與魏晉南朝前期一脈相承，並顯示大統軍制諸軍號及諸都督未因魏末任之者人數大增而貶值。與太和軍制相較，大統軍制仍在全體官僚體系中具有很高的位階，只是開皇軍制將此戎秩系列改爲散官，又取消了驃騎大將軍、車騎大將軍、衛大

將軍，四征大將軍等系列官職，而將實際領兵軍官的位階壓低而已，此是大統軍制之外表為魏晉以降漢式表徵之一。

不過，北魏晚期，嚴耕望先生已指出軍府、州府之外，另有督府出現，於是出現將軍府、都督府、州吏三個系統。〔註33〕按：都督在漢魏間原為戰時編制，最初地位不高，約屬校級編制。〔註34〕魏晉以降，征伐野戰軍從統帥以下各種領兵指揮官，或稱都督或僅稱監或稱督，而皆帶軍號，以故漸有「將督」或「督將」之稱，為史書所常見，筆者姑稱之為軍都督（野戰軍指戰都督），此與州都督不同。州都督是因應分區防禦而產生，故分區防禦戰略施行後始出現州都督（軍區都督）。州都督均帶軍號而置軍府，是為統府，有時也被稱為督府，至晉成為「常都督制」。北魏末戰亂頻繁，因此亦頻繁派遣征伐野戰軍，以故征伐野戰軍諸軍率先恢復昔時的戰時編制，而以守土為主要責任的州都督以及其下的刺史郡守等，尋亦因戰亂延及其地，故其轄區內之部隊也全軍野戰編制化，改制亦如之，〔註35〕以故各級與各兵種指揮官遂普遍出現當州都督、當郡都督、防（鎮）城都督、防鄉都督，以至其他各種兵種、各種名目都督或大都督之職稱，用以節級指揮，至於其較重要或較高級之大都督、都督，甚至置督府以治軍指戰。〔註36〕

如估計造於北齊天保二年（西魏大統十七年，551）的《楊就等造像記》，〔註37〕是「假節、車騎大將軍、□□（梁雀？）鎮將、帶汝北太守、新除長

〔註33〕參嚴耕望先生前揭書下冊，頁 525～529。

〔註34〕例如初平二年，「陳郡太守胡軫為大督護，呂布為騎督，其餘步騎將校都督者甚眾」（《吳書·孫堅傳》注引《英雄記》，卷四十六，頁 1098）；又如建安十八年時，吳將甘寧「先以銀盌酌酒，自飲兩盌，乃酌與其都督」（《吳書·甘寧傳》，卷五十五，頁 1294）。事例尚多，不贅引，其詳請參本書第一及第二篇論文。

〔註35〕嚴耕望先生謂「『都督諸軍事』與『當州都督』性質本相同，蓋『都督諸軍事』已相沿漸成具文，故多難之際又加『當州都督』，以增強刺史之軍事權力」（同註33，頁 527）。筆者以為，州都督與軍都督二者性質任務不同，前者執行分區防禦，至北周改稱為總管前猶是如此；後者則掌征伐，於魏末戰亂頻繁時可得隨時指揮野戰。「當州都督」蓋是州郡長官於戰時，直接指揮其轄州軍隊作戰時所兼的軍都督。

〔註36〕張金龍於其《魏晉南北朝禁衛武官制度研究》（北京：中華書局，2004.11）內，稱此變化現象為都督制的卑微化（見頁 901～917）。此說恐怕是一種誤會。蓋都督本是軍隊指揮官的職稱，故此變化應是全軍（包括軍區防禦軍）普遍施行野戰編制化而已，觀表 1 所列三都督之品秩，應可證知其不致於卑微貶值。

〔註37〕見《全北齊北周文補遺》，頁 156～157。

平子、濮陽縣開國侯楊就，率督將文武」所造；內謂楊就「遂與鎮城四備都督、參僚、縣令□維等，同在斯城……各減資儲，敬造石像一軀」云。按：北朝之鎮分有相當於州級與郡級兩種，〔註38〕汝北郡屬北荊州，故其上必置有執節之都督或刺史，今汝北太守帶軍號而兼鎮將，列名於本鎮鎮城的督將，除軍府幕僚及縣令之外，諸督將繫銜較清楚者計有：

衛大將軍、梁雀鎮鎮城都督、襄邑子鮮于稚

衛大將軍、梁雀鎮副鎮城都督、邵陵子元思邑

衛將軍、右光祿大夫、梁雀鎮西面都督趙婆羅門

安東將軍、滄州前長史、東面都督耿天光

冠軍將軍、東荊州前騎兵參軍、南面都督魏同軌

鎮遠將軍、譙州前倉曹參軍、東面都督呂顯明

蕩寇將軍、前永安副鎮將、北面都（下闕）

寧遠將軍、員外給事中、西面都督趙（下闕）

廣武將軍、員外奉車都尉、北面都督庫狄（下闕）

安□將軍、前南陽太守、立義都督申紹業

是則一郡級鎮之諸「督將」，依軍號輕重列名其中，至有以重號（大）將軍任之者。鎮將的大營所在城，竟置有鎮城正副都督，似爲鎮軍在中央指戰的都督；而「四備」則分四方部署，起碼每方各有都督兩員。此即是府州鎮城之下，編置有中央及四備都督的戰時編制。都督本是軍隊指揮官的職稱，故此編制應是鎮區內全軍實施野戰編制，用以應付危急狀態的臨時戰時措施。值得注意的是，諸督將之外，繫銜者尚有「梁雀鎮長史郭景□」等人，表示此時期鎮將蓋亦開府置佐，以助主帥處理軍事。鎮府尚且如此，何況州郡之軍區都督耶？不過，此鎮將置府似爲戰術單位，而其他督將則似爲戰鬥人員，因而殆不置府。此類例子正史不多見，然石刻史料則零星所在多有，不贅舉述。

魏末以來此種戰時編制，因戰事頻繁而常置。在東魏方面，魏齊之間因高隆之的表請而將之改革，《北齊書‧高隆之列傳》載其事云：

> 魏自孝昌已後，天下多難，刺史太守皆爲當部都督，雖無兵事，皆立佐僚，所在頗爲煩擾。隆之表請自非實在邊要，見有兵馬者，悉皆斷之。〔註39〕

〔註38〕請參周一良之《北魏鎮戍制度考及續考》一文，收入其《魏晉南北朝史論集》，北京：北京大學出版社，2000.10 第二刷。

〔註39〕見《北齊書‧高隆之列傳》，卷十八，頁236。

汝北郡所在之梁雀鎮，正是現有兵馬的邊要，以故仍然未罷其佐僚也。

　　至於西魏北周，都督、刺史、郡守之下亦編置各級各種野戰及兵種（大）都督，如《周書‧于謹列傳》載謹從爾朱天光討平夏州賊而授大都督，其後宇文泰爲夏州刺史，「以謹（時爲衛將軍）爲防城大都督兼夏州長史」，最是顯例，情況與東魏北齊相彷彿，且漸成常制化。是則，大統軍制下的府兵，究是將軍府之兵抑或是都督府之兵？

　　根據表1，知悉各級將軍主要爲敘階之用，又根據《周書‧盧辯列傳》，知悉伏波、輕車等五命以上將軍始置有命秩的府僚，只有開府府及儀同府不以軍號名其府佐；而三都督雖位在五命之上，但卻未見置府。復據前述大統軍制僅述至軍團級，乃知帶大都督之九命驃騎大將軍（開府府）與車騎大將軍（儀同府）所統的軍或團，始是實際的軍隊核心建制單位，因而例加開府或儀同之銜以置府領兵。由此可知，此之府兵，既非大都督府之兵，也非驃騎或車騎大將軍之兵，而是開府府與儀同府的府兵，以故「府兵」既是西魏北周軍隊的統稱，而也同時是專稱，遂成常制。所以該傳最後特載云：

　　　　周制：封郡縣五等爵者，皆加開國；授柱國、大將軍、開府、

　　儀同者，並加使持節、大都督；其開府又加〔驃騎大將軍、侍中；

　　其儀同又加〕車騎大將軍、散騎常侍；……以此爲常。

開府與儀同位爲從公，但非武官，是則軍團級單位之名何以稱爲開府與儀同，而不逕稱驃騎與車騎，如魏晉或開皇之制？

　　竊意充任大都督軍職者，魏周之制實自四征以及車騎、驃騎等將軍以上皆可任之，因此宇文泰對驃騎大將軍特加侍中‧開府儀同三司，對車騎大將軍特加散騎常侍‧儀同三司之銜，用以區別雙授以大夫銜的驃騎將軍與車騎將軍所置之府。即是由於侍中‧驃騎大將軍‧開府儀同三司‧大都督全銜中，以「開府儀同三司」之名與驃騎將軍之「驃騎」軍號分別最爲明顯，不會混淆，同理散騎常侍‧車騎大將軍‧儀同三司‧大都督與車騎將軍亦然，以故前者所統單位遂稱爲開府府，後者則稱爲儀同府，以與驃騎（將軍）府及車騎（將軍）府作區別。此區別無異是以九命大將與正八命以下的將軍作區別，表示前者是領兵核心單位，而後者僅是其下之各級一般領兵單位而已。

　　因此，大統軍制下作爲中央軍之府兵，通言之仍可視爲依魏晉以來慣例，指將軍府之兵，而非都督府之兵。〔註40〕然而，此軍制下的府兵卻專以開府

────────────

〔註40〕嚴耕望先生以獨孤信與柳虯爲例，謂信於大統六年爲隴右十州大都督、秦州

府與儀同府所領之兵作爲基準，故前引《北史》卷六十之末，謂二十四開府
「分團統領，是二十四軍。每一團，儀同二人。自相督率，不編戶貫」，蓋指
此高級領兵核心單位（開府）與基礎領兵核心單位（儀同）之間的關係，以
及其統率指揮的運作也。之所以如此設計，主因蓋是宇文泰意欲將大將軍以
上將領塑成一個高級政軍合一的軍事集團，柱國大將軍任以三公六卿之官，
大將軍任以上大夫少卿級之官，分掌政務，以故將中央軍——二十四軍即是
中央全軍的統稱——之實際統率權分委於二十四開府，而總屬於自己，以切
實掌握之。《周書·晉蕩公（宇文護）列傳》所謂「自太祖（宇文泰）爲丞相，
立左右十二軍，總屬相府。太祖崩後，皆受（宇文）護處分，凡所徵發，非
護書不行」，〔註41〕即是此制度精神旨意之實錄。此設計是以柱國大將軍及大
將軍在朝共同領政，除非奉命征戰否則不領兵，而日常統領軍隊的職責乃委
諸總屬於霸主自己的二十四開府，表面上頗似姬周高官在朝爲卿、在軍爲將
的政軍合一制度，但是實際上則並不盡然。因爲柱國大將軍及大將軍日常既
與軍隊統率系統分離，則所謂六軍、十二軍遂成虛編，此所以後來宇文護能
輕易誅除趙貴、獨孤信等頂級大將也。

由於常制領兵核心單位專以開府府及儀同府爲準，是以府兵之名乃由通
稱變爲專名，亦即是專指開府府及儀同府所領之兵，與魏晉南朝的制度逐漸
有所別。《後魏書》載云：

> 西魏大統八年，宇文泰仿周典，作六軍，合爲百府。大統十六
> 年，以民之有材力者爲府兵。〔註42〕

刺史，「以虯爲二府司馬」，「所謂二府即將軍府與都督府也」（同註33，頁528）。
筆者按：據信傳，信時任使持節·侍中·驃騎大將軍·開府儀同三司·大都
督，然嚴先生卻未指明柳虯所任之都督府，究是隴右十州大都督府抑或秦州
之當州大都督府。前文已述軍都督與州都督有別，州都督魏晉以來例不置府，
其府實爲將軍府，及至魏末，軍區內防禦部隊普遍野戰編制化，始見有當州
都督等都督府，因此，柳虯所任之二府司馬，恐怕是獨孤信的開府府（當時
也確是驃騎大將軍的將軍府）司馬與秦州當州都督府司馬。據虯本傳：「（大
統）四年，入朝，太祖欲官之，虯辭母老，……久之爲獨孤信開府從事中郎。
信出鎮隴右，因爲秦州刺史，以虯爲二府司馬。」依魏末某州刺史常兼當州
都督的慣例，柳虯此時應是由開府從事中郎遷爲開府府司馬，而兼爲秦州當
州都督府的司馬也。

〔註41〕參《周書·晉蕩公列傳》，卷十一，頁168。
〔註42〕此處的《後魏書》，是據《玉海》（京都：中文出版社，中日合璧本，1986.10
再版）卷一三七《魏六軍·府兵》條所引，唐長孺疑其是否爲魏澹的著作，
又疑夾注所述的郎將統府說不正確，皆是，請詳唐氏前揭文，頁260～269。

可見建府以及專稱其爲府兵乃是漸次完成的改革，非一蹴即成。又由於二十四軍只有二十四個開府府，是則不論府兵初建時是否置有百府或恰滿百府之數，〔註43〕要之此所謂「百府」之府，當指基礎領兵核心單位的儀同府而言，復因置有百府之多，決非北鎮軍人所能充員，以故勢需納入鄉兵——民之有材力者——以充之，是則鄉兵雖仍有鄉兵之名，但已成爲正式的府兵，殆可無疑。

據此進一步分析，《周書・盧辯列傳》最後特載謂「授柱國、大將軍、開府、儀同者，並加使持節、大都督」，實即指謂柱國大將軍、大將軍、開府、儀同四級軍官以其將軍府領兵，而加使持節、大都督職銜以使之隨時督軍指戰也。這也就是表示「將軍統率、都督指揮」原則之意，正合魏晉以來都督制「統指分離而合一」於一人的慣例。因此，北魏末以來地方軍隊雖有督府之置，西魏亦沿襲之，但此時作爲中央軍的六柱國十二大將軍二十四軍，各級督將卻未見置有督府，反而恢復了軍府領兵的常制，至於大都督、帥都督、都督此三都督之意義則蓋爲各級基層戰鬥指揮官而已，是以柱國、大將軍、開府、儀同此四級將軍若不帶「使持節・大都督」之職銜者，則雖置府而不統兵指戰，僅是散秩罷了，以故降至隋唐遂命文武官皆加此散階戎秩，是亦制度之一變。

大統軍制之所謂府兵，既專以開府府與儀同府所領之兵作爲基準，及至開皇軍制之改革，將侍中・驃騎大將軍・開府儀同三司・大都督的官名精簡並降爲驃騎將軍，散騎常侍・車騎大將軍・儀同三司・大都督精簡並降爲車騎將軍，其下之三都督均直由職稱改爲官名而兼職稱，亦即使其性質仍然保持既是散官，而也是實官的散實官。因此，原開府府遂正名爲驃騎府，儀同府遂正名爲車騎府，繼續成爲實際領兵的核心單位，仍爲府兵專名之所繫。此爲北朝府兵之大統軍制第一次重大而顯著的改革。其後隋煬帝第二次改革而成大業軍制，主要是將開皇驃騎府與車騎府兩級單位作進一步合併，精簡爲鷹揚府，改成只有一個級別的核心單位，而主帥則降稱爲鷹揚郎將，三都督之大號亦改降爲校尉、旅帥及隊正，猶如漢朝軍制之部、曲、屯而已，遂

〔註43〕中唐撰就的李繁《鄴侯家傳》，謂「初置府不滿百，每府有郎將主之，而分屬二十四軍。……仍加使持節・大都督以統之。……共有眾不滿五萬」（文見《玉海》卷一三八《唐關內置府・十道置府》條）。唐長孺駁其郎將主府說，甚是；唐先生又指出《太平御覽》引《後魏書》及《通鑑》所載大統八年作六軍，並無「合爲百府」之說，疑此說僅是李繁片面之辭云，皆詳其前揭文。

使府兵制進一步正常化。唐太宗第三次改革，貞觀軍制僅再將鷹揚郎將降稱為折衝都尉，置府領兵，其餘建制則因沿大業軍制之舊，可謂略無新意。

要之，自隋文帝以來的三次改革，或許與君主意欲壓抑武將的構想有關，但皆欲促成府兵制度的正常化。因此，大業軍制與貞觀軍制軍府主帥官名雖已改降，又無將軍之號，似違漢魏以來將軍置府領兵的制度，然而漢制郎將、都尉亦多領兵，且因隋唐府兵制與大統軍制的史緣關係，以故府兵仍指鷹揚府（折衝府）此核心建制單位所領之兵也。

綜而論之，軍隊的常制建制，置府領兵的基本制度，自漢制將軍領兵至隋開皇時猶無改變，甚至大業軍制之以郎將領兵，貞觀軍制之以都尉領兵，其實亦為漢制。因此，大統軍制下之三都督本身均不置督府，實是從北魏晚期喪亂以來，可能曾由都督置府指戰的戰時權宜措置，回歸正常化改革的重要第一步，隋文帝以下僅是本此再改革而已。據此，大統軍制都督以上之所以掛（大）都督銜，則是因承沿北魏晚期以來戰時編制由各級都督指戰的慣例與趨勢，故授予各級將軍此職銜，用以方便其率軍指戰耳。至於儀同以上各級大將軍之所以均掛大都督銜，則更是因北魏晚期以來，戰爭頻繁而亦升遷頻繁，眾將輕易遷至大都督，於是眾大都督間如何統屬，平時既成問題，戰時更成問題，是以乃有宇文泰的軍事創制。此創制除了沿用魏晉以降都督制「統指分離而合一」之原則外，重要特色尚有：

（一）諸（大）將軍除了須帶督銜始能統兵指戰之外，〔註44〕於大都督以上之級別，分別授予儀同以至柱國大將軍等不同官位，將之排序為四等級，合大都督本級而為五級，既用以作為明敘遷的戎秩，亦用以作為明統屬的職級，以故包括諸（大）將軍領三都督職銜在內，凡共有七級之多，此系戎秩於國家人事行政體系特稱為「散實官」。

（二）此體制是逕以侍中・驃騎大將軍・開府儀同三司・大都督之一級作為常制軍級建制單位，名為開府府，以散騎常侍・車騎大將軍・儀同三司・大都督之一級作為團級合成單位，名為儀同府，以便府兵的常制統領。

（三）常制一軍由若干團組成是軍事上的彈性編制，以故史書對軍領團的數目不予記載。亦即一軍殆未必固定由一個團（兩儀同）或二個團（四儀

〔註44〕 車騎大將軍以外的雜號將軍也有加大而帶大都督者，但職權不能與車騎大將軍以上比。如儀同以下之大都督，即使以衛大將軍（漢制衛將軍是位次車騎將軍的重號將軍，加大亦然）等號充任之，然皆是儀同級之下的統兵戰鬥官而已。

同）組成，此與軍級以上單位採二進位的編建甚不同，當戰事發生而需組成征伐軍時尤然。至於儀同府所領兵史亦未詳，觀前引西魏末使持節・車騎大將軍・儀同三司・大都督強獨樂所部，即領有八員督將，一人是大都督、一人是帥都督，六人為都督；而觀察柱國大將軍于謹平梁之役，所統即有楊忠等三個大將軍（見下），亦即起碼有六個開府以上，此皆是視戰爭規模的大小而依彈性原則以配置。

（四）由於一團固定由兩個儀同府組成，以故儀同府之主帥車騎大將軍・儀同三司・大都督的地位僅是侍中・驃騎大將軍・開府儀同三司・大都督的偏將，為偏將級將領而非主將級將領。〔註45〕

因此，地方動亂之外的較大型戰爭，極少由偏將級別而又領兵不多的儀同獨立領軍出征。據《周書》所載，指揮較大戰爭的統帥，常是開府級以上，此時一個開府或有統領三個以上儀同者，此即軍團的彈性編制，前引《續漢書・百官志》載謂將軍領有本營部曲，「其別營領屬為別部司馬，其兵多少各隨時宜」，正是指此軍制學上的部隊配屬關係、兵力配置彈性原則以及兵力運用集中原則。同理，若更大型的戰爭爆發，則視需要而由大將軍・大都督統若干軍團，乃至由柱國大將軍・大都督統若干大將軍所領的軍團出征。此類例子《周書》多見，最著名的戰例是西魏恭帝元年（554），遣柱國大將軍于謹統大將軍宇文護、大將軍楊忠、大將軍韋孝寬等步騎五萬討梁，擒梁元帝而殺之的戰役，〔註46〕是為柱國大將軍戰時領三大將軍出征之明例。《周書》所載一個儀同常見是統率千人左右的千人營主，是則于謹所統應有五十個營，但未必平均分由宇文護等三大將軍統率。據此可見大統軍制立，則軍隊在平時與戰時，諸大都督間之統屬關係甚為明確，以及授予大都督銜之意義

〔註45〕 按：除了柱國大將軍是魏末特置而位在丞相上之外，大將軍則自漢魏晉以來即屬公級官，驃騎大將軍與車騎大將軍則比公，其他諸大將軍、將軍若特授「開府」時則均是位為從公的大將主將之任。今在大統軍制中，比公的車騎大將軍僅是偏將之任。據《李椿墓誌》：椿為八柱國之一李弼之子，周武帝保定初為大都督，六年為使持節・車騎大將軍・儀同三司，建德「五年，周武帝平齊，仍居偏將……留鎮相州」，（見《全隋文補遺》卷二，頁 150～151，西安：三秦出版社，2004.3）。是可證明使持節・車騎大將軍・儀同三司・大都督於大統軍制實為偏將級將領。開皇軍制因取消虛編的團，故車騎將軍遂成為驃騎府下級直屬單位車騎府之主帥；當其不獨立領府時，則車騎將軍即是驃騎府的副帥，仍是偏將性質。

〔註46〕 見《周書・文帝下》該年十至十一月條（卷二，頁 35～36），並參此四大將之本傳。

其實是表示統率指揮之授權也。

　　大統軍制的漢表形式已如上述。因此，軍官名號全採漢（含魏晉）制、軍官官位高而繁、建制級別多，以及由帶（大）都督銜之諸（大）將軍置府統領所屬府兵並實際指戰，是其四大特色。在建制級別多此特色之內，將開府府與儀同府二級建制規劃爲核心領兵單位，復將二十四個開府府分爲左、右各十二軍序列，竊疑與胡制史緣有關，故下節續論之。

四、大統軍制的胡制史源與胡裏特徵

　　本文前言提及大統軍制就軍隊建制而言，即是宇文泰於西魏文帝大統十六年所創置的二十四軍制。此建制尚需輔以宇文泰稍後於魏恭帝元年推行的軍人族屬身份改定政策；乃至其姪宇文護於周明帝二年三月實行的軍官改籍政策，始能完整而奠定。

　　對於此軍制，陳寅恪先生稱之爲前期府兵。陳先生先於《歷史語言研究所集刊》7-3 發表〈府兵制前期史料試釋〉一文而提出此問題，後據此文增寫成《隋唐制度淵源略論稿》之〈兵制〉篇。內中所論府兵前期爲鮮卑兵制，是部酋分屬制，屬特殊貴族制，爲兵農分離制；後經周武帝、隋文帝施加變革之後，始變爲華夏兵制，成爲君主直轄制，屬比較平民制，爲兵農合一制，並稱此集團爲「關隴胡漢混合集團」（簡稱關隴集團），其說已爲世所周知，亦爲此後研究者所遵奉不替。但是，試從另一個角度看，除了「從容禁闥」的魏宗室拓跋欣不算，這支軍隊從時任使持節‧太師‧柱國大將軍‧丞相‧督中外諸軍事‧錄尚書事‧大行臺‧大都督‧安定郡公而「總百揆，督中外軍」的最高統帥宇文泰以下，諸高級將領若翻成胡姓作觀察，則六柱國大將軍當時的姓名殆分別是：

　　大野虎、徒河弼、獨孤信、乙弗貴、万忸于謹、侯莫陳崇。

　　十二大將軍則分別爲：

　　拓跋贊、拓跋育、拓跋廓、宇文導、侯莫陳順、達奚武、李（拓跋？）遠、豆盧寧、宇文貴、賀蘭祥、普六茹忠、可頻雄。

是則此十九員大將若依姓名觀察，是漢人集團耶，是胡人集團耶，或是胡漢混合集團耶？若依政策之實質作觀察，恐怕是傾向一個胡人集團。〔註 47〕

〔註47〕此十九員大將除了拓跋贊、拓跋育、拓跋廓爲元魏宗室外，其餘皆在大統十六年前後賜復姓，只有李遠不詳。按：李遠是李賢之弟，兄弟在西魏北周一門貴

周一良謂「北周的統治者也是出身北鎮的胡族。對于漢族庶民施行胡化辦法，編入部落式的軍隊」，此說庶幾近矣；但其又謂宇文氏漠視、反對門閥，〔註 48〕此則恐怕尚需商榷。蓋據前引《周書》卷十六末史臣曰，謂大統十六年以前所任八柱國，「當時榮盛，莫與爲比。故今之稱門閥者，咸推八柱國家云」，是則表示宇文氏殆援鮮卑舊俗，塑造一個新的胡族軍事門閥系統歟？以充斥胡姓臣僚之朝廷和華夏南朝爭正統，此與北魏孝文帝之政策相違，其情勢正逆可知，此就難怪隋文帝甫登基即下詔恢復漢姓以及還依漢魏矣。退一步言，即使開府與儀同級之將領的確也吸收了一批漢族人氏，〔註 49〕而宇文泰當初也的確有將之混合爲一個集團的構想，但是終歸仍是對之普遍實行賜復姓措施，欲將此等將領導向既定的族屬認同以及鄉里認同，塑造一個「胡族軍事部落聯盟集團」，寬言之或是一個新的「胡人爲表之胡漢混合軍事部落聯盟集團」而已。胡族生活條件與戰鬥條件一致，社會以部落爲主體而全兵皆民，宇文泰既「以諸將功高者爲三十六國後，次功者爲九十九姓後，所統軍人，亦改從其姓」，則是以軍隊爲主體，而以軍組部，以軍合盟，用以自成一個軍事閥閱集團，此則頗沿北魏門閥主義之舊轍，〔註 50〕只是宇文泰特重可使其「槍桿子裏出政權」的新門閥罷了。不論「恆以反風俗，復古始爲心」的宇文泰是否有「返祖」取向，〔註 51〕要之其此改革，展示的意義正是欲在軍事性改革之內，同時使之具有政治性與社會性。

盛，《周書・李賢列傳》謂「其先隴西成紀人」云，魏恭帝時賜姓拓跋氏。另據出土之《李賢墓銘》（見趙超，《漢魏南北朝墓誌彙編》，天津：天津古籍出版社，1992.6，頁 482～484），知其先世實是部落首長，冒稱李陵之後耳。大野虎即唐高祖的祖父李虎，普六茹忠即隋文帝之父楊忠，陳寅恪先生已疑其皆非漢人，徒河弼即李弼，恐出自徒河鮮卑，因以賜爲姓。至於王雄，《周書》本傳謂「字胡布頭，太原人也」，魏恭帝元年，賜姓可頻氏，殆與太原烏丸有關歟？此外眾人率多胡人，以故筆者乃有此疑。讀者尚可依其姓氏查姚薇元的《北朝胡姓考》（臺北：華世出版社，民國 66.6），當可印證諸姓的淵源。

〔註 48〕 詳其〈北朝的民族問題與民族政策〉，收入周一良前揭書。

〔註 49〕 呂春盛的《關隴集團的權力結構演變──西魏北周政治史研究》（台北：稻鄉出版社，民國 91.3）之表 3-4 及 3-5，分列有大統十六年時之開府與儀同人物，可參考，見頁 84 及 99。

〔註 50〕 關於北魏門閥主義，谷川道雄於其《隋唐帝國形成史論》（東京：筑摩書房，昭和 46.10）之第二篇第一、二兩章有論述，不贅。此書李濟滄有譯本，上海：上海古籍出版社，2004.10。

〔註 51〕 從「返祖」觀點論宇文泰此政策，可參朴漢濟，《西魏北周時代胡姓的重行與胡漢體制──向「三十六國九十九姓」姓氏體制回歸的目的和邏輯》，《北朝研究》，1993 年第 2 期，頁 71～81。

　　宇文泰這種具有社會政治意義的改革構想，與魏初由大鮮卑山遷至雲代而使諸部人稱爲「代人」，用以團結建國；〔註52〕孝文帝將「代人」遷至河南而稱之爲「河南人」，用以施行漢化，實有異曲同工之妙。尤其周明帝之明詔「今周室既都關中，宜改稱京兆人」，則更是顯示直接受到孝文帝政策的啓示。只是宇文泰將軍隊部落化，則頗與道武帝的「離散部落」政策反其道，而卻勢不能不如此。因爲道武帝的「離散部落」是要使部落兵脫離其部落而置於中央掌控之下，用以加強建立中央集權的王朝；而宇文泰此時的中央朝廷則仍是（西）魏朝，當然不能使之加強而令己削弱，以故僅能於朝廷之外另建一軍事同盟集團，以己爲盟長，始能實行其原先確立的「挾天子以令諸侯」之開國國策。在此情勢下，「恆以反風俗，復古始爲心」，而有意「擯落魏晉，憲章古昔」的宇文泰，找到的先例則是「魏氏之初」的部落聯盟組織，遂引以爲改革的指導原則。

　　南北朝以前北方游牧民族無文字，族人的共同記憶即其歷史，因此拓跋鮮卑何時有過統國三十六、大姓九十九的規模，實則《魏書》所記亦已不能明。蓋北魏建國稱帝前，拓跋鮮卑領袖世號「可汗」，〔註53〕建國後皆追諡爲皇帝。據《魏書‧序紀》所載，可知的第一任可汗是成皇帝拓跋毛，當時已以「聰明武略，遠近所推，統國三十六，大姓九十九，威振北方，莫不率服」；但同書〈官氏志〉則載謂「初，安帝統國，諸部有九十九姓。至獻帝時，七分國人，使諸兄弟各攝領之，乃分其氏。自後兼并他國，各有本部」云。

　　安皇帝拓跋越是第五任可汗，其時尚未從大鮮卑山（今大興安嶺北麓）「南遷大澤（今呼倫貝爾湖）」，生活空間未廣，能否有此組織規模已屬可疑，更何況第一任可汗之時。恐怕從第六任宣皇帝拓跋推寅南遷，至十四任聖武皇帝拓跋詰汾時再南移，「始居匈奴之故地」後，乃有可供發展的廣闊腹地，以及壯大部落的可能，以故史載至第十五任始祖神元皇帝拓跋力微而強大。拓跋力微時當漢、魏之際，其時小種鮮卑軻比能「控弦十餘萬騎」，主盟諸部落，故需至魏明帝青龍三年（235）中，幽州刺史王雄遣勇士刺殺軻比能後，拓跋力微始有可能代之而崛起。〔註54〕然而，此規模在何時發生並不是本論題的主要問題，其主要問題厥在「統國三十六，大姓九十九」或「三

〔註52〕參康樂《從西郊到南郊：國家祭典與北魏政治》（台北：稻禾出版社，民國84.1）之導言與第二章。

〔註53〕見米文平〈鮮卑石室的發現與初步研究〉，《文物》，1981.2。

〔註54〕軻比能事參《三國志‧烏丸鮮卑東夷傳》，卷三十，頁838～839。

十六國，九十九姓」究竟有何社會政治意義，何以有助於創建大統軍制。

　　按：漢魏晉之世北方游牧民族之所謂「國」，猶即部落之「部」，故《周書‧獨孤信列傳》載「獨孤信，雲中人也，本名如願。魏氏之初，有三十六部，其先伏留屯者，爲部落大人，與魏俱起」。由是以知，魏氏之初的三十六部即是三十六國，柱國大將軍之一的獨孤信原部就是其中之一國。至於《周書‧文帝紀上》開章即述匈奴宇文部「其先出自炎帝神農氏，爲黃帝所滅，子孫遯居朔野。有葛烏菟者，雄武多算略，鮮卑慕之，奉以爲主，遂總十二部落，世爲大人。其後曰普回，因狩得玉璽三紐，有文曰皇帝璽，普回心異之，以爲天授。其俗謂天曰宇，謂君曰文，因號宇文國，并以爲氏焉」。其冒託漢族先聖先王之說雖不可信，〔註55〕但北族以部爲國，以國部爲氏，因而號爲「宇文國」的習慣則可信，以故《晉書》乃有平州刺史‧東夷校尉崔毖「陰結高句麗及宇文、段國等，謀滅（慕容）廆以分其地。太興初，三國伐廆」之文。〔註56〕

　　然則，此時期的鮮卑舊俗如何？

　　《後漢書‧烏桓鮮卑列傳》載云：

　　　　烏桓者，本東胡也。……俗善騎射，弋獵禽獸爲事。隨水草放
　　牧，居無常處。……有勇健能理決鬥訟者，推爲大人，無世業相繼。
　　邑落各有小帥，數百千落自爲一部。大人有所召呼，則刻木爲信，
　　雖無文字，而部眾不敢違犯。氏姓無常，以大人健者名字爲姓。大
　　人以下，各自畜牧營產，不相傜役。……俗貴兵死，……其約法：
　　違大人言者，罪至死；若相賊殺者，令部落自相報，不止，詣大人
　　告之，聽出馬牛羊以贖死；其自殺父兄則無罪；若亡畔爲大人所捕
　　者，邑落不得受之，皆徙逐於雍狂之地。

烏桓、鮮卑同屬東胡，由漢至魏習俗未改。〔註57〕是知此時期的鮮卑舊俗，是游牧尚武之民族。其社會政治制度是落之上分爲部、邑二級。部之領袖漢

〔註55〕曹仕邦〈史稱「五胡源出中國聖王之後」的來源〉對此頗有申論，見《食貨月刊》（復）4-1，民國63.12。

〔註56〕段國即鮮卑段部。引文見《晉書‧慕容廆載記》，卷一百八，頁2806。

〔註57〕烏丸即烏桓。陳壽於《三國志‧烏丸鮮卑東夷傳》序末云：「烏丸、鮮卑即古所謂東胡也。其習俗、前事，撰漢記者已錄而載之矣。故但舉漢末魏初以來，以備四夷之變云。」因此傳注引《魏書》的載述同於《後漢書‧烏桓鮮卑列傳》，故知東胡由漢至魏習俗未改。

人譯爲大人，實則其語殆稱爲可汗，推選而出；邑之領袖則爲小帥，殆是氏族長之流。部落政簡，可汗命令嚴明而部眾不敢違犯，故知可汗與小帥應是平時領民、戰時領兵的領袖，此符合大統軍制政軍合一的設計要旨。至於部眾氏姓無常，以大人健者名字爲姓，各自營生，不相儔役，若相賊殺者令部落自相報，則有邑落自治的特色，亦符大統軍制的兵隨帥姓、自相統攝的體制。

由此揆諸「統國三十六，大姓九十九」或「三十六國，九十九姓」，可見三十六國即是三十六部，而九十九姓恐怕皆是邑帥之姓。所謂「魏氏之初，統國三十六，大姓九十九，後多絕滅。至是，以諸將功高者爲三十六國後，次功者爲九十九姓後，所統軍人，亦改從其姓」的軍人族屬身份改定政策，淵源呼之欲出，蓋有軍人族屬身份模仿部落返祖回舊之意義也。此意義之最重大處，厥在宇文泰要模仿「統國三十六，大姓九十九」，亦即要以自己作爲胡式的聯盟盟主，而統領三十六部及九十九姓，構成一個「盟長－部酋」或「大可汗－可汗」的部落聯盟政治結構。宇文泰以此結構於朝廷之外自樹勢力，一者用以遂行「挾天子以令諸侯」的戰略構想，另者用以示別於高歡父子之壓抑以及屠戮此等元魏鮮卑高門的政策，[註58] 以便引誘號召仍在山東之元魏鮮卑高門後裔也。因此《北齊書·杜弼列傳》載云：

> 弼以文武在位，罕有廉潔，言之於高祖（高歡）。高祖曰：「弼來，我語爾。天下濁亂，習俗已久。今督將家屬多在關西，黑獺（宇文泰）常相招誘，人情去留未定。江東復有一吳兒老翁蕭衍者，專事衣冠禮樂，中原士大夫望之以爲正朔所在。我若急作法網，不相饒借，恐督將盡投黑獺，士子悉奔蕭衍，則人物流散，何以爲國？爾宜少待，吾不忘之。」

是則高歡對宇文泰實施此政治作戰的用意，顯然也知之甚稔。

至於此結構相應於大統軍制下高級將領的位階身份，彼等實另含有姬周式「霸主－諸侯」之意義，而由此過度爲北周式的「天王－諸侯」關係。觀下表可知其具有此種姬周政治的特色。

〔註58〕高歡父子之壓抑以及屠戮此等元魏鮮卑高門，可詳周一良前揭〈北朝的民族問題與民族政策〉一文，頁 138～139。

表2：大統軍制下高級將領位階與三公六卿比較表

命秩	三公六卿王朝官	大統軍制	備註
正九命	太師、太傅、太保	柱國大將軍，大將軍	天子三公以柱國大將軍任之
九命		驃騎大將軍，車騎大將軍	
正八命	少師、少傅、少保	驃騎將軍，車騎將軍	三孤以柱國大將軍或大將軍任之
八命		四征將軍，中軍、鎮軍、撫軍將軍，大都督	
正七命	大冢宰、大司徒、大宗伯、大司馬、大司寇、大司空	前、後、左、右將軍，帥都督	六卿以柱國大將軍任之
七命		冠軍、輔國將軍，都督	
正六命	小冢宰、小司徒、小宗伯、小司馬、小司寇、小司空	鎮遠、建忠將軍，別將	少卿位上大夫，以大將軍任之

本表據王仲犖《北周六典》（台北：華世出版社，民國 79.1）卷十《命品》而製。

　　儒家如孟子所謂：「天子一位，公一位，侯一位，伯一位，子男同一位，凡五等也。」〔註59〕宇文泰既欲托古改制，若信其言，則天子與諸侯蓋是各位差一等，而諸侯則是凡有四等位。是則大統軍制之正九命柱國大將軍及大將軍的大都督，封爵皆為開國郡公，蓋可位比姬周的公位；以下遞減，九命驃騎大將軍、車騎大將軍領大都督蓋比侯位，諸將軍領八命大都督蓋比伯位，諸將軍領正七命帥都督、七命都督蓋比子男位。

　　由於西魏帥都督常是領有一支鄉兵以作為本兵之主帥，體制仿佛前述「諸將功高者為三十六國後，次功者為九十九姓後」所統的本軍，即本部落兵，〔註60〕因此無異也是諸侯，位為封君，前註所引司馬裔等已可看出。茲

〔註59〕見《孟子·萬章下》，台北：新文豐出版公司《重刊十三經注疏》版（下引此版本同此），民國 67.1 再版，頁 31。

〔註60〕西魏將領之統有本軍亦稱本兵，如《周書·趙貴列傳》謂趙貴原任侍中·驃騎大將軍·開府儀同三司，高仲密以北豫州降，宇文泰率師迎之，戰於邙山。「貴為左軍，失律，諸軍因此並潰。坐免官，以驃騎、大都督領本軍。尋復官爵，拜御史中尉，加大將軍」（卷一十六，頁 262）。又如《周書·郭彥列傳》載郭彥為太原陽曲人，「大統十二年，初選當州首望，統領鄉兵，除帥都督、持節、平東將軍。……進大都督，遷車騎大將軍、儀同三司、司農卿。是時，岷州羌酋傍乞鐵忽與鄭五醜等寇擾西服。彥從大將軍宇文貴討平之。魏恭帝

為論證分析之需，姑再引述之，用以察見此等漢族豪右將領與其所統鄉兵的政治以及軍事性質。《周書‧司馬裔列傳》載云：

> 司馬裔字遵胤，河內溫人也，晉宣帝弟太常馗之後。……起家司徒府參軍事。後以軍功，授中堅將軍、員外散騎常侍。及魏孝武西遷，裔時在鄴，潛歸鄉里，志在立功。大統三年，（宇文泰）大軍復弘農，乃於溫城起義，遣使送款。與東魏將高永洛、王陵等晝夜交戰。眾寡不敵，義徒死傷過半。及大軍東征，裔率所部從戰河橋，……六年，授河內郡守。尋加持節、平東將軍、北徐州刺史。八年，率其義眾入朝。太祖嘉之，特蒙賞勞。頃之，河內有四千餘家歸附，竝裔之鄉舊，乃授前將軍、太中大夫，領河內郡守，令安集流民。十三年，……加授都督。十五年，太祖令山東立義諸將等能率眾入關者，竝加重賞。裔領戶千室先至，太祖欲以封裔。裔固辭曰：「立義之士，辭鄉里，捐親戚，遠歸皇化者，皆是誠心內發，豈裔能率之乎。今以封裔，便是賣義士以求榮，非所願也。」太祖善而從之。授帥都督，……
>
> 魏廢帝元年，徵裔，令以本兵鎮漢中。除白馬城主，帶華陽郡守，加授撫軍將軍、大都督、通直散騎常侍。二年，轉鎮宋熙郡。尋率所部兵從尉遲迥伐蜀，……行蒲州刺史。尋行新城郡事。魏恭帝元年，授使持節、車騎大將軍、儀同三司、散騎常侍、本郡中正。

司馬裔所統的「本兵」，就是其溫城起義以來之義徒義眾，至大統十五年宇文泰竟以盟主（霸主）之姿，將之「封裔」；雖裔固辭，然仍一直由其統領，故裔與諸侯及酋長無異，而如封君也。

又如《周書‧王悅列傳》所載：

> 王悅字眾喜，京兆藍田人也。少有氣幹，為州里所稱。魏永安中，爾朱天光西討，引悅為其府騎兵參軍，除石安令。太祖初定關、隴，悅率募鄉里從軍，屢有戰功。大統元年，除平東將軍、……四年，東魏將侯景攻圍洛陽，太祖赴援。悅又率鄉里千餘人，從軍至洛陽。將戰之夕，悅罄其行資，市牛饗戰士。乃戰，悅所部盡力，斬獲居多。六年，……遷大行臺右丞。十年，轉左丞。久居管轄，

元年，除兵部尚書。仍以本兵從柱國于謹南伐江陵。進驃騎大將軍、開府儀同三司」（卷三十七，頁 666～667）。

頗獲時譽。……

十四年，授雍州大中正、帥都督，加衛將軍、右光祿大夫、（大？）都督。率所部兵從大將軍楊忠征隨郡、安陸，竝平之。時懸兵深入，悅支度路程，勒其部伍，節減糧食。及至竟陵，諸軍多有匱乏，悅出稟米六百石分給之。太祖聞而嘉焉。尋拜京兆郡守，加使持節、車騎大將軍、儀同三司、散騎常侍，遷大行臺尚書。又領所部兵從達奚武征梁漢。……及梁州平，太祖即以悅行刺史事。……。魏廢帝二年，徵還本任。屬改行臺爲中外府，尚書員廢，以儀同領兵還鄉里。

悅既久居顯職，及此之還，私懷怏怏。猶陵駕鄉里，失宗黨之情。其長子康，恃舊望，遂自驕縱。所部軍人，將有婚禮，康乃非理凌辱。軍人訴之。悅及康竝坐除名，仍配流遠防。

王悅實以鄉望率募鄉里從軍，不論其軍職由都督、帥都督、大都督以至使持節・車騎大將軍・儀同三司・散騎常侍，職官歷地方長官抑或行臺大員，其一直統領的「所部兵」，即由此千餘人組成之鄉里，也就是其本兵。因此當行臺廢時，得「以儀同領兵還鄉里」。是則王悅之與「所部軍人」，亦猶部酋之與部民、封君之與邑人而已。情況如此，以故降至泰子周武帝保定二年閏正月時，「詔柱國以下，帥都督以上，母妻授太夫人、夫人、郡君、縣君各有差」。〔註61〕

於此，再據《周禮・春官宗伯》載其屬官典命之職云：

掌諸侯之五儀、諸臣之五等之命。上公九命爲伯，其國家、宮室、車旗、衣服、禮儀，皆以九爲節。侯伯七命，其國家、宮室、車旗、衣服、禮儀皆以七爲節。子男五命，其國家、宮室、車旗、衣服、禮儀皆以五爲節。王之三公八命，其卿六命，其大夫四命。

〔註62〕

可見姬周各等諸侯的命秩，各比天子公卿大夫之命秩還高，觀上表所顯示西魏北周高級將領官位之位差設計，正是師法此意。

大統軍制之目的既是欲建立一個朝廷以外，帶有諸侯暨部落性質的勢力

〔註61〕 見《周書・武帝紀上》該年月條，卷五，頁66。按：帥都督在天和五年四月被權臣宇文護一度中廢，至武帝誅護親政之建德二年正月復置。

〔註62〕 見《周禮》（《重刊十三經注疏》），頁33。

集團，則「位總百揆，督中外軍」的太師·丞相·柱國大將軍宇文泰，居此集團之中，顯看無異就是霸主（盟主），隱看則無異爲天王，領兵的六柱國大將軍以下各級督將，則無異如同各級諸侯或各部落酋庶長，至於擁有封爵而名義上作爲封君的其他諸侯，在西魏北周其實皆爲虛封，〔註63〕與姬周天下秩序爲「天王－諸侯」的實質體制相去甚遠。從下面所引誥令的稱呼情況觀察，亦可窺見此意。

《周書·蘇綽列傳》謂宇文泰欲革晉季以來文章競爲浮華之弊，因魏帝祭廟，羣臣畢至，乃命綽仿姬周文體而爲大誥，作爲範式奏行之。其詞冗，僅分段略錄如下：

> 惟中興十有一年，仲夏，庶邦百辟，咸會於王庭。柱國泊洎羣公、列將，罔不來朝。時廼大稽百憲，敷于庶邦，用綏我王度。皇帝曰：「……」

> 六月丁巳，皇帝朝格於太廟，凡厥具僚，罔不在位。

> 皇帝若曰：「咨我元輔（指宇文泰）、羣公、列將、百辟、卿士、庶尹、御事，……凡爾在位，其敬聽命。」

> 皇帝若曰：「柱國（指宇文泰），唯四海之不造，載緜二紀。天未絕我太祖列祖之命，用錫我以元輔。國家將墜，公惟棟梁。皇之弗極，公作相。百揆譽度，公惟大錄。……若伊之在商，周之有呂，說之相丁，用保我無疆之祚。」

> 皇帝若曰：「羣公、太宰、太尉、司徒、司空。惟公作朕鼎足，以弼乎朕躬。……」

> 皇帝若曰：「列將，汝惟鷹揚，作朕爪牙，寇賊姦宄，蠻夷猾夏，汝徂征，綏之以惠，董之以威。……

> 皇帝若曰：「庶邦列辟，汝惟守土，作民父母。……齊之以禮，不剛不柔，稽極於道。」

> 皇帝若曰：「卿士、庶尹、凡百御事，王省惟歲，卿士惟月，庶尹惟日，御事惟時。歲月日時，罔易其度，百憲咸貞，庶績其

〔註63〕北朝封爵制度的變化，請詳王安泰，《再造封建——魏晉南北朝的爵制與政治秩序》（臺灣大學出版中心，2013.5）第二章，西魏北周部分則詳見頁 104～109。

凝。……」

　　皇帝若曰：「惟天地之道，一陰一陽；禮俗之變，一文一質。……
戒之哉！戒之哉！朕言不再。」

　　柱國泰洎庶僚百辟拜手稽首曰：「……咸昭奉元后之明訓，率
遷於道，永膺無疆之休。」

　　帝曰：「欽哉。」

誥文中提到的「庶邦百辟」，蓋是指「庶邦列辟，汝惟守土，作民父母」之地
方長官，而非指國公郡公之流。至於所謂「羣公」，也蓋是指位在丞相上或位
為三公之柱國大將軍及大將軍，故與「太宰、太尉、司徒、司空。惟公作朕
鼎足，以弼乎朕躬」等最高級執事官相提並列。觀此誥文，由是以知此時宇
文泰與魏帝、諸高級將領之關係，無異像是東周「天王－霸主－諸侯」架構
的重現。誥文的羣公、列將無異等同或實際上就是庶邦諸侯，而位居天子之
卿士、庶尹以及凡百御事之上。至於純擁封爵名號的其他封君，誥文中提也
不提，可證其虛。

　　又，當魏恭帝三年宇文泰薨後，其嗣子宇文覺嗣位並為太師・大冢宰，
尋即被封為周公，同月受禪建周，於翌年（557）元月即天王位。此時是宇文
護主政，除了繼續宇文泰模仿姬周由高級將領，亦即諸侯，分任王廷三公六
卿的政軍合一政策之外，同時開始晉升諸最高級將領為開國公，故詔言「惟
天地草昧，建邦以寧。今可大啓諸國，為周藩屏」云云；復於翌月以柱國大
將軍・楚國公趙貴謀反而誅之，下詔竟云：

　　朕文考（宇文泰）昔與羣公洎列將眾官，同心戮力，共治天下。
　　自始及終，二十三載，迭相匡弼，上下無怨。是以羣公等用升余於
　　大位。朕雖不德，豈不識此。是以朕於羣公，同姓者如弟兄，異姓
　　者如甥舅。冀此一心，平定宇內，各令子孫，享祀百世。〔註64〕

蘇綽為大誥時大統軍制尚未正式成立，但已顯見有將宇文泰與諸高級將領的
「共治天下」的部落聯盟關係，包裝成姬周式霸主－諸侯之政治意義；至於
此二詔之頒發，則已可謂將此意義表現無遺。此所以宇文泰奉魏太子西巡至
原州時，令驃騎大將軍・開府儀同三司李賢「乘輅，備儀服，以諸侯會遇禮
相見」也。〔註65〕

〔註64〕二詔詳《周書・孝閔帝紀》元年春正月及二月條，卷三，頁 46～48。
〔註65〕《周書・李賢列傳》，卷二十五，頁 416。

　　顯然，宇文泰爲了實行其「挾天子以令諸侯」的開國國策，很早就有意將其與諸將的部落聯盟關係，仿造成一個「霸主－諸侯」的政治形式以及政軍合一的勢力結構；及至魏恭帝三年正月正式推行周禮而建六官，宇文泰成爲太師・大冢宰，柱國大將軍李弼、趙貴分爲太傅、太保，柱國大將軍獨孤信等則分爲其他卿官，而實際上是五府總於天官（大冢宰），於是「霸主－諸侯」以及政軍合一的形式結構乃告完成。〔註66〕至於篡魏建周後，元首改稱天王而不稱皇帝所再完成的「天王－諸侯」封建王朝形式，遠則因於宇文泰當初是被諸將（群公）擁護而崛起，而與群公「等夷」以「共治天下」，不敢自大之事實，此爲陳寅恪先生所已論及；近則因於群公支持篡魏建周之事實，此則爲周孝閔帝宇文覺詔書所謂「羣公等用升余於大位」之言已經明告。基於其父子兩人此現實環境，必須與群公列將「共治天下」，因此始有依《周禮》而改革，用以形成「天王－諸侯」封建王朝的形式制度，以內寓拓跋鮮卑舊俗的「盟長－部酋」或「大可汗－可汗」部落聯盟於其中。其初意是否爲了與齊、梁爭正統，恐有待再商榷。

　　至此似需進一步追問，群公列將何以具有此等實力，隱然促使制度朝此方向發展？

　　按：大統軍制除了上述拓跋鮮卑的遠源之外，殆尙有一個北魏建國以來的近源，甚至六鎮之亂以來的最近源制度，均有助於大統軍制的創建。此即北魏建國以來的領民酋長與領民庶長之制，以及六鎮之亂以來的流民大都督與流民都督之制。前謂道武帝推行「離散部落」的政策，然而王朝北邊之粗獷部落仍許保有其組織，以助防遏柔然之侵略，此即純部落式的領民酋庶長制，二者等級之差別或如鮮卑舊俗之大人（可汗）與邑帥歟？又，六鎮之亂以來，北鎮鎮民大量南流。由於北鎮鎮民率多是府戶軍人，故魏廷分置流民大都督或流民都督以統領之，其組織性質介於部落與軍隊之間，爲十六國以來即有的故智。〔註67〕在此兩種體制的基礎上，對原即各握本軍而推戴宇文泰的群公列將而言，實是順勢而爲的變化，均大有助於大統軍制的創建與施

〔註66〕　表 2 所示的三公及三孤並無實權，實權在六卿官，而六官卻總於身任天官大冢宰的宇文泰，以故「霸主－諸侯」的政治形式以及政軍合一的勢力結構得以告成。

〔註67〕　其詳請參周一良〈領民酋長與六州都督〉一文，收入其前揭書。氐羌於晉世由關隴東遷山東時即採用此種組織，請詳拙著〈漢趙時期氐羌的東遷與返還建國〉（《國立中正大學學報》，Vol.7-1，民國 85，頁 191～223）。

行。蓋「諸將功高者爲三十六國後，次功者爲九十九姓後，所統軍人，亦改從其姓」的軍人族屬身份改定政策，與領民酋庶長之制相仿佛，可謂是仿領民酋庶長制；諸將各以三都督職銜分領所部，則又無異是仿流民（大）都督制而變化也。

筆者以爲，群公列將原先各擁兵力以推戴宇文泰，是促成宇文泰在上述兩種體制的基礎上，因勢利導建立大統軍制胡式內裏結構之主因，用以「與羣公洎列將眾官，同心戮力，共治天下」，實行其「挾天子以令諸侯」的開國國策。茲再試論之。

按：大統軍制的領兵核心單位分爲開府府與儀同府兩級，似乎源於東胡舊俗領民領軍的可汗與小帥兩級之制。殆是可汗爲大將、小帥爲偏將，三十六開府〔註68〕方之於三十六部可汗、九十九儀同〔註69〕方之於九十九小帥之制的翻版歟？至於「分團統領，是二十四軍。每一團，儀同二人。自相督率，不編戶貫」，不就是昔日邑落自治的寫照乎？至於「無他賦役。每兵唯辦弓刀一具，月簡閱之」，則正是部民皆爲自由牧民，戰時自備資裝、全兵皆民的部落兵制。前引王悅等例，猶依稀可見此體制的影子。

尚有可進而言者，史謂北魏分裂之際，「是時六坊之眾，從武帝而西者，不能萬人，餘皆北徙，並給常廩，春秋二時賜帛，以供衣服之費。……及文宣受禪（即高洋建齊），多所創革。六坊之內徙者，更加簡練，每一人必當百人，任其臨陣必死，然後取之，謂之百保鮮卑」。〔註70〕六坊之眾是隨孝文帝遷都而入軍的代來人氏，顯示高歡對之亦極爲重視，但也頗爲畏忌。觀前揭〈杜弼傳〉載弼以文武在位罕有廉潔，言之於歡時。高歡竟答以「今督將家屬多在關西，黑獺（宇文泰）常相招誘，人情去留未定。江東復有一吳兒老翁蕭衍者，專事衣冠禮樂，中原士大夫望之以爲正朔所在。我若急作法網，不相饒借，恐督將盡投黑獺，士子悉奔蕭衍，則人物流散，何以爲國」？據

〔註68〕 《宋書·百官上》謂重號及將軍加大率多開府，故筆者這裡是指十二大將軍及二十四開府。蓋軍團之軍務上至大將軍級而止，前引《北史》所謂「都十二大將軍」是也；至於六柱國主要是充任三公六卿以佐宇文泰執政，而儀同則僅是偏將級軍官。

〔註69〕 濱口重國前揭文主張一軍有兩團，一團有兩儀同，二十四軍共有九十六儀同，約可參考；然而大統十六年時到底編有多少儀同，史未詳載，筆者前面已推一軍未必皆定編兩團，故此處僅是估測。

〔註70〕 《隋書·食貨志》，卷二十四，頁676。

此可知，高歡此時內心忌憚，實行的是姑息政策。因此，北齊建祚之後，文宣帝高洋竟至僅選用此中之勇力者，任其臨陣必死，其餘人等乃至北魏元勳貴族，類皆受到迫害。例如《通典・食貨三・鄉黨》載云：

> 宋世良獻書，以爲魏氏十姓八氏三十六姓，皆非齊代腹心，請令散配郡國無士族之處，給地與人，一則令其就彼仕宦，全其門戶；二則分其氣勢，使無異圖。文宣不納，數年之後，乃濫戮諸元。與其酷暴誅夷，未若防其萌漸，分隸諸部。〔註71〕

按：北魏帝室十姓爲紇骨氏、普氏、拓拔氏、達奚氏、伊婁氏、丘敦氏、侯氏、乙旃氏、車焜氏；勳臣八姓爲穆陵氏、步六孤氏、賀賴氏、獨孤氏、賀樓氏、勿忸于氏、紇奚氏、尉遲氏。〔註72〕三十六姓則不詳，或許可從上述諸賜復胡姓的柱國及大將軍略推見之。這些北魏核心姓族，在北齊因畏忌而受到屠毒與迫害；而其在關西之家屬，則因籠絡而受到興復與重用，一來一往之間，禍福榮辱大相逕庭。由於在關西者成爲構成魏周隋唐門閥的主幹，以故唐之史臣在《周書》卷十六末曰：「當時榮盛，莫與爲比。故今之稱門閥者，咸推八柱國家云。」禍福榮辱之間，其關鍵竟與宇文泰自感實力不足，思有以拉攏關隴胡漢而團結之，乃本復古主義，塑成一仿古集團，用以安撫號召關隴胡漢的意念有關。

又，宇文泰此「外周內胡封建部落集團」之胡式軍制史緣，恐怕不僅止於北魏拓跋鮮卑一源，似乎也與前引《周書・文帝紀上》所述匈奴宇文部先世遷至朔野時，其領袖葛烏菟「雄武多算略，鮮卑慕之，奉以爲主，遂總十二部落，世爲大人」的歷史經驗有關。蓋部落常爲軍事單位，以故宇文部先世曾總十二部落殆即曾總十二軍。鮮卑十二部落的劃分，是否與匈奴單于分置左右十二國部（詳後）的舊制有關，史不能明。要之據《周書・劉亮列傳》載云：

> 及太祖置十二軍，簡諸將以將之，亮領一軍。每征討，常與怡峰俱爲騎將。魏孝武西遷，以迎駕功，除使持節、右光祿大夫、左大都督、南秦州刺史。大統元年，以復潼關功，進位車騎大將軍、儀同三司。

此事既發生在宇文泰接掌賀拔岳關西大都督所部之後，而在魏孝武帝西遷長

〔註71〕 見《通典・食貨三・鄉黨》（杭州：浙江古籍出版社，1988.11），卷三，典22。
〔註72〕 勳臣八姓之漢姓爲穆、陸、賀、劉、樓、于、嵇、尉，據《魏書・官氏志》比較得其原來胡姓，參卷一一三，頁3005～3015。

安之前，是則宇文泰爲關西大行臺・關西大都督時，已部署有十二野戰軍的建制，或許即與先世曾總十二部落的歷史經驗有關。及至大統三年八月，泰「率李弼、獨孤信、梁禦、趙貴、于謹、若干惠、怡峰、劉亮、王德、侯莫陳崇、李遠、達奚武等十二將東伐」，沙苑大捷，西魏「進太祖柱國大將軍，增邑并前五千戶。李弼等十二將亦進爵增邑。并其下將士，賞各有差」。〔註 73〕是則此十二將統領之軍應即爲先前建置的十二軍，此役是以十二個建制軍的型態全軍東伐，可以無疑。其後在大統軍制成立時，十二將中除了戰死者之外，李弼、獨孤信、趙貴、于謹、侯莫陳崇皆已成爲柱國大將軍，而李遠、達奚武亦成爲大將軍。可見此十二將殆在先前即已各握兵力，是擁戴宇文泰爲帥，幾與泰「等夷」，令泰不敢輕視而收編攏絡爲十二軍主帥的人物。或許宇文部先世曾總十二部落即十二軍是大統軍制十二大將軍建制的遠源，而此關西大行臺・關西大都督麾下，稍後總屬於丞相府的十二野戰軍則是十二大將軍建制的近源。

不過，此關西大行臺・關西大都督麾下，稍後總屬於丞相府的十二軍建置，雖或與大統軍制中央二十四軍的整編擴充有關，但是二十四軍的創建史緣，似乎更與全盛時的匈奴軍制有關。

蓋後世匈奴人雖役屬於拓跋鮮卑，但在北朝卻屢屢起事，六鎮之亂即由沃野鎮的匈奴人破六韓拔陵（破落汗拔陵）所率先造反，顯示匈奴人的族類意識恐怕並不低。〔註 74〕宇文泰身爲匈奴裔鮮卑人，先世曾以匈奴部酋的身份總領十二部鮮卑，既記得曾總十二個鮮卑部落的經驗，則當也記得匈奴全盛榮光時期的軍制，何況宇文泰是一個常讀經史，並常與屬下討論研究的人，〔註 75〕是則匈奴全盛時的軍制如何？彼必知之。茲據《史記・匈奴列傳》所載，略述其軍制如下：

> 置左右賢王，左右谷蠡王，左右大將，左右大都尉，左右大當

〔註 73〕 事詳《周書・文帝紀上》大統三年八月至十月條，卷一，頁 23～24。

〔註 74〕 匈奴人在北朝屢屢起事，請詳前揭周一良之〈北朝的民族問題與民族政策〉一文；但周氏多從階級鬥爭角度作解釋。

〔註 75〕 《周書・薛善列傳・弟慎附傳》謂「慎……起家丞相府墨曹參軍・太祖於行臺省置學，取丞郎及府佐德行明敏者充生。悉令旦理公務，晚就講習，先六經，後子史。又於諸生中簡德行淳懿者，侍太祖讀書。慎與李璨及隴西李伯良、辛韶，武功蘇衡，譙郡夏侯裕，安定梁曠、梁禮，河南長孫璋，河東裴舉、薛同，滎陽鄭朝等十二人，竝應其選」。見卷三十五，頁 624～625。《北史》同傳同。

戶，左右骨都侯。匈奴謂賢曰「屠耆」，故常以太子爲左屠耆王。自
如左右賢王以下至當戶，大者萬騎，小者數千，凡二十四長，立號
曰「萬騎」。……諸左方王將居東方，……右方王將居西方，……而
單于之庭直代、雲中：各有分地，逐水草移徙。而左右賢王、左右
谷蠡王最爲大（國），左右骨都侯輔政。諸二十四長亦各自置千長、
百長、什長、裨小王、相、封、都尉、當戶、且渠之屬。

《漢書》同傳與此傳相同，稍異處是「左右賢王、左右谷蠡最大國」以及「二
十四長亦各自置千長、百長、什長、裨小王、相、都尉、當戶、且渠之屬」
兩句。

　　筆者雅不欲涉入匈奴國體、政體、軍制諸多問題之辯論，只是認爲單于
既置賢王、谷蠡王、大將、大都尉、大當戶、骨都侯六官，且分左、右置，
是則合共十二國，〔註76〕而以左右賢王、左右谷蠡最爲大國。竊意此十二國
部之主既由單于分置，「各有分地，逐水草移徙」，是則表示此應爲匈奴的游
牧軍事封建制，而分地內諸游牧部落以及軍隊均受其總領。由此觀之，六官
比之於六柱國，是虛置的名號，用以佐政；十二國始是實體，用以領軍治民，
蓋爲二十四軍「都十二大將軍」之所仿。

　　至於「自如左右賢王以下至當戶，大者萬騎，小者數千，凡二十四長，
立號曰『萬騎』」，語意晦澀，頗爲費解。蓋十二國部理應統有十二軍，今言
「左右賢王以下至當戶，大者萬騎，小者數千，凡二十四長」，似乎以解釋
爲十二國部之下各有兩軍，一軍編制大者萬騎、小者數千爲宜；而二十四長
即是此二十四軍之軍長。若是，則單于之左、右方面各置六國，合共左、右
十二國；每一國之下轄編兩長，是則共下轄左、右二十四長即左、右二十四
軍。

　　至於《史記‧匈奴列傳》謂「二十四長亦各自置千長、百長、什長、裨
小王、相、封、都尉、當戶、且渠之屬」，而《漢書》則謂「二十四長亦各
自置千長、百長、什長、裨小王、相、都尉、當戶、且渠之屬」，其間似有
問題。

　　第一個問題在標點似誤，即「什長、裨小王」間應標逗號或分號爲宜。
蓋逗點或分號之前殆是敘述二十四長所領之軍的建制，即每軍下轄若干千

〔註76〕左右骨都侯輔政並不表示其不統國部，情況猶如西魏柱國大將軍、大將軍諸
　　　　大都督之既輔政而又領兵也。

長、百長、什長之建制。北亞游牧國家的軍隊編建慣例採十進位，如北魏時，東胡之苗裔柔然名主社崙「并諸部，凶勢益振。北徙弱洛水，始立軍法：千人爲軍，軍置將一人，百人爲幢，幢置帥一人」，〔註77〕即是其例。若是，則匈奴左、右二十四長即左、右二十四軍，「立號曰『萬騎』」，各下轄若干千長、百長、什長之建制可明。蓋十二國之主統有二十四長即二十四軍，因國部大小不一，是以其下轄之軍所統的千長數目亦不一，大國之一軍恐滿或超過十個千長之數，小國之一軍恐不滿十個千長之數，總之皆「立號曰『萬騎』」，以故謂「大者萬騎，小者數千，凡二十四長」。由是觀之，匈奴軍制軍級兵力規劃是採彈性原則，而千長以下各級建制單位，則是採十進制定編。

至於逗點或分號之後的「裨小王、相、封、都尉、當戶、且渠之屬」，《漢書》將「相、封」改爲「相」。竊意先秦的丞相官本稱「相邦」，漢初避高帝劉邦之諱改爲「相國」，至武帝時定名爲「丞相」；而匈奴全盛正值此時，亦有「相邦」之官，近代出土有「匈奴相邦印」即可爲證。〔註78〕是則《史記》書曰「相封」，當是「相邦」之誤，若非史公避諱，則是後人避諱或傳寫之誤；而《漢書》逕將之改爲「相」，恐怕也是出於避諱，但反而近眞。據此可知，所謂「裨小王、相、都尉、當戶、且渠之屬」，應皆是仿自匈奴單于分封制之具體而微制度，用以協助二十四長領治部民之官屬。亦即二十四長之每長，皆各自置有兩系官屬，一系爲直轄領兵的千長、百長、什長；另一系爲治民的裨小王、相、都尉、當戶、且渠，使軍民分治而統屬於長。此是匈奴地方統治的政軍組織，頗似魏晉南朝及北朝，州都督轄下同時置有軍府與州府，且是軍民分治之制；而魏周之前期府兵制其實也是軍民分治之制，（大）都督雖出任地方行政長官，然其所部仍與屬民分治。

據上析論，就軍制方面而言，匈奴全盛時，作爲天子的單于，〔註79〕在其統治的廣闊領土上，除單于本廷直屬之外，分於東西兩方各置賢王、谷蠡王、大將、大都尉、大當戶、骨都侯六王官，分爲左、右置，合爲十二國。

<hr>

〔註77〕參《魏書・蠕蠕列傳》，卷一百三，頁2290。

〔註78〕「封」之一字，《史記》注引《集解》徐廣曰：「一作『將』。」按：揆諸《史記》、《漢書》，匈奴當時殆無「將」之一官，徐廣不知何據，今不取。王國維撰〈匈奴相邦印跋〉一文，對六國及匈奴有相邦之官作了辯證，該文收入其《觀堂集林》（北京：中華書局，1994.12版）頁914～915。

〔註79〕《漢書・匈奴傳上》載謂「單于姓攣鞮氏，其國稱之曰『撐犁孤塗單于』。匈奴謂天爲『撐犁』，謂子爲『孤塗』，單于者，廣大之貌也，言其象天單于然也。」見卷九十四上，頁3751。

大抵每國之下各置兩長，故左、右十二國共有二十四長，即左、右二十四軍。每軍之下約採十進制，而各轄若干千長、百長、什長的建制軍隊；每軍兵力規劃則採彈性原則，以故一軍兵力配置大小不一，「大者萬騎，小者數千」，要之皆「立號曰『萬騎』」。因此，二十四長即二十四軍應即是其政軍核心單位，負有對其分地的領兵與治民雙重責任，領兵系統有千長、百長、什長之屬，治民系統有裨小王、相邦、都尉、當戶、且渠之屬，雖是軍民分治，但卻政軍合一於各二十四長。由是，於其各自分地之上，左右各二十四長實際統合其轄下的政軍，以聽命於所屬的左右十二國，而無論左右十二國或六王官，地位雖崇高而其實皆是單于分封，用以共治的諸侯。由此層層節制，使全匈奴統歸於單于。此殆是游牧國家的軍事封建制，可使《史記‧匈奴列傳》所謂北狄千年以來各種部落「時大時小，別散分離」的問題得以解決，國家得以形成與穩固，乃至進入全盛。

至此，可以將匈奴軍制與大統軍制作一比較。

首先，匈奴天子（單于）之下置有六王長，此爲協助單于統治之最高級長官。六王長左右分置，各有分地而爲十二國。大統軍制置有號稱領軍的六柱國，但六柱國例充三公三孤或六卿，實際上是協助統治而平時不蒞軍的最高級長官，有大事始奉命領軍出征，平時軍務則委諸所屬的十二大將軍，亦即因六柱國政務繁重，故實際軍政權委之於十二大將軍，所謂「都十二大將軍」是也。是則匈奴軍制與大統軍制二者對此之設計頗爲類同。

其次，匈奴十二國之下分轄二十四長，二十四長各下轄若干千長，大者萬騎，小者數千，立號曰「萬騎」，爲領兵的核心單位，且因兼治部民之故，故其性質應是基本的戰略單位。大統軍制十二大將軍各下轄二開府，凡二十四開府，爲常制領兵的高級核心單位；而且二十四軍之下「每一團，儀同二人。自相督率，不編戶貫。都十二大將軍」，以故亦頗有基本戰略單位的性質，因而特授軍長驃騎大將軍以「開府」，使爲獨當一面的大將。匈奴二十四長每長由若干千長組成之數目不定，大統軍制每軍由若干儀同組成之數目也不定，均採兵力配置彈性原則。依濱口重國的計算，每軍有兩團，每團有兩儀同，即每軍有四儀同，〔註80〕此假說並無確證，後來卻也爲中日學者所採信；但史書並沒有每軍有兩團之記載，意即每軍下轄團數不一定，並非採二進位，因此不予載述，此正是匈奴軍制二十四長轄下採取彈性原則編組

〔註80〕參濱口重國之前揭文。

的複製。另外值得注意的是，匈奴由單于而六王長而十二國而二十四長，凡四級即達基本戰略單位；大統軍制則由督中外軍事而六柱國而十二大將軍而二十四開府，亦四級即達基本戰略單位。至於匈奴二十四長下轄的兩系屬官排序，是先軍官然後纔是治民官；而大統軍制整體而言，武官之命秩率高於文官，〔註81〕是則此二制內涵重武輕文之意亦頗相仿佛。

再次，匈奴之千長殆是常制領兵的最高戰術單位主帥，故由若干千長組成一個軍，因此始有「大者萬騎，小者數千，凡二十四長」之制。大統軍制下的儀同府爲基礎領兵核心單位，是軍團的合成單位，二十四開府（軍）之下是虛編的團，每軍由若干團組成數目並不固定，要之每團由兩個儀同組成，每軍由一個以上的團合成，是爲軍團。至於匈奴之千長蓋是二十四軍長的偏將，而儀同約領千兵，類似千長，亦爲二十四開府的偏將，是則兩者在此級俱有最高戰術單位的性質也類同。

復次，匈奴千長以下的百長、什長之屬，殆爲戰鬥單位；而大統軍制儀同以下的大都督、帥都督、都督，似無固定之規劃兵力，故均只是基層戰術單位，乃至只是戰鬥單位，二者亦頗雷同。至於大統軍制下的都將等五職，依魏末時的建制應是眞正的戰鬥單位，但至隋在精簡政策之下被排出戰鬥體系，最終被取消，以致周隋二史記載不詳，而難以分析。

揆諸史實，此種將國家軍隊分爲左右序列，使成左右二十四軍，而軍長及其下之千長，則分爲兩級實際領兵核心單位主帥之建制體系，固爲漢魏晉宋之所無有，亦爲鮮卑柔然之所未見，由此觀之，大統軍制與匈奴軍制神似之處甚多，似非偶合可以解釋。大統軍制雖以漢式軍制爲外表，但實質上內含拓拔鮮卑舊制、北魏近制、宇文匈奴鮮卑混合舊制，以及匈奴全盛軍制四種胡制。四種胡制因素之中，就高層軍事政治集團的結構而言，是拓拔鮮卑舊制影響較大，匈奴舊制次之；若就軍隊建制而言，則是匈奴全盛軍制影響最大。至於宇文匈奴鮮卑混合舊制以及北魏近制，則是二者過渡的樞紐。因此，可以斷言，屬於前期府兵制的大統軍制，的確是漢表胡裏的軍制，對漢式王朝而言且是一種創制。

〔註81〕 大統軍制軍團級「自相督率」府兵及其家屬起居作息之官職不詳，後世隋唐則置坊主、團主以主之，命秩亦不詳。唯《新唐書·百官志四》敍述唐制諸衛軍府組織時，謂「軍坊置坊主一人，檢校戶口，勸課農桑，以本坊五品勳官爲之」（卷九十四上，頁1288），可略供參考而已。

五、結　論

　　北魏末關隴大亂，宇文泰等諸將從賀拔岳所統的西征野戰軍往征。稍後西征軍內亂，賀拔岳被刺，諸將擁立宇文泰繼爲統帥。宇文泰隨即確立以「挾天子以令諸侯」作爲其開國國策。然而當時擁立諸將頗與宇文泰勢位等夷，故必須要建立一支對己向心力堅強的直屬軍隊，用以實行上述國策，此爲大統軍制創立之背景及動機。

　　宇文泰的因應措施，首先是順著魏末官職濫授、轉遷迅速的趨勢，授予諸將以崇高位秩——包括作爲鄉兵主帥之帥都督。例如，北魏末期以來位在丞相上的柱國大將軍，即同時竟授予八員之多，可見其用此措施以收編諸將的向心効力，用意深刻。

　　其次，宇文泰將西征野戰軍整編爲具有總預備隊性質的中央軍。此大統軍制下宇文泰的直屬軍隊，採取魏晉已成形，以及在北魏末普遍實施的將軍帶督銜以指戰的慣例，仍是以帶（大）都督銜之（大）將軍置府統兵，並由其實際指戰，而使此中央軍於制度上有軍府而無督府，是爲「統指分離而合一之制」。此外，大統軍制雖沿襲魏晉制度，但是卻有軍官官位高、建制級別多等特色，顯示承自北魏末的發展趨勢多，而與魏晉制度不盡相同，更與宇文泰本人「以漢魏官繁，思革前弊」、「乃擯落魏晉，憲章古昔」，採用《周禮》以改革的復古主義取向頗爲相違。蓋採用《周禮》以改革，自宇文泰以至北周建國，其實大體上僅施行於中央政府組織。大統軍制下宇文泰直屬軍隊的府兵，雖仍可依魏晉南朝以來慣例泛指各級將軍府之兵，但是由於其設計是以軍團作爲核心領兵單位，因而開府府及儀同府之兵逐漸成爲「府兵」之專稱，而爲後來隋唐兵制所本。

　　大統軍制由於層級節制明確，故能如臂使指，平時無異即是西魏的中央軍，駐於長安周圍以爲外衛，而番上時即是禁軍，此與魏晉以來中、外軍的設置原理相同。據此，大統軍制建立前後，西魏無護軍將軍而仍有領軍將軍的建置，乃至不像東魏般設置京畿大都督，其原因可明。蓋魏晉護軍將軍及東魏京畿大都督主掌京城外的衛軍（外軍），領軍將軍主掌京城內的禁軍（內軍），今大統軍制下的府兵既由宇文泰直轄，尤其二十四軍總歸相府，駐於長安周圍而僅接受宇文泰的軍令，是以無異即是衛軍，因而護軍將軍府以及京畿大都督府之職也就可以罷廢或不置，逐由宇文泰先以「督中外諸軍事」、

後以「都督中外諸軍事」的名義，〔註82〕直接指揮直屬二十四軍以及配屬領軍將軍之府兵即可。由是，大統軍制新編成而外表漢式的府兵，就是宇文泰所以能實行「挾天子以令諸侯」的資本。

宇文泰因應措施的再次，就是寓胡制於漢式軍事體制之中，促使將士對己增強團結向心力，是為上述資本之基礎。

蓋鮮卑舊俗游牧尚武，社會政治有邑落自治的特色，部酋為可汗，邑長為小帥，平時領政，戰時領兵，此可與大統軍制政軍合一的設計相比。至於鮮卑部落聯盟早期有三十六國、九十九姓的結構，恐即是部酋可汗、邑長小帥的擴大提升。宇文泰自大統初即推行賜復胡姓的措施，至大統軍制建立後，又以諸將功高者為三十六國後，次功者為九十九姓後，所統軍人，亦改從其姓，是則顯欲透過此軍人族屬身份改定政策，創立一個仿古的胡族聯盟軍事集團，而以自己作為胡式的聯盟盟主，構成一個「盟主－部酋」或「大可汗－可汗」的部落聯盟政軍結構。此結構實可與姬周式的諸侯等級以及「霸主－諸侯」的形式相互呼應配合，至於其邑落自治的舊俗，則可隱寓於諸將所統軍人皆改從其姓，並自行管理的外表漢式之軍制上。大統軍制透過這些軍事人事制度的創立，使府兵將士在此漢表胡裏之軍制中，獲得更團結，向心力更增強的效果。

再者，關於陳寅恪先生稱此為鮮卑兵制則殆未盡然。蓋在上述部落聯盟政軍結構之下，大統軍制的軍隊領兵核心單位分為開府府與儀同府兩級，固似源於東胡舊俗兩級領民領軍的可汗與小帥；不過此軍制之胡式史緣，恐怕不僅止於拓拔鮮卑舊俗一源，而或另有匈奴，乃至匈鮮混合舊制、北魏近制之源。因為宇文泰是匈奴裔鮮卑人，先世遷至朔野時，世為鮮卑十二部落之可汗。北族的部落常為軍事單位，以故宇文氏可謂累世總領十二軍。宇文氏所統鮮卑十二部落或十二軍的劃分，可能與匈奴全盛時分置左右十二國部的舊制有關，而其社會及軍事基礎則另滲有北魏近制。

〔註82〕領軍、護軍以及都督中外諸軍事之職權，學界有多說，茲暫不涉入辯論。至於宇文泰先任「督中外諸軍事」，後任「都督中外諸軍事」，曾引起中日研究者的質疑，認為是《周書》記載錯誤。筆者曾撰文論證其無誤。蓋魏晉以來，若不特授假黃鉞而僅授使持節之「督中外諸軍事」或「都督中外諸軍事」，均只是首都軍區司令之職銜，前銜由資淺者任之，後銜由資深者任之。鄙說請參前揭拙著〈從督軍制、都督制的發展論西魏北周之統帥權〉一文，於此不贅。

　　蓋匈奴全盛時單于置有賢王、谷蠡王、大將、大都尉、大當戶、骨都侯六官，且分左、右置，是爲十二國；每國之下轄編兩長，是則共下轄左、右二十四長即左、右二十四軍。此政府高級機關單位的政軍合一架構，與宇文泰之六柱國分領十二大將軍、大將軍分領左、右二十四驃騎大將軍——亦即二十四開府軍——的政軍合一架構極爲神似，幾出一轍。匈奴二十四長每長由若干千長組成之數目不定，大統軍制二十四軍每軍由若干儀同組成之數目也不定，均採兵力配置彈性原則，也均俱有戰略單位的性質。更值得注意的是，匈奴由單于而六王長而十二國而二十四長，凡四級即達基本戰略單位；大統軍制則由督中外軍事而六柱國而十二大將軍而二十四開府，亦四級即達基本戰略單位。歷史或有偶合之事情發生，但如謂國家創制隔十數世而仍能暗合而竟至於斯者，實在令人難以置信。

　　復次，匈奴之千長殆是常制領兵的最高戰術單位主帥，故由若干千長組成一個軍；而大統軍制以儀同府爲基礎領兵核心單位，儀同約領千兵，類似千長，也是軍的合成單位，亦具有最高戰術單位的性質。匈奴左右二十四長與大統軍制左右二十四開府、千長與儀同此兩級軍隊建制，在軍制學原理上亦竟暗合如此。雖說匈奴軍制千長以下的戰鬥編制僅有百長、什長兩級，且採定編的規劃兵力；而大統軍制則儀同以下仍有三都督、五職等多級，又不採定編的規劃兵力，二者有異。但是，匈奴在全盛時之人口只相當於漢朝的一大縣，〔註83〕以故建制單位不需多；而大統軍制則是因沿北魏末官職氾濫的結果，以故職級繁多，或許可從兩者此背景情勢之不同而理解其異。

　　由此觀之，大統軍制的高層結構直接取法於拓跋鮮卑之部落聯盟舊俗，但也有匈奴軍事封建制的色彩，至於其軍隊建制，則與匈奴軍制神似之處甚多。大統軍制雖以漢式軍制軍號爲外表，但實質上受到拓拔鮮卑舊制、匈奴宇文部與朔野鮮卑混合之舊制、北魏近制，以及匈奴全盛時軍制四種胡制因素的影響。因此，可以斷言西魏大統軍制，實是漢表胡裏的軍制。此軍制所蘊容的武力，就是宇文泰所以能「挾天子以令諸侯」，以及死後其子姪所以能立即篡魏建周的資本與基礎。基於宇文泰依《周禮》而改革中央政府，又仿鮮卑舊日部落聯盟以配合建設政軍合一的架構，復又據匈奴軍制等因子以創建漢式外表的大統軍制，是以筆者敢謂大統軍制是此「外周內胡封建部落集

〔註83〕 「臣竊料匈奴之眾不過漢一大縣」，是賈誼向漢文帝的說辭，容或有所誇張，但匈奴全盛時人口——乃至近世蒙古人口——甚少當是事實。辭見《漢書·賈誼傳》，卷四十八，頁 2241。

團」所獨創的漢表胡裏軍制，而非北魏孝文帝以來單純的漢式軍制演進，更
非魏晉南朝軍制的抄襲或改良。

本文原刊於《中國中古史研究》15 期　2015

從政局與戰略論唐初十二軍之興廢

一、前　言

　　論中古軍事史者莫不注意《通典·兵典》與《新唐書·兵志》（以下簡稱〈兵志〉）。然而前者以載述行軍用兵為主，內容多屬戰鬥編組、野戰戰術等範疇；後者則涉及唐朝國家戰略、國防政策、軍事體制、後勤補給等問題，故論唐朝建軍，以及體制演變、國防設施等諸問題者，皆以後者為重。今本文所論唐朝開國時期之十二軍，論者率多優先引用〈兵志〉之載述。〈兵志〉首段簡述唐朝府兵之制承襲於西魏、北周與隋，次段即扼述十二軍之建軍、部署、組織與功能，茲先引述如下：

　　　　自高祖初起，開大將軍府，以建成為左領大都督，領左三軍，
　　燉煌公（世民）為右領大都督，領右三軍，元吉統中軍。發自太原，
　　有兵三萬人。及諸起義以相屬與降群盜，得兵二十萬。

　　　　武德初，始置軍府，以驃騎、車騎兩將軍府領之。析關中為十
　　二道，曰：萬年道、長安道、富平道、醴泉道、同州道、華州道、
　　寧州道、岐州道、豳州道、西麟州道、涇州道、宜州道，皆置府。
　　三年，更以萬年道為參旗軍，長安道為鼓旗軍，富平道為玄戈軍，
　　醴泉道為井鉞軍，同州道為羽林軍，華州道為騎官軍，寧州道為折
　　威軍，岐州道為平道軍，豳州道為招搖軍，西麟州道為苑游軍，涇
　　州道為天紀軍，宜州道為天節軍；軍置將、副各一人，以督耕戰，
　　以車騎府統之。六年，以天下既定，遂廢十二軍，改驃騎曰統軍，
　　車騎曰別將。

　　　　居歲餘，十二軍復，而軍置將軍一人，軍有坊，置主一人，以
　　檢察戶口，勸課農桑。

按：〈兵志〉所述與他書記載頗有出入，且未論及十二軍之戰略構想與編組建制，更遑論論及戰略構想所依本之國策（國家目標）變動。針對此十二軍之論載，厥以中唐之政制名家蘇冕與杜佑為最早，蘇冕之載述宜已收入宋初王溥所撰之《唐會要》，杜佑則不在《通典·兵典》載述，而置之於〈職官典〉，二者均為準第一手史料。至宋王欽若修《冊府玄龜》，則將之與唐高祖之建軍詔（已收見於《唐大詔令集》，為第一手史料）與〈兵志〉結合以錄，堪稱載述最詳；而後王應麟之《玉海》亦收載此十二軍，內容同於〈兵志〉，鄭樵之《通志》則同於《通典·職官典》，均僅俱參考價值而已。諸書所載

詳略互見，而且錯誤間出，是則十二軍史料原本就不足，而諸書又互有出入如此，故未爲學者所重視歟？

中外學者對十二軍迄今尚無專文論述，有之則是在其箋正或論述唐朝軍制時略及之，率多拘於名詞考據，且亦時有錯誤，蓋與史料不足，或對戰略論以及軍事學較少涉獵有關。谷霽光曾對西魏以至唐代的禁衛軍提出一個研究方法，說「如果單純拘泥於一些名稱和官制的條文，不深入研究這些名稱和官制的實質，往往會不得要領」。〔註1〕此說只能指出方法論的一部分問題，而且僅能用以解決十二軍一小部分如官職編建等實質問題；不過即使如此，問題之解決仍未足夠，因爲十二軍之實質問題不僅牽涉歷史與制度，亦同時與戰略論、軍事學等相關學術有關，而谷氏似乎也對此涉獵較少，是以論府兵制時間有錯誤，蓋即因於此耶？今不揣淺陋，欲從政局與戰略對之進行考論，盼能還原李唐開國時期大戰略、國家戰略以及十二軍建軍之概略，俾使十二軍之所由起，其眞相規模得以重睹。

於此，作者欲先附帶說明，戰略之本質是一種思想方法，其目的是要整理事件，將之建立優先次序，然後再選擇最有效之行動路線。〔註2〕至於本文所謂之戰略，是指爲建立力量，藉以創造與運用有利狀況之藝術，俾得在爭取同盟國之目標、國家目標、戰爭目標、戰役目標或從事決戰時，能獲得最大之成功公算與有利的戰果之謂。就此定義而言，本文僅以略論唐初同盟國目標與國家目標爲主，最多也僅涉及戰爭目標等問題，亦即屬於戰略論中之大戰略、國家戰略以及軍事戰略層次的問題；至於軍種戰略、野戰戰略、戰區戰略等層次範疇，則非本文主題所及。〔註3〕另外，有關十二軍之建制編組、將佐人選、官職以及其他實質問題，本文亦不能詳及，請容另文發表。〔註4〕

〔註1〕 見谷霽光，《府兵制度考釋》（台北：弘文館出版社，民國74.9），頁12。又，谷氏即曾據此以批評陳寅恪與岑仲勉研究上的疏忽（見頁55）；然而，濱口重國則在其〈西魏の二十四軍と儀同府〉（《東方學報》8及9，昭和十三及十四年）一文中，亦從軍事學角度而對谷氏作了嚴厲批評。

〔註2〕 有關戰略論之著作甚多，此處所述戰略之本質與目的，請參法國名戰略家薄富爾（Andre Beaufre）將軍所著之《戰略緒論》（An Introduction to Strategy，鈕先鍾譯，台北：軍事譯粹社，民63.6）之〈導論〉部分，頁3～6。

〔註3〕 關於戰略之層次及其相關定義，蓋據《國軍軍語辭典》（台北：《國軍軍語辭典》編輯委員會，民國62.9）之說明，詳其〈戰略〉條，頁4～5。又本文所用軍語之界定皆本於此書。

〔註4〕 請參本書之〈試論唐初十二軍之建軍及其與十二衛的關係〉篇，及拙著〈唐

二、開國時期之戰略構想、國家戰略與十二軍創建

論軍事者不得不論兵制，而論兵制者則多稱美於唐朝之府兵制，此自中唐以降即然。如李繁撰《鄴侯家傳》，謂其父鄴侯李泌主張恢復府兵制時，歷論此制自魏、周、隋至盛唐以前之國防優越性與戰功效果，且謂「自置府兵，未有能以之外叛內侮及殺帥自擅者」。〔註5〕其後杜牧亦因此而謂「自今觀之，設官言無謂者，其十六衛乎？本原事跡，其實天下之大命也」，於是詳論此制當初之設計，謂既能將龐大的武力寓集中於分散，復能寓分散而集中，國家又不用養兵，故「自貞觀至于開元末百五十年間，戎臣兵伍，未始逆篡，此聖人所能柄統輕重，制障表裏，聖籌神術也」！遂爲復原唐太宗置十六衛之本旨而撰〈原十六衛〉。〔註6〕因此，歐陽修撰《新唐書·兵志》時，即據此論點作出總結云：

> 初府兵之置，居無事時耕於野，其番上者，宿衛京師而已。若四方有事，則命將以出，事解輒罷，兵散于府，將歸于朝。故士不失業，而將帥無握兵之重，所以防微漸、絕禍亂之萌也。

另爲〈方鎮表〉撰序時復補充說：「高祖、太宗之制，兵列府以居外，將列衛以居內，有事則將以征伐，事已各解而去。兵者，將之事也，使得以用，而不得以有之。」《玉海》遂因〈兵志〉所述，而作注釋謂「番調有時，教閱有法，統御有律，團伍有籍。兵雖有籍而府實空，將雖有名而權實去，兵將在內而京師實重。制兵之制，莫善於太宗」。〔註7〕

按：中唐以降唐人對於魏、周、隋之間的府兵制改變頗已不甚了了，故周、隋、唐三朝篡代之際是否果眞因此制而無「外叛內侮及殺帥自擅者」，尚有商榷餘地。至於杜牧〈原十六衛〉所論，則大抵可以成立，然僅能代表唐太宗貞觀十年（636）以後，天下太平、偃武修文時期之戰略構想及其落實。〔註8〕此時期之戰略構想、國家戰略、國防政策與建軍體系，蓋依本於

初十二軍及其主帥雜考論〉，《中國中古史研究》3，民國92.9。

〔註5〕 詳《玉海》（台北：中文出版社，影中日合璧本，1986.10 再版）卷一百三十八，〈兵制三·唐關內置府、十道置府〉引載，頁 2657～2658。

〔註6〕 詳《樊川集》（臺北：臺灣商務影四庫本）卷五，頁 5～7。

〔註7〕 《玉海》卷一百三十八，〈兵制三·唐府兵、符契、折衝府、十二軍〉，頁 2655。

〔註8〕 戰略構想是指經過戰略判斷後所採取之行動方案，包括目的、兵力、手段等要素。太宗貞觀十年以後，此等要素皆與開國時期頗爲不同，故其府兵制之設計亦爲之大異。

「固本國策」，筆者已曾詳論，〔註9〕故決不能據之以涵蓋此時期前後的不同階段。

又〈兵志〉開章即謂「府兵之制起自西魏、後周，而備於隋，唐興因之」，此言其沿革也。事實上，府兵之制從魏至唐不斷在因應演變中，即使唐朝此制直承於隋，而隋文帝、煬帝父子之間亦已有所不同；至唐高祖開國時不但雜用文、煬二帝之制，兼且也雜用魏、周之制，〔註10〕其府兵之十二衛制與十二軍制並行就是明例，大與唐太宗時之府兵制不同。杜佑謂隋煬帝十二衛制「蓋魏、周十二大將軍之遺制」。〔註11〕按：西魏初創府兵制時，府兵曾分屬於六柱國、十二大將軍統領，也可以說是六軍制、十二軍制，其性質是中央野戰軍，其後逐漸禁衛化以成隋煬帝之十二衛制，〔註12〕故杜佑所言，不悉究竟是指魏、周何段時期之遺制？筆者以為，隋、唐各階段之府兵制中，禁衛體制最能師法「魏、周十二大將軍之遺制」者，莫如隋文帝之開皇體制，本書〈隋唐十二衛淵源：北朝後期侍衛體制的演變與定型〉篇已論之；若就中央野戰軍制言，則莫如唐高祖開國時期之武德十二軍制度，請容進一步解釋。

於此先將唐人所述之準第一手史料，略去其與〈兵志〉相同者，附列於此，以稍見其異同，作為本文展開論述之張本。

《通典·職官十·將軍總敘》云：

> 大唐武德……二年七月，高祖以天下未定，事資武力，將舉關中之眾，以臨四方，乃置十二軍，分關中諸府以隸焉（按：原注以某道為某軍，同於〈兵志〉；但玄戈軍作元戈，井鉞軍作丹鉞，苑游軍作苑遊稍異）。每軍，將一人，副一人，取威名素重者為之（按：原注謂楊恭仁、劉弘基、長孫順德等並為其將），督耕戰之備。自是士馬強勁，無敵於天下。五年省，七年，以突厥寇掠，復置十二軍。後又省之。〔註13〕

〔註9〕 請詳拙著《隋唐中央權力結構及其演進》（臺北：東大圖書公司，民84.2）第五章。

〔註10〕 關於唐高祖雜用各朝之制，前揭拙書曾從律令體制角度論之，詳頁 172～177；本書之〈試論唐初十二軍之建軍及其與十二衛的關係〉篇則從軍制論之。閻步克也曾從職品角度予以說明，詳其《品位與職位》（北京：中華書局，200.2），頁 620～636。

〔註11〕 見《通典·職官十·將軍總敘》，卷二十八，頁163。

〔註12〕 詳前揭濱口重國文。

〔註13〕 參《通典》（上海：浙江古籍出版社影印本，1988.11）卷二十八，頁163。

是則亦載述十二軍曾有兩次建軍，但是初創、初廢之時間及軍號則與〈兵志〉所記頗不同；而所述兩次建軍之建軍原因與戰略構想，則更爲〈兵志〉所未載。至於《唐會要·京城諸軍》云：

> 武德三年七月十一日，高祖以天下未定，將舉關中之眾以臨四方，乃下詔曰：……（按：簡錄建軍詔，故從略）……於是置十二衛將軍，分關內諸府隸焉，每將軍一人、副一人，取咸名素重者爲之，督以耕戰之事。（原注：軍名傳奕所造）……（按：列述某道爲某軍，同於〈兵志〉，第玄戈軍作元戈，鷯州道作邠州，苑游軍作游奕）……至六年二月二十四日廢。八年五月，以突厥爲患，復置十二軍。〔註14〕

是則所述初創、初廢年份同於〈兵志〉，而重置時間、軍號、軍將職銜則頗異於〈兵志〉及《通典》，謂十二軍軍將爲「十二衛將軍」則更是大異；至於載述十二軍曾有兩次建軍，以及其建軍原因與戰略構想則與《通典》相同。

無論如何，據此三條史料，知唐初十二軍因國家戰略之改變，曾經有過兩次興廢，故實可將之分爲初創期與復置期。對於十二軍之軍名有異與此兩期之興廢時間，唐長孺曾有考證，謂軍名有異者並是傳刻之訛，甚是；而謂「十二衛將軍」之「衛」字諸書並無，疑是衍文，亦是。至於十二軍兩期之興廢時間，唐長孺認爲初創於武德二年（619）七月十一日，分道與建軍同時進行，初廢於六年二月二十四日，其後再於八年五月十八日辛亥復置。此說推翻了〈兵志〉所謂先分十二道而後建十二軍，以及「居歲餘」復置之說。其論斷是根據《舊唐書·高祖紀》、《唐大詔令集》卷一〇七〈置十二軍詔〉及《資治通鑑》所載之時間，以與前述史料作比較而得來，並非從當時之戰略情勢與軍事制度作分析而得，〔註15〕故是否可信尚待商榷。

按：李淵太原起事，攻入關中，受禪於隋，同時也繼承了隋朝當時現行之大業府兵制，而置有諸衛大將軍、將軍之官，並於受禪即位的同年（隋義寧二年，唐武德元年，618 年）九月「始置軍府」，〔註16〕亦即開始建置唐朝本身之軍府——驃騎將軍府與車騎將軍府，然而爲何尚另建十二軍？據上引《通典·將軍總敘》及《唐會要·京城諸軍》之共同說法，均謂是李淵即位後，「以天下未定，事資武力，將舉關中之眾，以臨四方」之故。也就是說，

〔註14〕參《唐會要》（臺北：世界書局，民國 57.11 三版）卷七十二，頁 1291。
〔註15〕詳其《唐書兵志箋正》（北京：中華書局，1962.9 新一版），頁 5～6。
〔註16〕見《新唐書·高祖紀》（臺北：鼎文書局，新校標點本，以下引用正史均同）該年九月乙巳條，卷一，頁 7。

此時已爲皇帝的李淵，因面對隋末逐鹿之群雄，判斷非用武力不足以屈服之，所以確立了新的國家目標──以武力統一天下。據此國策，遷就現勢，於是決定在關中創建新軍，使能成爲遂行此目標之統一武力，然後再舉此全軍以臨四方。這也就是從太原起義以來，高祖首次確立其國家目標與改變其戰略構想。這種變動，於此有略予解釋的必要。

凡治唐史者皆熟知，溫大雅所撰之《大唐創業起居注》（以下簡稱《起居注》），記載了李淵自太原所謂「起義」以至「受禪」稱帝，共三百五十七日的事跡作爲，是唐朝開國最權威的實錄。根據此書起始所述，李淵於隋末以右驍衛將軍奉詔爲太原道安撫大使，統河東兵馬討捕所部盜賊之時，私心早就有「天授」之意，並開始以「寬仁」收取民心，是以大業十三年（617）煬帝敕淵爲太原留守時，李淵即對其子世民（唐太宗）等說：「唐固吾國，太原即其地焉。今我來斯，是爲天與；與而不取，禍將斯及！然歷山飛不破，突厥不和，無以經邦濟時也。」（卷上／3）〔註17〕當時隋末起事首領之一的歷山飛據太原南境，突厥亦自北來犯，李淵負有拒敵守土之責任，因此尚須借助隋朝官職兵威以資坐鎮，以便爭取時間南滅歷山飛，北和突厥，鞏固太原根據之地；不過卻也同時「命皇太子（建成）於河東潛結英俊，秦王（世民）於晉陽密招豪友」，以圖大舉（卷上／1-6）。觀此書之前後記載，李淵諸作爲之目標始終甚爲清楚，即乘亂起事，取隋自代，而其戰略構想則是北和突厥、西取關中。

北和突厥之目的，據其自言謂是「本慮兵行以後突厥南侵，屈節連和，以安居者」（卷上／13），所以手書突厥請求「和親」時，不惜聲言謂「若能從我，不侵百姓，征伐所得，子女玉帛皆可汗有之；必以路遠，不能深入，見與和通，坐受寶玩，不勞兵馬，亦任可汗」（卷上／11）。故此目的之達成，李淵不僅因之而取得了突厥的馬匹，增強了機動戰力，並使之約束其時已向突厥稱臣的劉武周、梁師都等集團，勿使乘虛侵襲太原，以穩住根據地，俾無後顧之憂；〔註18〕然後親率精銳，西入京城，其目的是要挾持代王，並佔

〔註17〕《大唐創業起居注》（臺北：臺灣商務影四庫本）僅有上中下三卷，簡單易讀，故引號所引之引文不再逐一腳注頁碼。

〔註18〕唐高祖和親突厥之舉向被唐史視爲稱臣，陳寅恪先生即據此而論，謂高祖其實是爲了謀求突厥約束劉武周乘虛來侵等考慮，故不得已稱臣。詳其〈論唐高祖稱臣於突厥事〉，收入《陳寅恪先生文集》（台北：里仁書局，民70.3）一之《寒柳堂集》，頁97〜108。吾師李樹桐先生所見不同，認爲高祖實未稱

有關中形勝之地，最後取隋而代之。爲了讓其戰略構想順利展開及完成，因此他的政戰宣達是「大舉義兵，欲寧天下；遠迎主上（煬帝）」（致突厥手啓）、「欲舉義兵，欲戴王室」（答群僚稱賀語）、「廢昏立明，……奉尊代邸」（武德誓眾文）、「共匡天下，志在尊隋」（報李密書）云云；甚至在圍攻京城時，仍以「翼尊隋室，欲立孫子（代王），以報高皇（隋文帝）」爲言，並一再「遣使至城下申以尊隋夾輔之意」。基於此政戰意旨，所以他一再重申「臣節」，而表示僅以「伊霍桓文」爲己任，並在太原建軍時指示「孤今霸業差擬桓文，可作三軍」，與及強調「諸軍既是義兵，還可呼爲『義士』」等。李淵的政戰作爲對其戰略構想之實行非常有助，他使忠於隋朝的太原官吏鬆懈了警覺，使突厥覺得他可親可助，使李密覺得他胸無大志而不足以作爲競爭對手，反而成了爲他「拒東都之兵，守成皋之扼」的戰略棋子，讓他無側翼威脅而能從容西攻；至於號召來附來歸，壯大其「起義」隊伍，甚至瓦解京城的戰志，以及最後順利「受禪」建唐者，亦莫不與此息息相關。

　　及至武德元年受禪建唐之後，「太原起義」的開國目標已經初步達成，此下即必須進入完成開國之全部程序──亦即以武力完成天下統一，故此國家目標也須適時調整確立。此時也，唐朝僅控有以長安爲中心的關中一隅之地，西近有河隴一帶之薛舉、李軌，近北則分有自陝北以至太原一帶的梁師都、劉武周等，東出潼關則更是有眾多實力堅強的爭戰群雄。如何表示新的國家已經開建，如何確保京城安全而進圖統一天下，正是此時的國策所繫。史載李淵自大業十三年十一月攻拔京城，立代王侑爲隋帝，改元「義寧」，以回應其「大舉義兵，欲寧天下」的政戰宣達後，此下幾年即戰爭不斷。茲參酌兩《唐書·高祖紀》、《通鑑》，將十二軍初建時之重大政治建設與關中周邊之重要戰事列見如下：

　　隋義寧元年（618）十二月：薛舉寇扶風，命秦公世民爲元帥破之；劉文靜取潼關，擒隋守將屈突通；遣將分下山南及巴蜀。

　　義寧二年／唐武德元年正月：世子建成、秦公世民率兵七萬徇地東都，四月班師。

　　二月：遣將分定樊鄧及荊襄。

　　臣，而是許敬宗篡改歷史，將太宗向突厥稱臣誆作高祖稱臣，因此曾爲之發表了三次考辨。由於現存史料不足以證明其事之眞相，故本文對此不予置評，要之不論和親也好，稱臣也好，皆與此戰略構想有關。

五月：相國‧唐王李淵即位，是爲唐高祖。高祖改元武德，罷郡置州，
　　　改太守爲刺史，命裴寂等修律令。

六月：廢隋《大業律令》，頒《新格》；薛舉寇涇州，兵鋒至於豳岐，秦
　　　王世民爲元帥往征之；遣使招慰山東。

七月：梁師都寇靈州，驃騎將軍藺興粲擊破之；薛舉大敗秦王軍。

八月：薛舉死，子仁杲繼，命世民爲元帥往討之；李軌以其地來降，封
　　　涼王。

九月：始置軍府；仁杲敗唐軍。

十月：李密率眾來降；大閱。

十一月：京師穀貴；世民大破薛仁杲，隴右平；李軌復稱天子於涼州；
　　　　唐軍攻蒲州兵敗。

十二月：鄭元璹軍敗朱粲於商州。

唐武德二年二月：初定租庸調法。

閏二月：朱粲降；皇太子及秦王世民、裴寂巡于畿縣；穀貴；左屯衛將
　　　　軍何潘仁、驍騎將軍趙欽等分別與山賊戰於京西，均死之。

三月：梁師都寇靈州；劉武周侵并州。

四月：劉武周敗齊王元吉於榆次；進攻并州，命太常卿李仲文將兵往救。

五月：李軌爲其下安興貴所執，河右平。

六月：離石胡劉季眞舉兵引劉武周攻石州，殺刺史，進陷介州，又敗李
　　　仲文等軍，並俘之；遣右僕射裴寂往討之。

七月：置十二軍。

九月：裴寂敗績，右武衛大將軍姜寶誼死之，齊王元吉奔於京師，并州
　　　陷；梁師都寇延州。

十月：秦王世民討劉武周，軍于蒲州，爲諸軍聲援。

十二月：劉武周大敗永安王孝基等諸軍，並俘諸軍將，續來攻。

武德三年三月：劉季眞降。

四月：秦王世民大破劉武周，武周棄并州，奔突厥，後爲突厥所殺。

七月：命秦王討東都王世充，太子坐鎮蒲州以備突厥。

觀此開列，表示唐高祖即位之初，即已廢除隋煬帝的律令體制，三個月後更
重新建置關中軍府。《舊唐書‧高祖紀》及《資治通鑑》雖未載元年九月始
置軍府之事，但卻常見某州、刺史、驃騎將軍等不同於大業制度的名稱，且

《通鑑》於武德元年七月丁未載驃騎將軍藺興粲擊破梁師都時，胡注即謂「義師初起，改隋鷹揚郎將曰軍頭，尋改軍頭曰驃騎將軍」。〔註19〕證諸《起居注》之記載，太原起義南下諸軍的確有統軍及軍頭之建制，而首先攻上京城的即爲「東面軍頭雷永吉」。又，《玉海》注解〈兵志〉此段陳述時，亦謂武德「元年五月，改隋鷹揚郎將爲軍頭；六月十九日，改軍頭爲驃騎將軍、副爲車騎將軍。九月乙巳，始置軍府。段志玄以（功？）多授樂游府車騎將軍」，復謂「分關內諸府統之。二年五月□日車騎將軍府隸驃騎府」云。〔註20〕

是則筆者判斷，武德初（元年）高祖建唐後的確已著手改革軍制，其顯著項目爲：

一、五月將大業軍制中鷹揚郎將之官稱改爲軍頭；

二、六月復將軍頭改爲驃騎將軍，副爲車騎將軍；

三、九月乙巳始置軍府；

四、同時分軍府屬於十二道。

因此，〈兵志〉所謂「武德初，始置軍府，以驃騎、車騎兩將軍府領之。析關中爲十二道，曰：萬年道、長安道、富平道、醴泉道、同州道、華州道、寧州道、岐州道、豳州道、西麟州道、涇州道、宜州道，皆置府」一文，實爲可信之事。

蓋此時唐朝之有效直屬領土實以關中之地爲主，如同當年西魏、北周般侷限於此一隅之地罷了，而且從元年底至二年初京師穀貴，假如京中仍然聚食二十餘萬軍隊，則可能會引起社會安全上的問題，決非計之上者，故「析關中爲十二道」以置諸軍府，然後分遣軍將以統領之。如此一來，一者可以消解京城糧食危機，維護社會安全；再者將軍隊投入糧食生產，亦可緩和後勤補給之負擔；三者則將諸軍依天文星象之分布意義與態勢以分駐於京城附近，〔註21〕日常訓練教戰，不但具有宣佈天命之效果，而且可以構築首都防衛網，兼且隨時可收集中出擊之效（參圖一），相當符合戰略原則與規律。〔註22〕此建軍與養軍一併進行，用以達成國家戰略目標的構想，有助於政

〔註19〕見《通鑑》（台北：宏業書局，62.4再版）該年月條並胡注，卷一八五，頁5600。

〔註20〕參《玉海・唐府兵、符契、折衝府、十二軍》，卷一三八，頁2653。

〔註21〕十二軍之軍名爲傅奕所造（見《舊唐書》本傳，卷七十九，頁2715），而諸星分布於五星宮，各有軍事職責，此則可參《史記・天官書》及《漢書・天文志》。

〔註22〕戰略有一些原則規律，但戰略家說法頗有差異，要之努力的集中，保持行動自由權以選擇時間、戰場尋求決戰，以及採取防禦攻勢，皆爲其基本規律，

治、經濟、心理、軍事四大國力要素之改善與提昇，極具戰略意義。其後天下統一，太宗將此制推而廣之，將之全面在全國實施，毋寧效法其父之故智而已。〔註23〕

圖一：十二軍創建期部署形勢示意〔註24〕

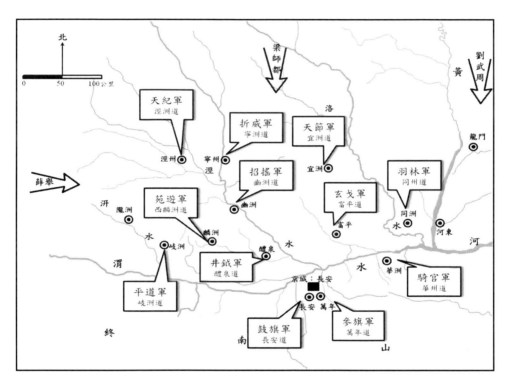

本圖由本所博士生宋啟成先生代繪

其次，從攻入京城至武德二年中，唐高祖先後命將征討及遣使安撫東方與南方，意圖統一中國，然而效果卻成敗參半，其間關中復受到薛舉、李軌、梁師都、劉武周等集團之軍事威脅。就戰略地緣而論，河隴位於關中之西，對長安有高屋建瓴之勢，薛舉且曾侵至畿輔，亦曾大敗秦王世民軍，故威脅

參薄富爾前揭書，頁24～26。

〔註23〕唐高祖被史官誣為平庸，李樹桐先生曾為文辨之，並又論證太宗對其父其實多所模仿，詳其〈論唐高祖之才略〉，收入《唐史考辨》（臺北：臺灣中華書局，民國54.4），頁43～98；及〈唐太宗的模仿高祖及其對唐帝國的影響〉，收入《唐史新論》（臺北：臺灣中華書局，民國61.4），頁119～165。

〔註24〕本圖依〈兵志〉所述地名概略繪製，以示其部署形勢，其實諸軍曾有移防，如重置期李藝所統天節軍在兵變前即移駐涇州（詳下文），即是其例。

最大；而梁師都、劉武周雖與突厥連兵入侵，然所侵則僅止於北邊而已，此時威脅尚未及於薛舉。因此，高祖之戰略選擇與軍事行動遂先西後東，以河隴為第一優先，以圖徹底解決後背之憂。〔註25〕及至河隴已平將平之間，高祖乃初定租庸調法，並命太子建成及尚書令・秦王世民、右僕射裴寂巡于畿縣，進行社會經濟重整之政治建設，意圖以此支持軍事建設，進而以武力統一天下。故《通典》及《唐會要》均謂高祖「以天下未定，事資武力，將舉關中之眾，以臨四方」，即指此而言。也就是說，根本核心區之安全經營雖然至此已告一段落，但是唐朝的開國程序猶未完成，所以高祖遂明確訂定此下之國家目標為統一天下，並因此而創建十二軍，以之作為遂行統一戰爭的武力，是以此時之國家戰略，與太原起義時的構想不同。

根據《起居注》所載，太原起義原來僅有數萬兵馬，來源複雜，含有隋朝政府軍（府兵）、僮僕，以及招募而來的居民與豪傑，此即所謂「元從」部隊。其後一路南下，沿途招降納叛，府兵、俠士與群盜均有，以致圍攻京師前夕，兵力擴充到二十餘萬之多。然而兵力雖多，卻不免仍是雜牌軍，所以此後兩、三年間戰功不顯，甚至屢吃敗仗。因此，即使沒有上述的國家目標與國家戰略，唐朝猶有整頓其軍隊的必要，何況此時已訂定了明確的國家目標與國家戰略。為了有效遂行上述的國家目標與國家戰略，故高祖此時深覺有創建新軍之必要，遂於武德二年七月頒下〈置十二軍詔〉。詔中謂自黃帝以來撥亂反正，創業垂統，皆修武備，而接著復云：

> 季葉凌替，軍政湮亡。行列不修，旌旗舛亂。部伍符籍，空有調發之名；逗撓乏興，竟無討襲之用。遂使夷狄方命，盜賊交侵；戰爭多虞，黔黎殄喪。朕受天明命，撫育萬方。爰自義師，克成帝業。……今雖關塞寧謐，荒裔肅清。伊洛猶蕪，江湖尚梗；役車未息，戎馬載馳。武備之方，尤宜精練。所以各因部校，序其統屬。改授鉦鼓，創造徽章。取象天官，定其位號。庶使前矛後勁，類別區分；玉帳絳宮，刑德允備。蹈茲湯火，譬若椒蘭。大定戎衣，止戈斯在！〔註26〕

詔中所謂「季葉凌替，……竟無討襲之用」，是指隋朝軍政已亂，原有之十

〔註25〕 筆者曾撰〈從戰略發展看唐朝節度體制的創建〉一文，對高祖此戰略作過論述，見《簡牘學報》第八期，頁215～259。該文現已收入本書。

〔註26〕 詳參《唐大詔令集》（臺北：鼎文書局，民67.4再版）卷一○七〈置十二軍詔〉，頁552。

二衛府兵已空乏失律而無戰力。如「今雖關塞寧謐，荒裔肅清」，但是「伊洛猶蕪，江湖尚梗；役車未息，戎馬載馳」，因此武備尤須「精練」，以便隨時赴戰。整軍經武的方略為另創軍事建制（「各因部校，序其統屬」）與獨立體系（「改授鉦鼓，創造徽章」），以及重劃軍區與另授軍號（「取象天官，定其位號」），冀能使之訓練精良、軍紀嚴明、戰志旺盛，完成大定統一、以戰止戈的任務。根據此詔，十二軍之建軍政策實為：一，必須要與原有的十二衛體系有所分別，而自成軍事體系；二，必須是防區固定，經常訓練，而隨時可以作戰的軍隊；三，必須自有獨立之指揮系統與建制。

挨諸〈兵志〉所述，所謂「以萬年道為參旗軍，長安道為鼓旗軍，富平道為玄戈軍，醴泉道為井鉞軍，同州道為羽林軍，華州道為騎官軍，寧州道為折威軍，岐州道為平道軍，豳州道為招搖軍，西麟州道為苑游軍，涇州道為天紀軍，宜州道為天節軍；軍置將、副各一人，以督耕戰，以車騎府統之」者，正見高祖的確依詔書之意旨作了規劃。他將原來之十二道規劃為十二軍及軍區；在原來部署於該道的各軍府之上另置一統一指揮官與副指揮官，各自成獨立之指揮系統與建制；在指揮官統率之下實行耕戰合一的生活，亦即使之「將有常兵，兵有常將」，軍將經常督導所屬以從事戰鬥訓練與生產工作，使戰力得以提高，而又能自我補給。由此而觀，這無疑是十二支隨時備戰以及可以獨立作戰的中央野戰軍，為征伐派遣軍的總預備隊。

十二軍創建時的戰略情勢既如上述，且是在原來十二道軍府部署之基礎上創建，是則必定是在武德元年九月「始置軍府」之後纔創建。因此，創建於武德二年七月「關塞寧謐」之時的說法應是正確的；若謂創於武德三年七月，劉武周大舉來攻之後、秦王世民大舉出征東都之月，則恐怕不合情實。同時，鄙論若成立，則武德初（元年）的確先置軍府而將之分屬於十二道，翌年纔在此基礎上整編，創建為十二軍，表示此事應有兩次改革，故〈兵志〉所述實為正確，只是將二年誤作三年罷了；至於唐長孺認為分道與初創均於武德二年七月十一日同時進行，則應是錯誤的說法，蓋因考據過簡之故。

〈兵志〉復謂「六年，以天下既定，遂廢十二軍」。按秦王世民於武德三年七月出征東都，翌年大破來援王世充之竇建德並擒之，遂平河北。同月，世充見大勢已去，乃舉東都投降，河南亦平。其後一兩年間，群雄先後為唐軍所破滅，所剩無幾，顯示十二軍已經發揮了應有的戰力，也基本上達成了預期的效果，故唐高祖乃於武德七年四月「大赦天下，頒行新律令。以天下

大定，詔遭父母喪者聽終制」。〔註27〕其實天下大定不應晚至此時，因爲六年正月唐軍滅劉黑闥、二月擒徐圓朗後，以後雖再有叛亂征戰，其勢均不足以搖動唐朝統一的大局，是以《通鑑》乃於是月記載廢十二軍，而《唐會要》、《玉海》則更明謂初廢於六年二月二十四日。因此之故，上述新頒行的《武德令》中，政府組織之京職事官系統已無十二軍之建制，而有「天策上將府，次左、右衛至左、右領衛爲十四衛」之組織建制。〔註 28〕蓋以天下大定，十二軍創建之功能目標已基本達成，而又爲了因應政府新組織法之頒行，故廢除此原就爲律令以外的戰時臨時軍事體制也。

三、大戰略、國家戰略之改變與十二軍重建

十二軍初創期既已結束，爲何及何時卻又重置？〈兵志〉對此無所說明，而《通典‧將軍總敘》謂「七年，以突厥寇掠，復置十二軍」，《唐會要‧京城諸軍》則謂「八年五月，以突厥爲患，復置十二軍」。「寇掠」與「爲患」畢竟在意義或程度上頗有差異，究竟孰是，或許是否另有其他原因？

按：大戰略也就是指國際之間的同盟戰略，假如將隋末稱王稱帝之群雄政權視爲諸國家，則建立於北方的諸國不但率多與突厥有軍事同盟，且多向之稱臣，以爭取其奧援；相對的，突厥對此也樂於接受，且欲長期分化群雄諸國，以圖保持其霸主地位，謀求其最大之國家利益。於是此時東亞諸國之間出現了同盟態勢，其所產生的問題即可視爲國際間的大戰略問題，而《通典‧邊防典‧突厥》對此略有載述：

> 及隋末亂離，中國人歸之者甚眾，又更強盛，勢陵中夏，迎蕭
> 皇后，置於定襄；薛舉、竇建德、王世充、劉武周、梁師都、李軌、
> 高開道之徒，雖僭尊號，俱北面稱臣，受其可汗之號。東自契丹，
> 西盡吐谷渾、高昌諸國皆臣之。控弦百萬，戎狄之盛，近代未有也。
> 大唐起義太原，劉文靜聘其國，引以爲援。……及高祖受隋禪以後，
> 賞賜不可勝計。〔註29〕

〔註27〕引文據《舊唐書‧高祖紀》該年月條，《新唐書‧高祖紀》與《通鑑》同月皆記大赦、班新律令事，但無「天下大定」之語。
〔註28〕參《通鑑》唐高祖武德七年三月初定令之記載，卷一九○，頁5978～5980。
〔註29〕詳《通典‧邊防典‧突厥》，卷一九七，頁1069。兩《唐書‧突厥列傳》略同。

由此以觀，突厥接受李淵之所謂「和親」，也不過僅是在現行政策下多了一個對象而已，決不是要支持他真的統一中國。因此，前謂李淵太原起義的戰略構想為北和突厥、西取關中，而劉武周、梁師都初期均被突厥約束，以致未有乘虛侵襲太原之舉，此則已應是李淵之戰略構想收到了初步效果。及至李淵建唐，最早來犯者厥為薛舉。薛舉據蘭州稱帝，曾連合梁師都，並厚賄突厥，謀以聯兵攻唐，幸為唐遣突厥之使臣所適時說止，遂使薛舉之謀不能實行。〔註30〕此次外交成就雖是唐朝上述戰略構想延伸之成功，不過卻標示著唐、厥和親關係遲早會生變。這與兩國的國家目標以及大戰略或國家戰略潛伏著嚴重矛盾有關。

矛盾其實呈現得相當早，當唐高祖開國順利、平定河隴之際，從武德二年起，突厥即開始支援梁師都與劉武周侵犯唐邊，幸其始畢可汗適時而死，處羅可汗新立，故軍事行動纔沒有擴大，但仍頗有延續。尤有甚者，在武德三年二月，處羅可汗迎接隋煬帝之蕭皇后及其孫楊政道至定襄，而立政道為隋王，依隋制置百官，並將流亡於突厥的中國士民配屬其統治。此舉對於號稱已受隋朝禪讓，而有志統一天下之唐高祖而言，實在是一個重大的隱憂，不折不扣的是「突厥為患」。由於雙方有此矛盾，僅能暫時靠著不可勝計的「賞賜」來緩和，所以當唐朝陸續削平群雄、天下統一有望之時，兩國遲早會發生衝突。不久，處羅又死，頡利可汗繼立。史謂「頡利承父兄之資，兵馬強勝，有憑陵中夏之志。高祖以中原初定，未遑外略，每優容之，賜與不可勝計。頡利言辭悖傲，求請無厭」，〔註31〕自四年中開始，或聯合群雄，或單獨出兵，持續對唐朝採取軍事行動，而且次數激增，由武德二、三年的每年三次，到四年以後激增至每年十餘次，（請參圖二〔註32〕），並且規模日大，動輒用兵數萬騎以至十餘萬騎，於是雙方之矛盾遂轉變為嚴重的軍事衝突，且有發展成全面戰爭之態勢，〔註33〕以致唐朝必須考慮改變其國家戰略。

〔註30〕 詳《舊唐書・薛舉列傳》，卷五十五，頁 2246～2247。

〔註31〕 同注 29。

〔註32〕 本圖之次數蓋以《通鑑》記載為主。由於戰爭通常包含若干戰役，《通鑑》對此並未詳分，故本圖以該年每侵犯一地作一次計算。

〔註33〕 全面戰爭指國家之間的武裝衝突，交戰國使用其全部國力，且某交戰國之國家生存處於危殆之中。全面戰爭之特性，在不受任何限制。

圖二：突厥入侵趨勢

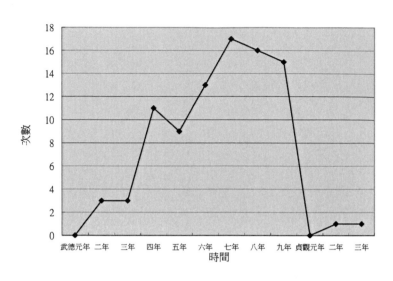

突厥入侵或許爲了實行其上述的對華政策，或許僅是爲了寇掠，或許兩者皆有，但是無論如何，均已造成唐朝統一大業以至國家安全的極大危機，令唐朝自平定王世充以後不得不予以重視。例如武德四年七月竇建德舊將劉黑闥復起於漳南，「淮安王神通、將軍秦武通、王行敏前後討之，皆爲所敗。於是移書趙、魏，其建德將士往往殺官吏以應。黑闥北連懷戎賊帥高開道，兵鋒甚銳，進至宗城，有眾數萬。黎州總管李（徐）世勣不能拒，棄城走保洺州。黑闥追擊破之，……世勣與武通僅以身免。……黑闥又……遣使北連突厥，頡利可汗遣俟斤宋耶那率胡騎從之。黑闥軍大振，進陷相州，半歲悉復建德故地。兗州賊帥徐圓朗舉齊、兗之地以附于黑闥，其勢益張」。〔註34〕至五年六月劉黑闥復引突厥寇山東，十月行軍總管・淮陽王李道玄戰歿，高祖乃於十一月命皇太子往討黑闥，並親幸宜州檢閱將士，可見問題之嚴重性以及唐朝之重視。〔註35〕

又如六年，梁師都爲唐將所攻，求救於突厥，頡利以勁兵萬騎赴之。後「師都日益蹙，遂往朝頡利，教使南略，故突厥盜邊無寧歲，遂窺渭橋」。〔註36〕至七年秋，突厥頡利、突利二可汗自原州入寇，侵擾關中，唐朝竟然畏懼至有遷都之議。《舊唐書・太宗紀》載之云：

〔註34〕參《舊唐書・劉黑闥列傳》，卷五十五，頁2259。
〔註35〕參《新唐書・太宗紀》武德五年該月條，卷二，頁26。
〔註36〕參《新唐書・梁師都列傳》，卷八十七，3731。

> 有說高祖云：「祇爲府藏子女在京師，故突厥來，若燒卻長安
> 而不都，則胡寇自止。」高祖乃遣中書侍郎宇文士及行山南可居之
> 地，即欲移都。蕭瑀等皆以爲非，然終不敢犯顏正諫。太宗獨曰：
> 「霍去病，漢廷之將帥耳，猶且志滅匈奴。臣忝備藩維，尚使胡塵
> 不息，遂令陛下議欲遷都，此臣之責也！幸乞聽臣一申微効，取彼
> 頡利。若一兩年間不係其頸，徐建移都之策，臣當不敢復言。」……
> 固奏必不可移都，高祖遂止。〔註37〕

是則突厥不僅有礙於唐朝的統一大業，抑且對唐朝之威脅已遠非一般之國防
安全問題可比，而竟已達到了危害唐朝國家安全的地步！所以《新唐書・突
厥上》接續此事而記云：

> 帝乃止。頡利已和，亦會甚雨，弓矢皆弛惡，遂解而還。帝會
> 群臣問所以備邊者，將作大匠于筠請五原、靈武置舟師於河，扼其
> 入。中書侍郎溫彥博曰：「魏爲長塹過匈奴，今可用。」帝使桑顯和
> 塹邊大道，召江南船工大發卒治戰艦。頡利遣使來，願款北樓關請
> 互市，帝不能拒。帝始兼天下，罷十二軍，尚文治，至是以虜患方
> 張，乃復置之，以練卒蒐騎。〔註38〕

顯然，修《新唐書》之史官雖不在〈兵志〉明言十二軍重建之原因與時間，
但已於此明確認定其所以重建，實與突厥此役之關鍵性影響有關，故將之繫
於七年停議遷都，而又採取塹邊大道、發卒治艦的因應性守勢國防之後，而
略謂「六年，以天下既定，遂廢十二軍，……居歲餘，十二軍復」也。不過，
兩《唐書・高祖紀》均未記載進行上述守勢國防建設以及重建十二軍之時間，
《通鑑》則將遷都之議繫於七年七月，並謂翌月突厥復寇原州、并州等地，
京師戒嚴，秦王引兵拒之，陣前且以「何無香火之情也」等語詰責突利可汗，
以分化頡利而使之懷疑，復會天雨弓弛，故突厥請和而退。〔註39〕至八年正
月，突厥請求互市，詔許之。是則遷都之議與京師戒嚴應皆爲此年七、八月
之間發生的事情，而突厥尋因秋雨退兵，並因春正而請求互市，在此情勢暫
告緩和之時，唐朝遂進行守勢作戰的國防建設。稍後，唐朝更意識到突厥「虜
患方張」，可能會導致全面戰爭的嚴重危機，決不僅只是「突厥寇掠」如此簡

〔註37〕 參《舊唐書・太宗紀》，卷二，頁29。
〔註38〕 詳《新唐書・突厥上》，卷二一五上，頁6032。
〔註39〕 《通典・邊防典・突厥》（卷一九七，頁1069）及《舊唐書・突厥上》（卷一
　　　　九四上，頁5156）皆載此事於八月。

單的問題而已，於是遂進一步調整其國家戰略，以準備積極的攻勢作戰建設，〔註40〕故《通鑑》唐高祖武德八年四月條云：

> 初，上以天下大定，罷十二軍。既而突厥爲寇不已，辛亥，復置十二軍，以太常卿竇誕等爲將軍，簡練士馬，議大舉擊突厥。〔註41〕

按：唐長孺《箋正》謂四月無辛亥日，故十二軍應復置於八年五月十八日辛亥，揆諸當時之國防情勢發展，復置於八年五月之說應可成立；若是，則十二軍初廢於六年二月二十四日，重建於八年五月十八日，事隔兩年多，已非「居歲餘」之事矣。此次國家戰略之改變，意謂著唐朝在戰略優先次序上，已將突厥視爲其第一假想敵，故不僅陸續調派各地之軍隊北上駐防，〔註42〕而且更立即著手重建性質爲中央野戰軍的十二軍，以圖「大舉擊」之，遂行攻勢作戰。

另有進者，筆者以爲，唐高祖的戰略構想此時之所以暫時改採守勢作戰者，固與國家戰略之更張有關，但是似乎更應與此時眞正的大戰略調整有關，甚至可能與太子建成、秦王世民間政治鬥爭之白熱化有關，請容先論前者於下。

此處所謂眞正的大戰略，蓋指眞正的國際同盟戰略而言。前謂隋末崩裂之時，突厥復興，控弦百萬，東自契丹，西盡吐谷渾、高昌諸國皆臣之，而中國北方諸雄亦多向之稱臣，可謂東亞最強之霸主。不過，突厥素有宿敵西突厥（史書常相對稱突厥爲東突厥或北突厥），此時以金山爲界，控弦數十萬，亦稱霸於中亞。唐高祖所建大戰略最初之同盟對象，即以西突厥爲主。《通典·邊防十五·突厥下》略記之云：

> 武德三年，遣使貢條支巨卵。時，北突厥作患，高祖厚加撫結，與之並力以圖北蕃。統葉護許以五年冬大軍當發。頡利可汗聞之，大懼，復許葉護通和，無相征伐。統葉護尋遣使來請婚。高祖謂侍臣曰：「西突厥去我懸遠，急疾不相得力，今來請婚，計將安在？」

〔註40〕守勢作戰指大軍暫緩主動，就地作戰，或利用時空，待機轉移攻勢，求敵作戰之行動。攻勢作戰指大軍主動迫敵作戰之積極行動。

〔註41〕見《通鑑》該年月條，卷一九一，頁5995。

〔註42〕例如除了引文所載之「召江南船工大發卒治戰艦」以防河之外，名將李靖亦在八年從揚州北調，「以江淮兵萬人屯太谷」，參《新唐書·李靖列傳》，卷九十三，頁3813。

封德彝對曰：「當今之務，莫若遠交而近攻，正可權許其婚，以威北狄，待三數年後，中國全盛，徐思其宜。」高祖許之婚，令高平王道立至其國，統葉護大悦。遇頡利可汗頻歲入寇，西蕃路梗，由是未果爲婚。

貞觀元年，遣眞珠統俟斤與道立來獻……。頡利可汗不欲中國與之和親，數遣兵入寇，又遣人謂統葉護曰：「汝若迎唐家公主，要須經我國中而過。」統葉護患之，未克婚，爲其伯父所殺。〔註43〕

儘管統葉護被殺後西突厥隨即陷入分裂內戰，故使唐與之建立軍事同盟之大戰略構想最後未果；然而高祖自武德三年起即欲「與之並力以圖北蕃」的大戰略構想，則降至唐太宗貞觀初猶一直秉持未失。其間唐朝之所以許以和親也者，正是爲了推行「遠交而近攻」之政策，而此政策之作用正是在「權許其婚，以威北狄，待三數年後，中國全盛，徐思其宜」，亦即仍是大戰略的一部分，只是暫緩主動、延遲行動罷了。

值得注意的是，統葉護的確也曾有過「許以五年冬大軍當發」的盟諾，使唐朝與西突厥的軍事同盟行動幾乎告成，所以高祖、太宗父子纔相繼對之期望甚深。爲了保持建立同盟的可能性，唐朝寧願以和親的方式暫時「以威北狄」，等「待三數年後，中國全盛，徐思其宜」。由此而觀，唐朝在武德三年開始建立此大戰略，雖然五年時之同盟軍事行動未能付諸實現，但是唐朝對此仍然保持著高度的期望，一直在等待三數年後隨時可能會出現的變局與戰機，並爲備戰而重建十二軍，以作爲精銳的打擊武力。而且更有進者，此大戰略之調整，是以「等待同盟擊敵」的構想，作爲重新建軍之指導原則，目的是欲「以己之不可勝以待敵之可勝」，故〈兵志〉之所謂「十二軍復，而軍置將軍一人，軍有坊，置主一人，以檢察戶口，勸課農桑」也者，應與創建期時之「軍置將、副各一人，以督耕戰，以車騎府統之」頗有不同，因爲此次重建明確採用了兵民分離制。〔註44〕表示因上述指導原則而建立任務較前更專注、組織較前更獨立、後勤補給較前更自主的新十二軍，以爲持久備

〔註43〕 參《通典・邊防十五・突厥下》，卷一九九，頁 1077。按：兩《唐書》封氏傳所載同，然《通鑑》繫此事於武德八年四月，而《考異》並另據《實錄》謂是裴矩之言，詳卷一九一，頁 5995。

〔註44〕 此兵民分離制之軍戶自成體系，應是沿襲西魏前期府兵之制而改成，陳寅恪（詳其《隋唐制度淵源略論稿・兵制》篇，收入《陳寅恪先生文集》二）與濱口重國（詳其前揭文）皆已論之。

戰。至於時間上之所謂「三數年後」，差不多就是在武德八年四月重建十二軍之前後，故《通鑑》即繫此事於重建之同月，以是筆者敢謂其重建似乎更應與大戰略之調整更張有關。

此大戰略之確立，至晚在武德四年導致、並有助於前述國家戰略之改變，即唐朝已決定將突厥調整為第一假想敵，並立即著手重建十二軍，以圖待機「大舉擊」之。正惟此故，高祖遂於重建後的第三個月，公開對突厥作了國際關係上的重大改變。《通鑑》記其事云：

> 先是，上與突厥書用敵國禮，秋七月甲辰，上謂侍臣曰：「突厥貪婪無厭，朕將征之，自今勿復為書，皆用詔敕。」〔註45〕

司馬光如此記述，恐怕是有意為唐高祖當年之卑屈作隱諱，其實據溫大雅《起居注》所載，高祖起義前為了北和突厥，是親「自手疏與突厥書」的，故《起居注》下面一段敘述值得注意：

> （唐高祖）自手疏與突厥書曰：「……」仍命封題署云「某啟」。所司報請云：「突厥不識文字，惟重貨財，願加厚遺，改『啟』為『書』。」帝笑而謂請者曰：「何不達之深也！自頃離亂，亡命甚多，走胡奔越，書生不少，中國之禮，併在諸夷。我若敬之，彼仍未信；如有輕慢，猜慮愈深。古人云：『屈于一人之下，伸于萬人之上。』塞外群胡，何比擬凡庸之一耳！且『啟』之一字，未直千金。千金尚欲與之，一字何容有吝？此非卿輩等所及！」迺遣使者馳驛送啟。始畢得書，大喜。……突厥柱國……至，……帝引……禮見，於晉陽宮東門之側舍受始畢所送書信，帝為貌恭，厚加饗賄。〔註46〕

按：「啟」在公文書中為下級對上級所用，是以所司請「改『啟』為『書』」。由此可見高祖先前所謂「與突厥書用敵國禮」，應是出於史官婉轉隱約之辭，企圖淡化或掩飾早先唐朝對突厥之國際關係，起碼應是下對上之關係。無論如何，如今高祖作了此改變，實即足以表示因其大戰略與國家戰略之改變，

〔註45〕見《通鑑》唐高祖武德八年該月條，卷一九一，頁5996。

〔註46〕按：該書接著之下文該如何斷句，頗有疑義，且事關高祖有否稱臣的文字證據，故此處暫不徵引。詳該書卷上，頁11～12及18。吾棣朱振宏據余課堂分析再作深入研究，謂李淵確曾稱臣，可詳其〈「唐高祖稱臣於突厥事」的再檢討〉一文，收入其所著《隋唐政治、制度與對外關係》（台北：文津出版社，2010.8），頁45～96。

所以兩國關係也就隨之改變，並以此宣示「朕將征之」的決心。

唐高祖雖然未能及身完成對付突厥的大戰略部署與成果，但是其策略卻爲太宗所持續推動。兩父子先後將此構想施展於突厥內部，以及推展至其周邊諸臣屬國落，大抵以外交分化爲手段，而俟機對被分化者予以適當之軍事援助，最後使突厥頡利可汗陷於孤立，然後纔命將大舉出師，發動攻勢作戰，予以致命的打擊，終在貞觀四年（630）亡其國。此是上述戰略主動作爲下的效果，其情勢之發展及結果，兩《唐書》突厥、薛延陀、契丹以至李靖等唐將諸傳已各有所述，《通鑑》亦已綜載之，爲治唐史者所周知，於此不必贅論。要之，高祖、太宗父子深知徒和親之不足以止來犯，徒外交之不足以制強敵，故雖在天下猶未完全統一的情況之下，仍能勇敢地面對現實，優先改變國家戰略，以突厥作爲第一假想敵，重建十二軍以爲「大舉擊」敵之武力，並配合大戰略之作爲，遂能在短期之內擊滅突厥此當時國際上的超級強權。事實上，武德二年（619）創建十二軍以爲統一戰爭的主力，至六年（623）因天下大定而罷；八年（625）復爲征伐外侮而重建，至貞觀四年遂奏其功。觀其前後發展，可謂時間短而成功大，是以杜佑稱之爲「士馬強勁，無敵於天下」，豈虛語哉！

四、政治鬥爭、軍事安全對十二軍重建重罷的影響

筆者前謂十二軍之重建，甚至可能與太子建成、秦王世民之政治鬥爭白熱化有關，於此亦需略予申述。

根據《起居注》卷上所載，太原起義時，李淵自爲大將軍，將所屬分爲左、中、右三軍，分命大郎建成、二郎世民爲左、右領軍大都督，〔註47〕同時倚以重任，而二人自後亦屢創戰果，戰功相當。及至開唐建祚後，建成策爲皇太子，常居中輔政；世民則策爲尚書令·秦王，常統兵出征，因而亦官職屢加，至武德四年攻取東都前已官至太尉·尚書令·陝東道大行臺·益州道行臺·雍州牧·左、右武候大將軍·使持節涼州總管·上柱國·秦王。〔註48〕

〔註47〕〈兵志〉謂「以建成爲左領大都督，領左三軍，燉煌公（世民）爲右領大都督，領右三軍」，《舊唐書·高祖紀》、《舊唐書·太宗紀》與之同；然《起居注》及《新唐書·高祖紀》、《新唐書·太宗紀》則作左領軍大都督與右領軍大都督，因《起居注》最早成書，且「左、右領」是十二衛常制長官，不是野戰系統的主帥，高祖既是遣軍作戰，故應是設置「左、右領軍」之職，是以宜從《起居注》。

〔註48〕見《全唐文》（台北：大通書局，68.7四版）卷十〈告柏谷塢少林寺上座書〉，

師還，高祖因其功大，遂特置天策上將一官以居之，仍領太尉・司徒・尚書令・陝東道大行臺尚書令等官，權勢甚盛。天策上將位居正一品，「掌國之征討，總判府事」，〔註49〕故其府無異是最高作戰指揮部，但猶未是全國武裝部隊之最高統帥。五年十月，又因戰功再加領左、右十二衛大將軍，至此天策上將無異已是十二衛之統帥。〔註50〕其後翌年，十二軍罷，所屬諸軍府理應改隸於十二衛，則官居天策上將・尚書令的秦王，更是政軍大權在握。這時太子建成與他的權力衝突亦已表面化，兩派鬥爭日漸嚴重起來，甚至七年六月慶州都督楊文幹反案亦曾辭連太子，最後高祖惟責以兄弟不睦，將東宮、秦府各一、二幕屬流貶了事。〔註51〕不過事情尚未完了，當翌月突厥來犯，朝廷議欲遷都時，秦王反對此議，力陳志滅匈奴是其責任，並「乞聽臣一申微効，取彼頡利。若一兩年間不係其頸，徐建移都之策，臣當不敢復言」云云。史謂「建成與妃嬪因共譖世民曰：『突厥雖屢爲邊患，得賂即退。秦王外託禦寇之名，內欲總兵權，成其篡奪之謀耳！』」〔註52〕而後數個月，高祖即重建十二軍，事情值得留意。

　　按：十二軍是中央野戰軍，天策上將則掌征伐，或許出征時諸軍一部分配屬於天策上將指揮；然而史書及《武德令》卻未有天策上將常制統率此十二軍的記載，是則在常制建制上，天策上將應非十二軍之最高統帥，何況此時十二軍已罷廢。是則譖語所謂「秦王外託禦寇之名，內欲總兵權」，究竟應該如何解釋？

　　筆者以爲，此時十二軍既已罷廢，則所屬軍府若不解散，即應是已歸建諸衛。隋唐軍隊常制建制是十二衛分統若干軍（鷹揚、折衝）府，正常情況實如前引〈方鎮表〉所言，「兵列府以居外，將列衛以居內，有事則將以征伐，事已各解而去。兵者，將之事也，使得以用，而不得以有之」。然而武德時期唐朝尚處於開國時期，除了東宮、王府之親衛軍，以及行臺、總管等地方兵外，中央部隊均分屬十二衛。天策上將原來已有戰時的作戰權，復又領十二衛大將軍，故在常制上即擁有十二衛之統帥權，此爲當時的特例也；若有作

　　頁 125。
〔註49〕詳《舊唐書・職官一》，卷四十二，頁 1811。至於天策上將之官職性質，請參拙著《隋唐中央權力結構及其演進》，頁 201～204。
〔註50〕加領事見《全唐文》卷一〈秦王領左右十二衛大將軍制〉，頁 3。
〔註51〕李樹桐先生曾撰文考論太子實與此案無關，詳〈唐楊文幹反辭連太子建成案考略〉，收入其《唐史考辨》，頁 99～117。
〔註52〕見《通鑑》唐高祖武德七年七月甲子條，卷一九一，頁 5989。

戰或番上，則天策上將更能調動指揮所屬之諸衛部隊。至於十二軍的構造則有些特殊，蓋十二軍沒有定額的規劃兵力，兵源來自十二衛所統率的軍府，故與十二衛所屬有些重疊。因此，盡管十二軍主帥多由十二衛大將軍、將軍兼充之，但卻也有文臣，要之多以唐高祖的個人關係爲核心，實際上是高祖太原元從親信所組成的主帥團。十二軍主帥既直承天子軍令而獨立指揮所部，所以十二軍與十二衛的關係，呈現出統、指分離的「軍衛二重制」特色——即軍府平時依律令由十二衛統率，入京宿衛時仍由十二衛大將軍、將軍指揮部署，但在駐地耕墾訓戰時則由軍將指揮管制。〔註53〕或許基於此故，當秦王世民「「乞聽臣一申微効，取彼頡利」，意欲用兵時，建成與妃嬪遂共譖之，謂「秦王外託禦寇之名，內欲總兵權」。此推論若成立，則除了兄弟政爭因素之外，十二軍之重建或許尚與天策上將此特殊建制有關。大抵秦王世民意欲透過對突厥作戰以總兵權；而太子建成則似乎將計就計，不反對重建不隸屬於天策上將之十二軍，蓋用以牽制統領十二衛之天策上將也。

按：十二軍之性質爲獨立於十二衛之外的中央野戰軍，屬於戰時之臨時編制，故自有其指揮體系，觀其重建時指揮官之本官即可知之。《冊府元龜・外臣部・備禦三》附載十二軍復置時之將領云：

> 初，帝以天下大定，將偃武事，遂罷十二軍，大敷文德。至是，突厥頻爲寇掠，帝志在滅之，復置十二軍。以太常卿竇誕爲參旗將軍，吏部尚書楊恭仁爲鼓旗將軍，淮安王神通爲玄戈將軍，右驍衛將軍劉弘基爲井鉞將軍，又（右）衛大將軍張瑾爲羽林將軍，左驍衛大將軍長孫順德爲奇（騎）官將軍，右監門將軍樊世興爲天節將軍，右武侯（候）將軍安修仁爲招搖將軍，右監門衛大將軍楊毛爲折威將軍，左武侯（候）將軍王長諧爲天紀將軍，岐州刺史柴紹爲平道將軍，錢九隴爲苑游將軍，簡練士馬，將圖大舉焉。〔註54〕

是知諸將皆另有本官，有些人之地位且更在十二衛大將軍之上，顯示此臨時之野戰編制當不直隸於常制之天策上將所統率。此理若明，則知高祖後來因太子與秦王勢不相容，有意遣秦王回陝東道大行臺坐鎮洛陽時，太子等又另有異議之原因所在了。《通鑑》將此事繫於武德九年六月玄武門兵變前夕，

〔註53〕 此時概況請詳拙著〈唐初十二軍及其主帥雜考論〉，《中國中古史研究》3，2004.3。

〔註54〕 《冊府元龜・外臣部・備禦三》（台北：大化書局，民73.10）將十二軍復置事附述於武德八年五月巳酉高祖與侍臣議事之下，見卷九九○，頁5128。

載云：

> 秦王世民既與太子建成、齊王元吉有隙，以洛陽形勝之地，恐
> 一朝有變，欲出保之，乃以行臺工部尚書溫大雅鎮洛陽，遣秦府車
> 騎將軍滎陽張亮將左右王保等千餘人之洛陽，陰結納山東豪傑以俟
> 變。……（高祖）因謂世民曰：「……觀而兄弟似不相容，同處京邑，
> 必有紛競，當遣汝還行臺，居洛陽，自陝以東皆主之。……」將行，
> 建成、元吉相與謀曰：「秦王若至洛陽，有土地甲兵，不可復制；不
> 如留之長安，一匹夫耳，取之易矣。」乃密令數人上封事，言「秦
> 王左右聞往洛陽，無不喜躍，觀其志趣，恐不復來」。又遣近幸之臣
> 以利害說上，上意遂移，事復中止。〔註55〕

秦王世民長期兼領若干行臺與總管，陝東道大行臺尤爲特殊權力機關，〔註56〕
轄內部隊即歸秦王指揮，故「以洛陽形勝之地，恐一朝有變，欲出保之」；而
建成、元吉所謂之「秦王若至洛陽，有土地甲兵，不可復制」亦指此而言。
由是觀之，秦王世民在京雖以天策上將領十二衛大將軍，但十二衛正規府兵
之調配必須要有天子的符節，而非天策上將所可隨意爲之；而重建之十二軍
又非其直屬軍隊，故世民實際上兵權並不太大，所以建成、元吉纔設計謂「不
如留之長安，一匹夫耳，取之易矣」云云。因此，筆者懷疑此時十二軍之重
置，也應與太子、秦王鬥爭之白熱化有關。

　　根據筆者初步考察，當時在京似乎尚有其他不隸屬於十二衛的諸軍，如
屯駐於渭北白渠旁之「元從禁軍」，〈兵志〉即未見其置有獨立之軍將，也未
載其隸屬於何衛？然《鄞侯家傳》卻謂「臣高祖仲威，從神堯（唐高祖）入
長安，爲左屯衛將軍，兼主太原從義之師，於龍首監總南、北禁軍之任」；
稍後卻又謂「義寧元年，初下京□，爲右驍衛將軍主之。貞觀初，以尉遲敬
德權領」。〔註57〕據前句，則李仲威以南衙之左屯衛將軍「兼主太原從義之
師」，所以說是「總南、北禁軍之任」，表示元從禁軍在制度上不隸屬於十二
衛。據後句，則元從禁軍自入京以後即已隸屬於南衙之右驍衛將軍，二者孰

〔註55〕參《通鑑》該年月條，卷一九一，頁6004。兩《唐書·隱太子建成列傳》略
　　　　同，但無載世民預先部署之事。
〔註56〕有關世民長期兼領若干行臺，而陝東道大行臺尤爲特殊權力機關諸事，請詳
　　　　前揭拙書，頁253～261。
〔註57〕詳《玉海·唐關內置府·十道置府》，卷第一三八，頁2658～2659。

是？姑勿論如何，要之元從禁軍可由不同的諸衛將軍奉命主領，則表示元從禁軍在制度上確實不隸屬於十二衛之任何一衛。至於所謂「貞觀初，以尉遲敬德權領」也者，按敬德原爲秦王府左二副護軍，以參與兵變第一功，故在秦王昇爲太子時也因功進授太子左衛率，貞觀元年更進拜右武候大將軍，〔註58〕是則仍是以南衙將領「權領」元從禁軍也。李繁於獄中匆忙寫就《鄴侯家傳》，其言頗不精確，當時史臣已論之；不過無論如何，北軍系統之元從禁軍，於制度上非隸屬於南衙十二衛之建制，則是顯然可信之事，〔註59〕故兵變前夕秦王未必就能切實掌握之。

此外，十二軍原就是獨立成軍，但似乎也有番上之制度，茲舉李神通及武士彠爲例，以作初步說明。

〈李壽（神通）墓誌〉謂李神通原名壽，以神通之字行，爲太祖景皇帝之孫，高祖起義時於關中響應義師，其後續云：

> 義寧元年十一月，拜宗正卿，……尋遷左領都督，總知皇城宿衛。……武德元年，拜右翊衛大將軍，進爵永康郡王。臨軒授冊，又改封淮安郡王。……爲持節山東道慰撫大使。……武德四年，又授河北道行臺尚書左僕射，給親兵二千人，馬八百匹，於洺州鎮守。……五年，拜左武衛大將軍，仍受玄戈軍將，……於是外治莫府，內次直廬；宣績周衛之中，威行都輦之側。我皇（太宗）踐祚，……遷開府儀同三司。……貞觀四年十二月，寢疾薨于京城延福里第，春秋五十有四。〔註60〕

是則李神通在初創期以左武衛大將軍兼充玄戈軍將之職，所謂「外治莫府」，蓋指行使玄戈軍將之職而言；「內次直廬」則指行使左武衛大將軍之職而言也，因此能「宣績周衛之中，威行都輦之側」。假如兼爲玄戈軍將的左武衛大將軍李神通番上而內次直廬之時，恐怕所統上番軍人除了左武衛之將士外，應該還有一部分番上的玄戈軍。或許從武士彠之例可以看得較清楚。武士彠即是武則天之父，武周時被追諡爲大周無上孝明高皇帝，李嶠奉詔爲之撰〈攀龍臺碑〉。該碑云：

> 高祖將舉義兵，令帝（士彠）領徒於城內，義旗建，授中郎將

〔註58〕詳《舊唐書‧尉遲敬德列傳》，卷六十八，頁 2497～2499。
〔註59〕關於此軍，請詳本書之〈元從禁軍之建置發展以及兵源問題〉篇。
〔註60〕詳《全唐文補遺》（西安：三秦出版社，1994.5）第一輯，頁 474～475。

兼司鎧參軍。……義寧元年，拜禮部侍郎。……武德元年，……授
上柱國、金紫光祿大夫、散騎常侍、同中書門下三品，兼檢校並越
將軍。……三年，拜工部尚書，餘如故。……爾後高祖行幸，常令
帝總留臺事，兼知南、北牙兵馬，判六曹尚書。〔註61〕

按：李嶠諛墓之辭多不可信，如武德時尚無散騎常侍、同中書門下三品等官
名職稱，即爲一例；然而所述任司鎧參軍，拜工部尚書，則史書有載。據武
德元年八月六日，高祖論功行賞，賜太原起義幹部以「太原元謀勳效功臣」
之勳號時，武士彠即名列其中，而當時之官職則是尚書省兵部之庫部郎。
〔註62〕顯示自此至三年拜工部尚書之間，他應已遷至相當於侍郎或從三品
之官，〔註63〕然後纏以本官「兼檢校並越（井鉞）將軍」；其後再以工部尚
書兼檢校井鉞軍將，直至八年八月始以本官權檢校揚州大都督府長史，赴任
接替北調防禦突厥之李靖遺缺。〔註64〕關於武士彠在十二軍初創期曾以工
部尚書兼檢校井鉞軍將，此說可信，蓋《冊府元龜》也曾記載其任職之事云：

武士彠武德中撿挍右廂宿衛，妻患危愻，竟不請假出看。先是，
士彠在井鉞軍之日，有兩兒患重，以至於沒，亦不赴問，但傷悼而
已。及妻死，所司奏，敕曰：「此人忠節有餘，去年兒夭，今日婦亡，
相去非遙，未嘗言及。遺身徇國，舉無以比！」〔註65〕

井鉞軍駐在京西鄰縣之醴泉，而士彠妻兒則應住在京邸，故高祖謂「相去非
遙」。是則武士彠的確在初創期兼統過此軍，也曾由軍區入京宿衛，檢校番上
的右廂宿衛軍。十二軍既不隸屬於十二衛，但武士彠以工部尚書非武職的本
官兼統井鉞軍後，卻曾指揮宿衛軍以值宿，忙到連妻兒亡故也不回家探望，
所以高祖爲此對之信任有加，遂「爾後高祖行幸，常令帝總留臺事，兼知南、
北牙兵馬」，是則士彠番上時殆應帶有部分井鉞軍番上也。

〔註61〕該碑詳《全唐文》卷二四九，頁3183～3190，引文見3186～3187。

〔註62〕，《唐會要‧功臣》說他官庫部郎中（見卷四十五，頁799），其實唐初沿用隋
制仍稱爲庫部郎，至武德三年纏改稱郎中。

〔註63〕士彠既在武德元年官庫部郎，則在此之前的義寧元年當未任過禮部侍郎，而
嚴耕望先生之《唐僕尚丞郎表》（臺北：中研院史語所，民45.4）亦未收錄他
曾於武德間任過此官，蓋李嶠諛之也。

〔註64〕嚴耕望先生前揭書考謂在六七年間（頁1041），筆者於近著《武則天傳》（北
京：人民出版社2001.11）中考正爲八年八月以後，見頁11。又，初創期之十
二軍指揮官職稱爲軍將，而非將軍，蓋李嶠誤之。

〔註65〕參《冊府元龜‧環衛部‧忠節》，卷六二六，頁3319中。

由武士彠以工部尙書本官在外兼統十二軍之井鉞軍，並又曾入宿檢校右廂宿衛軍之事，可證十二軍分駐京師附近，各有獨立指揮系統，其軍將也非全由十二衛將領兼充；甚至十二軍軍將亦得入京宿衛，當其入宿時，所統之宿衛軍除了原應番上的十二衛部隊外，似乎也應有直屬於該軍將的部隊。上述左武衛大將軍‧兼玄戈軍將‧淮安郡王李神通「外治莫府，內次直廬；宣績周衛之中，威行都輦之側」的例子，也應作如是解釋。因此，自京外以至宮中，應有其他在制度上，不隸屬於天策上將及其所領十二衛大將軍統率的部隊，如元從禁軍、十二軍等是也。據筆者硏究，當時十二衛的直屬建制府兵已被編配於十二軍，因而天策上將所能管制的番上兵力其實相當有限，且頗由十二軍調來。〔註66〕

由此可知，建成、元吉所謂「不如留之長安，一匹夫耳，取之易矣」，當是因於此軍事體制與情實而言，蓋欲留秦王在京而就近控制也。不過，此舉未免忽視了秦王世民既以天策上將領十二衛大將軍，其實仍有指揮十二衛將士之兵權，而且也輕視了天策上將在全軍的威望與影響力。陳寅恪先生曾指出秦王收買北門守將常何，是兵變成功的關鍵。按：〈常何墓誌〉謂常何歸唐後任職車騎將軍，相當於貞觀建制之折衝府果毅都尉，僅是一個中級將校，早年曾被祖母鄭氏撫歡，謂「此子志度非常，必興吾族，終當不減蕭相國」，故令與蕭何同名。及至出身用事，常何則曾有過先事李密而反李密，後事王世充而反世充的紀錄，是知此人之人格，有功利心切而多變不忠的特質，故應最易被人收買，何況是位高權重的天策上將？他歸唐後也曾先後追隨秦王與太子出征，或許遂因此而不被太子所懷疑。其墓誌又謂他隨太子討平徐圓朗後即被留駐，武德「七年，奉太宗令追入京，……令於北門領健兒長上。……九年六月四日，令總北門之寄」。〔註67〕遣令衛府將校臨時押領北門禁軍以執行宿衛任務是唐初常見之事，是則常何應是十二衛某衛某府的車騎將軍，故在軍令系統上可爲主管作戰而又兼領十二衛的天策上將所指揮。因此，車騎將軍常何被天策上將‧領十二衛大將軍的統帥所收買，不僅是容易之事，甚至可能使他感覺受到統帥的重視而有榮耀感，而理所當然的

〔註66〕關於此問題，請參本書之〈試論唐初十二軍之建軍及其與十二衛的關係〉篇。

〔註67〕據〈常何墓誌〉所述，兵變後太宗僅昇他爲眞化府折衝都尉，封爲男爵，與尉遲敬德等功臣之受重用重賞，不可同日而語，顯示太宗其實並非重視他，而是利用他。墓誌見《全唐文補遺》（西安：三秦出版社，2000.5）第七輯，頁4～7。

賣身投靠。由此可知，天策上將既擁有不可忽視的全軍威望與影響力，也握有十二衛番上宿衛時之指揮部署權，因此太子建成、齊王元吉欲留其在京而就近控制之，無異是讓自己身邊臥虎，且逼他鋌而走險。武德九年六月四日終成玄武門之禍，真是百密一疏，始料未及！

《通鑑》綜述兵變之結束云：

> 上（高祖）方泛舟海池，世民使尉遲敬德入宿衛，敬德擐甲持矛，直至上所。……時，宿衛及秦府兵與二宮（東宮與齊府）左右戰猶未已，敬德請降手敕，令諸軍並受秦王處分，上從之。天策府司馬宇文士及自東上閤門出宣敕，眾然後定。〔註68〕

然而《舊唐書・尉遲敬德列傳》謂「南衙、北門兵馬及二宮左右猶相拒戰，敬德奏請降手敕，令諸軍並受秦王處分，於是內外遂定」；而《新唐書・尉遲敬德列傳》亦謂「南衙、北門兵與府兵尚雜鬥」，其餘略同。〔註69〕按：當時是東宮與齊府二宮之兵馬來攻玄武門，與玄武門宿衛兵及秦府兵戰鬥，故此處所謂「南衙、北門兵」者，應是指當日在玄武門執勤的南衙十二衛與北門元從禁軍之宿衛兵，蓋因玄武門宿衛兵例由南衙十二衛將校押領以執勤之故也。無論如何，此兵變已牽連部分南、北衙兵，若戰況遲延也必定會牽動南、北衙尚未加入戰鬥之諸軍，故在秦府及天策府將領已挾持高祖後，尉遲敬德遂強「令」高祖降手敕，命「令諸軍並受秦王處分」，亦即命令皇帝交出全軍最高統帥權，讓天策上將・秦王世民可以全權指揮東宮、齊府以及在京其他諸軍也。

兵變當時之軍事情勢險惡如此，亦是天策上將・領十二衛大將軍・秦王世民鋌而走險的結果。因此，基於軍事安全，世民於數日後即皇太子位，同月即撤銷行臺以及天策府等特殊權力機關，翌月又大幅將十二衛大將軍、將軍換人，改由尉遲敬德、秦叔寶、程知節等秦府將校任之。待切實掌控在京部隊後，世民纔於八月九日即皇帝位。由是可知，自六月四日兵變以至八月九日纔即位，當與軍事情勢仍然險惡，軍事安全尚堪可虞有關。及至即位同月稍後，突厥突然進寇，二十八日頡利等大軍竟已進至渭水便橋之北，太宗遂被逼作出渭水之盟，蓋軍心——尤其是原本不受天策上將・領十二衛大將軍指揮的北門元從禁軍以及京旁十二軍，乃至原東宮、齊府或其他王府諸親

〔註68〕 詳《通鑑》唐高祖武德九年六月庚申條，卷一九一，頁6011。
〔註69〕 分詳《舊唐書・尉遲敬德列傳》，卷六十八，頁2499；《新唐書・尉遲敬德列傳》，卷八十九，頁3754。

衛軍——尚未穩定故也。《通鑑》對此臨戰狀態有綜合記載，茲略引之以爲
證：

> 癸未，上出自玄武門，與（侍中）高士廉、（中書令）房玄齡
> 等六騎徑詣渭水上，與頡利隔水而語，責以負約。……俄而諸軍繼
> 至，……軍容甚盛。……（左僕射）蕭瑀以上輕敵，扣馬固諫。上
> 曰「吾籌之已熟，非卿所知。突厥所以敢傾國而來，直抵郊甸者，
> 以我國內有難，朕新即位，謂我不能抗禦故也。……故朕輕騎獨出，
> 示若輕之；又震曜軍容，使之必戰；出虜不意，使之失圖。虜入我
> 地既深，必有懼心，故與戰則克，與和則固矣。制服突厥，在此一
> 舉，卿第觀之！」是日，頡利來請和，詔許之。上即日還宮。

> 乙酉，又幸城西，斬白馬，與頡利盟于渭橋之上。突厥引兵退。
> 蕭瑀請於上曰：「突厥未和之時，諸將爭請戰，陛下不許，臣等亦以
> 爲疑，既而虜自退，其策安在？」上曰：「……所以不戰者，吾即位
> 日淺，國家未安，百姓未富，且當靜以撫之。一與虜戰，所損甚
> 多；……」瑀再拜曰：「非所及也？」〔註70〕

太宗久經戰陣，故就其時軍情分析而言，料敵尚無必戰以亡我的決心，是則
太宗此時也就無須有立即決戰之意志。他既無立即決戰之意志，而輕騎獨出
以疑敵者，其實也是同時對己方「爭請戰」之諸將進行心理作戰，免得一觸
即發，立時全面開戰。太宗既能如此善於心戰，則必定能精確掌握此時之國
內心理，尤其是京城以及附近諸軍的軍心。由此以知，他採取如此之態度作
爲，的確是盱衡全局，「籌之已熟」的決定；但作成此決定之最重要關鍵，
應該不是因爲「百姓未富」、「一與虜戰，所損甚多」等次要理由，其主因應
是「所以不戰者，吾即位日淺，國家未安」。事實上，頡利之所以敢傾國來
侵者，亦正是基於此時唐朝「國內有難，朕新即位」，以及料「我不能抗禦」
的料敵判斷上，因此太宗一旦「輕騎獨出，示若輕之；又震曜軍容，使之必
戰」，而且復啗之以利時，頡利乃意志動搖，於是遂在結盟獲利後迅速退兵。

太宗之憂慮與判斷是正確的，因爲不及半年——貞觀元年（627）正月
——即發生了十二軍之一的天節軍兵變。

天節軍統帥爲李（羅）藝，是隋朝將門子弟，後遇天下大亂，遂自稱幽
州總管，武德三年歸唐，封燕郡王，賜姓李氏。他曾領本兵數萬隨秦王擊破

〔註70〕詳《通鑑》該年月日條，卷一九一，頁6019～6020。

劉黑闥，黑闥再引突厥入寇時，李藝復將兵與太子建成會師洺州，因請入朝。高祖遇之甚厚，俄拜左翊衛大將軍，後遷右武衛大將軍。史謂「藝自以功高位重，無所降下，太宗左右嘗至其營，藝無故毆擊之」，故與秦王有隙。其後因突厥屢爲寇患，高祖「以藝素有威名，爲北夷所憚，令以本官領天節軍將鎮涇州。太宗即位，拜開府儀同三司，而藝懼不自安，遂於涇州詐言閱武，因追兵，矯稱奉密旨勒兵入朝，率眾軍至于豳州」，尋於豳州爲該州部隊反兵變所殺。〔註71〕姑勿論李藝造反之眞正原因究竟是「奉密旨」，或是因向昔與新皇帝有隙而「懼不自安」，要之李藝爲當時名將，並以十二衛大將軍之本官兼領天節軍，握有重兵，且曾隸屬於故太子建成指揮，以及受到廢帝太上皇李淵器重，如此握有兵權而又與故太子及太上皇有歷史淵源的十二衛或十二軍將領，此時應該不止只有李藝一人，是以豈能令用兵變手段囚父皇、殺兄弟的新天子李世民感到安全而放心？

太宗於即位後尋即大幅將十二衛將領換人，也在「渭水之盟」而突厥退兵後詔令徵兵，點兵且及於未滿十八歲之中男，〔註72〕其欲使軍隊大量換血之心意，可謂昭然若揭。又天節軍兵變失敗是唐初十二軍史料在史書出現的最後記載，此時前後，諸軍將領頗已遷調，如鼓旗將軍楊恭仁之調任雍州牧等，自後未聞替補者，而且諸軍也再無任何載述。顯示太宗基於國家安全與軍事安全，於取消行臺、天策府等特殊權力機關後，也漸漸將十二軍撤銷解散，歸建於十二衛了。貞觀元年正月，李藝統率天節軍兵變前，太宗已詔令長孫無忌等重新議定律令，〔註73〕似乎透露出改革制度的先聲，前述的北門守將常何，於兵變後遷爲眞化府折衝都尉，至貞觀六年始遷爲刺史，似也透露了基層軍府已在陸續進行改革，原來的驃騎府與車騎府已朝折衝府方向修改，驃騎將軍與車騎將軍亦已漸降爲都尉級之官矣。因此，貞觀十年府兵制之定制，僅是表示已完成全部改革罷了。

無論如何，筆者所謂十二軍之重建以及重廢，除了與唐高祖之大戰略及國家戰略改變有關外，似乎也不能完全抹煞太子建成、齊王元吉與秦王世民

〔註71〕 詳《舊唐書·羅藝列傳》，卷五十六，頁 2277～2279。《新唐書》本傳與《通鑑》所述略同。

〔註72〕 徵兵點及未滿十八歲之中男，尋爲魏徵所諫止，事雖未果，仍不免表示太宗曾有意欲令軍中大量換血，《貞觀政要·直諫》（臺北：臺灣中華書局，民 68.7 臺三版，卷二，頁 36～37）篇將此事附見於貞觀三年條，《通鑑》則繫於武德九年十二月條，卷一九二，頁 6026～6027。

〔註73〕 見《通鑑》唐太宗貞觀元年正月己亥條，卷一九二，頁 6031。

之間的政爭因素，其故即在於此。的確，唐太宗雖然仍舊遵從唐高祖之大戰略及國家戰略，但是基於兵變後新局面之國家安全需要，軍事戰略也必須重新加以調整，因此軍事制度之改革也就避免不了。不僅如此，「渭水之盟」在太宗內心中一直視為「渭水之恥」，〔註74〕不論他與頡利獨語時有否向之稱臣，要之不會妨礙他曾向突厥可汗屈辱買和的事實。屈辱買來的暫時和平，需待貞觀四年李靖發動攻勢作戰，一舉擒獲頡利後始昭雪，因此太宗數責頡利五大罪，然後再說：「然自便橋以來，不復大入為寇，以是得不死耳！」〔註75〕其言證諸圖二表示之曲線，正足以說明自武德九年以後稱臣或買和的效果，而此效果也的確有利於太宗之軍事戰略調整以及軍制改革。因此，原就於律令之外重建、性質為臨時戰時編制而又是獨立編建的中央十二野戰軍，其遭到悄悄的重廢命運，乃是必然之事。

五、結 論

唐初十二軍對唐朝國家之開建具有重大的貢獻，但因兩次建廢時間甚短，史料不足，故為人所忽略。其實李淵自太原起義時即建有三軍，由於兵力不足，所以其戰略構想初期僅是北和突厥、西取關中，乘亂取隋以自代而已。因為政治目的清晰，故其政戰作為遂大有助於戰略構想之實行。及至受禪建唐之後，太原起義的開國目標已經初步達成，兵力且已擴充到二十餘萬，此下要完成「完全開國」之全部程序，〔註76〕就需要建設新銳的統一武力，於是在此戰略構想之下，並遷就當前情勢，乃先於武德元年在關中始置軍府，將之劃為十二道；繼而在此基礎之上，於翌年七月十一日創建了十二軍。建軍之目的是為了實現以武力統一天下的國家戰略，故十二軍是在律令制度以外新創之軍，而且是以戰時臨時的形式編組，因而亦自有其獨立的指揮系統，雖分散於十二道，但卻是不折不叩之中央野戰軍。

十二軍之創建雖以統一天下為目標，但初創時也同時另有其他的作用，

〔註74〕 李樹桐先生對北邊原多太子、齊王之舊部，故在兵變後軍心不穩，遂能被頡利順利突破防線以抵渭橋，逼使太宗作出「渭水之恥」之事多所論證，詳其〈唐太宗渭水之恥本末考實〉，收入《唐史考辨》，頁247～275。

〔註75〕 參見《通鑑》唐太宗貞觀四年四月條，卷一九三，頁6074～6075。

〔註76〕 「完全開國」指建立武力，用以徹底蕩平外在競爭勢力以及內在反對勢力，使能統一國家而順利進行建設的過程。拙著《隋史十二講》（北京：清華大學出版社，2012.1）之第十二講對此有論釋。

如消解了二十餘萬雜牌軍聚食京城所可能引起的糧食危機，並爲首都構築了一個防衛網，兼且可以收分散備戰而又可隨時集中出擊之效，相當符合戰略之原則與規律，有助於政治、經濟、心理、軍事四大國力要素的改善與提昇，極具戰略意義。及至武德六年天下大定，十二軍創建之功能目標已基本達成，又爲了因應政府新律令之即將頒行，故遂於二月二十四日，廢罷了此原就爲律令體制之外的戰時臨時軍事體制。

國內之大定並不表示遂無敵國外患，由於唐朝統一天下之國家目標，與突厥對華維持分化以謀取利益的國家目標相違，因此自武德四年中開始，突厥或聯合群雄，或單獨出兵，持續對唐朝採取軍事行動，而且次數激增，規模日大，造成唐朝統一大業以至國家安全的極大威脅，甚至一度想遷都避之，於是雙方國策的矛盾遂轉變爲嚴重的軍事衝突，以致唐朝必須考慮改變其國家戰略。此次國家戰略之改變，主要是戰略優先次序之更改，而將突厥視爲第一假想敵，故於八年五月十八日著手重建十二軍，「簡練士馬，議大舉擊」之，這已是初廢後兩年多之事了。

唐朝爲了待機打擊突厥，故一直對與西突厥建立大戰略關係保持著高度的期望，並以此構想作爲重新建軍之指導原則，於是「軍有坊，置主一人，以檢察戶口，勸課農桑」。此制更接近當年西魏兵、民分離之府兵制，使重建之軍隊較前更專業化、組織較前更獨立化、後勤補給更完備化與自主化，以便持久備戰、待機擊敵。是以杜佑稱十二軍「士馬強勁，無敵於天下」，應非虛語。

不過，十二軍之重建與天策上將之特殊建制，以至太子建成、秦王世民的政治鬥爭皆有關係。武德四年秦王已因功而特拜爲「掌國之征討」的天策上將，五年十月又再加領左、右十二衛大將軍，無異已是十二衛之統帥，政軍大權在握。翌年十二軍初廢，所屬軍府應已歸建於十二衛，於是更強化了天策上將的權勢，威脅到太子建成的地位，因此兩人的權力衝突呈現表面化與白熱化。天策上將原有最高作戰權，又是十二衛之統帥，故平常即對所屬之諸衛部隊擁有統率權，戰時則更擁有作戰所必須的指揮、管制權。基於此故，太子建成遂譖「秦王外託禦寇之名，內欲總兵權」，使兄弟政爭因素之外，多添了十二軍之重建與天策上將此特殊建制的複雜軍事因素。蓋重建不直接隸屬於十二衛，而又不隸屬於天策上將之十二軍，有利於太子用以牽制領十二衛之天策上將也。政爭連及軍爭，最後終於在重建的翌年，天策上將・領左右十二衛大將軍・秦王世民選擇了以軍事武力作爲終極解決之一途。

　　太子建成之所以失敗，與他不聽屬下先下手為強的建議，而又過度自信「不如留之長安，一匹夫耳，取之易矣」之事有關。他欲留秦王在京而就近監控，未免忽視了天策上將在全軍的威望與影響力，更忽視了天策上將‧領十二衛大將軍的十二衛統帥權，無異讓自己身邊臥虎，而且逼他鋌而走險。武德九年六月四日秦王兵變之所以成功，除了果斷勇敢諸因素外，適時發揮他的軍中威望與影響力，以及巧妙運用其十二衛統帥權，則更是決定性的關鍵因素。

　　兵變牽連南、北衙兵，故秦王迅速強逼高祖交出全軍最高統帥權，以便直接統率在京諸軍以及掌控附近之十二軍。兵變當時之軍事情勢相當險惡，諸軍態度不會一下子明朗，是以基於軍事安全的考量，世民昇為太子之後，同月即迅速撤銷了行臺與天策府等特殊權力機關，翌月又大幅將十二衛大將軍、將軍換人，改由秦府將校任之。待感到應已掌控諸軍以後，新太子李世民纔於八月九日即皇帝位。不過，對軍事有深入瞭解的唐太宗，當然不會自作聰明的相信軍事危機已解除，故在即位同月稍後突厥大軍突然進寇至渭水便橋之北時，太宗寧願接受「渭水之恥」，也不願意與來敵全面決戰。此舉表示太宗的確能精確掌握此時之國內心理，尤其是諸軍之軍事心理，也的確是盱衡全局，「籌之已熟」的明智決定。使他作成此決定之最重要關鍵，即是他所說的「所以不戰者，吾即位日淺，國家未安」。蓋因握有兵權，而又與故太子建成以及太上皇有歷史淵源的十二軍將領，此時的動態尚未必完全明朗，使他隱然感到仍不安全。因此，當突厥退兵之後，他承上述軍事改革之餘，遂繼續詔令擴大徵兵，點兵且及於未滿十八歲之中男，欲使軍隊大量換血。稍後，在李藝統領的天節軍兵變平定以後，太宗更陸續遷調諸軍將領，而自後未聞替補者。顯示基於國家安全與軍事安全的考量之下，太宗趁著暫時買來的和平情勢，繼取消行臺、天策府等特殊權力機關後，也漸將十二軍低調地予以撤銷解散，使之回歸依分散原則設置的十二衛建制。此後軍府亦漸從律令上進行改革，使之往折衝府制方向規劃，以利國家安全以及軍事安全。因此，貞觀十年府兵制之定制，表示全部改革已經完成，唐朝兵制與國家安全遂進入另一個新階段。原依魏晉以來慣例由將軍領兵的「軍府」，已被貶抑為以都尉領兵。盡管唐人仍依舊稱之為軍府及府兵，其實貞觀體制之府兵實質上只是折衝都尉府之兵，府主地位以及所轄兵力均大不如昔，此所以拙著《隋唐中央權力結構及其演進》稱之為「兵府」也。杜牧所謂「自貞觀至于

開元末百五十年間，戎臣兵伍，未始逆篡，此聖人所能柄統輕重，制障表裏，聖籌神術也」！確是一針見血之言。

　　無論如何，十二軍的兩次建廢，均與唐高祖之大戰略以及國家戰的改變有關，但也不能完全抹煞太子建成與秦王世民之間的政爭，乃至軍制與軍爭等因素。基於兵變後新局面之國家安全需要，軍事戰略隨之重新調整，而軍事制度也因之而改革，故原於律令之外建立，性質爲臨時編組而又是獨立編制的中央十二野戰軍，遂遭到再度廢罷的命運，走下歷史的舞臺。由於十二軍是臨時編組而成，並有過兩次建廢，故成軍時間短促而史料稀少，因此不爲史家所注意，幾乎成了史之闕文，蓋亦事出而有故也。

本文原刊於《中國中古史研究》2　2003